KNAUR

Verwenden Sie zum kostenlosen Download
der geführten Trance folgenden Link:

http://www.mesmerize-it.ch/produkt/ziele-spielend-erreichen

Klicken Sie auf den Button *In den Warenkorb* und geben Sie dann in das Gutscheinfeld den Code FREE ein. Klicken Sie auf *Weiter zur Kasse* und füllen Sie die vorgesehenen Felder aus. Klicken Sie jetzt auf *Kaufen.* Sie erhalten binnen Minuten eine E-Mail mit der Bestellbestätigung und können das Hörbuch nun problemlos auf Ihren PC herunterladen. Viel Freude damit!

Von Tatjana Strobel sind bereits folgende Titel erschienen:
Ich weiß, wer du bist. Das Geheimnis, Gesichter zu lesen
Der Blick hinter die Maske. Was uns Gesichter verraten

Über die Autorin:
Tatjana Strobel ist gelernte Sozialpädagogin und eignete sich nach ihrem Studium Wissen zur Physiognomik an. 2008 machte sie sich mit ihrer eigenen Coaching-Firma selbständig. Seitdem gibt sie Seminare, hält Vorträge und wird von den schweizerischen Medien als Physiognomik-Expertin zur Deutung bekannter Persönlichkeiten zu Rate gezogen. Als zertifizierte Hypnosetherapeutin hilft sie ihren Klienten, ihre Ziele und Wünsche im Unbewussten zu verankern und so die richtigen Samen zur Erfüllung ihrer Wünsche zu säen. Tatjana Strobel lebt in Zürich.

Tatjana Strobel

Mesmerize it!
Mit Hypnose zum Erfolg

Blockaden überwinden und
Selbstbewusstsein gewinnen

KNAUR

Die Ratschläge und Übungen in diesem Buch wurden von der Autorin und vom Verlag sorgfältig erwogen und geprüft, dennoch kann eine Garantie nicht übernommen werden. Eine Haftung der Autorin bzw. des Verlags und seiner Beauftragten für Personen-, Sach- und Vermögensschäden ist ausgeschlossen.

Besuchen Sie uns im Internet:
www.knaur.de

FSC
www.fsc.org
MIX
Papier aus verantwortungsvollen Quellen
FSC® C083411

Originalausgabe September 2016
Knaur Taschenbuch

Ein Imprint der Verlagsgruppe
Droemer Knaur GmbH & Co. KG, München

Redaktion: Judith Mark
Covergestaltung: ZERO Werbeagentur GmbH
Coverabbildung: FinePic®, München
Bildnachweis: picture alliance/Waltraud Grubitzsch (Seite 24);
alle anderen Abbildungen © Tatjana Strobel Head Worx
Satz: Adobe InDesign im Verlag
Druck und Bindung: CPI books GmbH, Leck
ISBN 978-3-426-78806-6

2 4 5 3 1

Inhalt

Vorwort 7

Kapitel 1
Eine Reise in die Welt der Hypnose
11

Was wissen Sie bereits über Hypnose? 11
Die Geschichte der Hypnose 16
Was ist Hypnose? 21
Was sagt die Wissenschaft? 23
Die Macht des Unterbewusstseins 30
Fünf entscheidende Faktoren für die Entwicklung unserer Persönlichkeit 40
Prägende Lebenserfahrungen und ihre Rolle in der Hypnosetherapie 46

Kapitel 2
Was hat Ihr Leben geprägt?
50

Die Geschichte Ihres Lebens 54

Kapitel 3
Befreiungsschlag: Wie Hypnose meinen Klienten geholfen hat, einschränkende Lebensmuster zu überwinden
66

Das gelbe Kleid 66
Nähe und Intimität – lieber nicht! 71

Es juckt! 76
Schlafen? Nur im eigenen Bett! 80
Dazugehören ist alles 85

Kapitel 4
Die Mesmerize-it-Technik
91

Die drei Gesetze der Mesmerize-it-Technik 91
Was mich meine Klienten häufig fragen 93
Wie Sie erfolgreich mit Mesmerize-it arbeiten 96

Kapitel 5
Werden Sie Ihr eigener Hypnose-Coach:
Wie Sie Ihr persönliches Mesmerize-it-Hörbuch erstellen
99

Die Mesmerize-it-Induktion 101
Erste und zweite Vertiefung 105
Die Mesmerize-it-Ausleitung 108

Kapitel 6
Mesmerize it praktisch:
Wie Sie die Technik einsetzen, um innere Blockaden aufzulösen
109

Instabiler Selbstwert, mangelnde Selbstempathie 112
Übergewicht, Heißhungerattacken 132
Rauchen 155
Überforderung, Burnout, Depression 179
Schlafprobleme 198
Ängste und Phobien 214

Anhang

Mesmerize-it-Glossar 237

Vorwort

Dass die Begegnung mit der Hypnose eines Tages meine Welt aus den Angeln heben würde, war in meiner Lebensplanung nicht vorgesehen. Aber es kommt ja bekanntlich oft anders, als man denkt …

Seit Jahren bin ich als Menschenkenntnis-Expertin tätig, gebe Seminare, schreibe Bücher zum Thema Gesichterlesen und Körpersprache, coache andere Menschen und bin jeden Tag aufs Neue fasziniert von der Vielfalt an Charakteren und Geschichten, die mir begegnen. Jedes Jahr mache ich mir Gedanken darüber, wie ich meine Kenntnisse und mein Angebot an die Menschen, die ich berate, noch erweitern kann. Ende 2013 – ich war inzwischen sechs Jahre im Coaching tätig – fiel mir auf, dass es unter meinen Klienten immer wieder Menschen gab, die ihre selbstgesteckten Ziele nicht erreichten … sei es, weil sie gerade anderes zu tun hatten, weil die Ziele nicht im Einklang mit den Wünschen des Partners oder der Familie standen oder weil dann doch das letzte Stückchen Mut fehlte, um den entscheidenden Schritt zu tun. Ich war überzeugt, dass alle diese Klienten das Potenzial zur Veränderung besaßen. Dass sie es dennoch nicht schafften, frustrierte mich. Im gemeinsamen Nachdenken mit den Klienten über die Gründe für ihr Scheitern hatte ich immer wieder den Eindruck, dass sich hinter den Ursachen, die sie nannten, andere, schwerwiegendere Themen verbargen, wie etwa Ängste, Blockaden oder ein nachhaltig beschädigtes Selbstwertgefühl. Wie kommt man da ran, fragte ich mich. Wie lassen sich diese Themen lösen?

Wochenlang recherchierte und prüfte ich, welche Methoden ich nutzen konnte, um meine Klienten noch besser zu unterstützen, ohne jedoch etwas zu finden, was mir passend erschien. Irgendwann beschloss ich, das Thema ruhen zu lassen und abzuwarten, welche Türen das Leben für mich öffnen würde – immerhin hatte ich in der Vergangenheit schon gelegentlich die Erfahrung gemacht, dass die besten Möglichkeiten sich mitunter ganz unerwartet auftun.

Einige Zeit danach erhielt ich die Einladung zu einem Abendessen in Hamburg. Die Gastgeberin war eine Freundin von mir – eine begnadete Netzwerkerin, die regelmäßig Menschen um einen Tisch versammelt, von denen sie denkt, dass sie sich etwas zu erzählen haben. Ich fand mich am Tisch neben Jürgen wieder, einem ehemaligen Bankvorstand, der sich zum Schamanen ausbilden ließ und seine Kenntnisse im Business-Coaching und als Hypnosetherapeut an andere Menschen weitergab. Eine faszinierende Entwicklung. Ich bewundere Menschen, die den Mut haben, in ihrem Leben ganz neue, unkonventionelle Wege zu gehen. Jürgen erzählte mir, wie er in der Arbeit mit seinen Klienten Trance- und Hypnosetechniken nutzte und den Menschen auf diese Weise Zugang zu ihren Ressourcen ermöglichte. Ich hörte ihm begeistert zu, und irgendwann fiel bei mir der Groschen: Das war das Puzzleteil, das mir fehlte und nach dem ich gesucht hatte.

Was seit jenem Abend in meinem Leben passiert ist, mag auf den ersten Blick unglaubhaft scheinen. Doch ich greife keineswegs zu hoch, wenn ich sage, dass die Hypnose eine Art Wunder ist, das das Leben eines Menschen innerhalb kürzester Zeit um 180 Grad drehen kann. Seit ich in der Arbeit mit meinen Klienten Hypnosetechniken anwende, habe ich von beeindruckenden Gewichtsabnahmen über das plötzliche Zurückgehen von Schmerzen bis hin zum Verschwinden von Allergien alles erlebt. Die Frage, warum manche Klienten ihre Ziele nicht erreichen, ist nahezu völlig in Vergessenheit geraten. Denn mit Hilfe der Hypnose lässt sich Zugang gewinnen zu dem, was unter den Ängsten oder Blockaden liegt, die sich manchmal über Jahrzehnte verfestigt haben.

In diesem Buch möchte ich Sie an meinen Erfahrungen teilhaben lassen. Sie werden lesen, auf welche Weise und warum unsere frühe Kindheit so prägend ist für bestimmte Muster, die uns charakterisieren … und natürlich, wie Sie Ihr eigener Hypnose-Coach werden und so Ihre alten Muster auflösen können. Mit Hilfe der Geschichten von Klienten, die das bereits geschafft haben, möchte ich Sie zusätzlich motivieren, das, was Sie in Ihrem eigenen Leben stört und behindert, auf ganz neue Weise anzugehen. Ich freue mich, wenn dadurch mehr Erfüllung und Lebensfreude zu Ihnen kommen!

Ihre
Tatjana Strobel

Kapitel 1
Eine Reise in die Welt der Hypnose

Was wissen Sie bereits über Hypnose?

Keine Sorge: Ich möchte Sie jetzt nicht über viele Seiten mit grauer Theorie behelligen. Dazu ist das Thema »Hypnose« an sich auch viel zu spannend. Lassen Sie uns doch gleich praktisch einsteigen und einmal schauen, was Sie in Sachen Hypnose schon so alles wissen. Wenn Sie mögen, können Sie dazu den folgenden Test machen. Bei den einzelnen Aussagen sind Mehrfachnennungen möglich. Die Auflösung finden Sie am Ende des Tests.

1. Hypnose ist ...

a) ... ein komaähnlicher Zustand.

b) ... mit dem Schlafzustand vergleichbar.

c) ... ein Trancezustand, in dem der Hypnotisierte jedes Wort, jedes Geräusch wahrnimmt.

2. In der Hypnose ...

a) ... verliert der Mensch die Kontrolle über sich.

b) ... ist der Hypnotisierte besonders sensibilisiert für seine Umwelt.

c) ... ist der Hypnotisierte ansprechbar und hat immer den eigenen Selbstschutz aktiviert.

3. Nach der Hypnose ...

a) ... kann der Hypnotisierte sich grundsätzlich an nichts mehr erinnern.

b) ... kann der Hypnotisierte sich meist noch an alles erinnern.

c) ... kann es vorkommen, dass der Hypnotisierte sich an den Hypnosezustand nicht mehr erinnert, weil er/sie in der Hypnose etwas herausgefunden hat, was ein normales Weiterleben unmöglich machen würde.

4. In den Trancezustand gelangt man ...

a) ... durch die Worte des Hypnotiseurs.

b) ... mit Hilfe eines Pendels, einer Kette oder Ähnlichem.

c) ... indem man sich auf einen Punkt an der Decke konzentriert.

5. Wenn die Hypnose vom Therapeuten nicht sorgfältig aufgelöst wird, ...

a) ... verbleibt der Klient in der Hypnose.

b) ... geht der Klient in Trance durchs Leben.

c) ... löst der Klient sie spätestens 10 bis 30 Minuten später von selbst auf.

6. Eine Hypnosetherapie kann ...

a) ... Kindheitstraumata lösen.

b) ... Suchtproblematiken beheben.

c) ... Blockaden auflösen.

d) ... Selbstwertprobleme beseitigen.

e) ... erfolg- und zielgerichtetes Verhalten fördern.

f) ... das Abnehmen beschleunigen.

g) ... Verhaltensänderungen herbeiführen.

h) ... Ängste und Phobien lösen.

i) ... Depressionen lindern.

j) ... Stress abmildern.

k) ... Schmerzen lindern.

l) ... die Gesundheit fördern.

7. Es gibt die sogenannte abdeckende und die aufdeckende Hypnose. Kennen Sie den Unterschied zwischen beiden?

a) »Abdeckend« bedeutet, dass nicht die Ursache eines Problems gesucht, sondern das Problem mit positiven Suggestionen gewissermaßen »überschrieben« wird. »Aufdeckend« bedeutet, dass man nach der Ursache des Problems sucht und sie eliminiert.

b) Beide Methoden sind im Wesentlichen dasselbe.

c) Die aufdeckende Hypnose ist langfristig die erfolgreichere Methode.

8. Eine Hypnosesitzung ist dann erfolgreich, wenn ...

a) ... Sie an die Wirkung der Hypnose glauben.

b) ... Sie Vertrauen zum Hypnosetherapeuten haben.

c) ... Sie begriffen haben, wie Hypnose funktioniert.

d) ... Sie Ihr Problem unbedingt lösen möchten, also einen großen Leidensdruck haben.

9. Einen guten Hypnosetherapeuten erkennen Sie daran, ...

a) ... dass er sich zur Erstbehandlung zwei bis drei Stunden Zeit für Sie nimmt.

b) ... dass er sofort mit der Hypnosetherapie beginnt.

c) ... dass er Sie erst über die Hypnose aufklärt, bis alle Ihre Fragen geklärt sind, dann eine ausführliche Anamnese Ihres Lebens macht, Sie um Erlaubnis fragt, ob er Sie hypnotisieren darf, und dann erst startet.

10. Wie schnell können nach einer Hypnose Veränderungen eintreten?

a) Man muss die Therapie erst wirken lassen.

b) Veränderungen werden im Laufe von wenigen Wochen erkennbar.

c) Sofort! Veränderungen sind bereits nach der ersten Hypnosesitzung sichtbar.

Hier die Antworten:

1c) Die Hypnose ist ein wunderschöner, entspannter Trancezustand, der mit nichts zu vergleichen ist! Der Hypnotisierte ist »voll da«; er ist ansprechbar, seine Aufmerksamkeit ist erhöht und er kommuniziert mit dem Therapeuten. Die hypnotische Trance ist ein Zustand, in dem die Tür zum Unterbewusstsein geöffnet und das Bewusstsein eingeschränkt wird.

2c) Der Hypnotisierte ist ansprechbar, tut aber nur das, was für ihn stimmig ist, bzw. nimmt nur Suggestionen auf, die für ihn passen: Bei jedem Menschen bleibt auch in der Hypnose der Selbstschutz aktiv. In der Hypnose kann der Hypnotiseur also nichts mit einem anderen Menschen anstellen, was dieser nicht möchte.

3b und c) Normalerweise ist das Erinnerungsvermögen vorhanden, es sei denn, es wurde in der Hypnose etwas gefunden, was das Weiterleben des betreffenden Menschen massiv beeinträchtigen würde – dies wird dann zum Selbstschutz aus der Erinnerung ausgeblendet (man spricht in diesem Fall von »posthypnotischer Amnesie«).

4 a, b, c) Hypnosetherapeuten können mit allen drei genannten Mitteln – mit Worten, einem Pendel oder der Aufforderung, einen Punkt an der Decke zu fixieren – einen Menschen in eine Trance bringen. Ich persönlich arbeite nur mit Worten und Visualisierungen.

5c) Wenn eine Hypnose nicht ordnungsgemäß aufgelöst wird, passiert nichts Schlimmes. Der Klient verbleibt lediglich ein paar Minuten im Trancezustand und gelangt dann aus eigener Kraft wieder ins volle Bewusstsein zurück. Es gibt keinerlei negative Nachwirkungen.

6) Alle Antworten treffen zu. Hypnose lässt sich bei einer Vielzahl von Problemen anwenden.

7 a, c) Ich arbeite im ersten Schritt immer aufdeckend, weil diese Methode das eigentliche Thema, den eigentlichen Auslöser eliminiert und somit das Problem bei der Wurzel packt. Die abdecken-

de Hypnose wirkt eher wie ein Pflaster: Sie lindert die Auswirkungen des Problems kurzfristig, ändert aber langfristig nichts. Falls Sie für sich eine Hypnosetherapie erwägen, sollten Sie darauf achten, dass Ihr Therapeut aufdeckend arbeitet, auch »R2C« (Return to cause) genannt. Wenn die Ursache des Problems erkannt und eliminiert ist, arbeite ich im zweiten Schritt mit abdeckenden Methoden, um neues, erwünschtes Verhalten durch positive Suggestionen zu verankern.

8) Alle Antworten sind richtig. Nur wenn Ihnen alle Fragen beantwortet und alle Ängste in Sachen Hypnose genommen wurden, Sie dem Hypnosetherapeuten komplett vertrauen, Sie glauben, dass die Hypnose die richtige Methode für Sie ist, und Sie Ihr Problem wirklich unbedingt loswerden wollen, kann die Hypnosetherapiesitzung für Sie zu einem Erfolg werden.

9 a und c) Ganz wichtig ist das ausführliche Erstgespräch! Der Hypnosetherapeut sollte sich mindestens zwei bis drei Stunden für Sie Zeit nehmen. Er sollte Ihnen erklären, wie Hypnose funktioniert, wie alte Muster verändert werden, welche Auswirkungen dies haben kann etc. Alle Ihre Fragen zur Hypnose müssen ausnahmslos beantwortet werden. Danach sollte intensiv auf Ihr bisheriges Leben geschaut werden (Anamnese) und klar abgesteckt werden, welche Probleme man in der Hypnose angehen möchte. Erst dann sollte der Therapeut zur konkreten Praxis übergehen, indem er Sie als Erstes fragt, ob er Sie hypnotisieren darf.

10c) Bei erfolgreicher Trance werden Sie unmittelbar Veränderungen feststellen! Gemeinsam mit dem Therapeuten haben Sie Ihre »Programmierung« verändert und innerhalb von einer bis drei Sitzungen Ihr Problem gelöst.

Und – wie haben Sie abgeschnitten? Konnte ich Ihnen etwas Neues erzählen? Dann sind Sie jetzt eigentlich bestens gerüstet für die weitere Reise ins Land der Hypnose.

Die Geschichte der Hypnose

Hypnose ist wider Erwarten keine neuzeitliche Erfindung, sondern wird schon seit vielen tausend Jahren von Menschen eingesetzt. Altägyptische Hieroglyphen etwa stellen Menschen dar, die bei unterschiedlichen religiösen Ritualen unter Hypnose standen. Die alten Griechen gingen in den Tempel, um Hypnos, dem Gott des Schlafes, zu huldigen, der ihnen zur Heilung verhalf. Auch der sogenannte »Tempelschlaf«, bei dem im antiken Griechenland Priester bei Schlafenden Suggestionen zur Heilung einsetzten, ist gut belegt. Auch wenn das griechische Wort »hypnos« »Schlaf« bedeutet, sind die hypnotische Trance und Schlafen nicht dasselbe. Im Schlaf gibt es keine Aufmerksamkeit und kein kritisches Bewusstsein; ein schlafender Mensch ist nicht ansprechbar. Außenreize werden nicht wahrgenommen (es sei denn, sie überschreiten eine gewisse Stärke und/oder der Schlafende wird durch direkte Berührung geweckt). Schlafende Menschen können sich nicht in Zeit und Raum orientieren – anders als Menschen, die sich in hypnotischer Trance befinden. Neben der Fähigkeit zur zeitlichen und räumlichen Orientierung ist im Zustand der Trance eine erhöhte Aufmerksamkeit für Suggestionen, Gefühle und Bilder gegeben. Die Sinneswahrnehmung ist geschärft, der hypnotisierte Mensch ist ansprechbar und verfügt über (wenn auch geringgradiges) kritisches Bewusstsein. Auch das Erinnerungsvermögen besteht während der Hypnose weiter, es sei denn, der Hypnotiseur hat seinem Klienten eine Aufhebung der Erinnerung suggeriert.

Die Geschichte der Hypnose liest sich über weite Teile wie ein Krimi: Mal wurde sie als Heilmittel betrachtet, dann wieder als übernatürliche Praktik verteufelt, je nach geschichtlicher Epoche und Kultur. Auch heute scheiden sich an der Hypnose – wie an vielen anderen seit alters her überlieferten Kulturtechniken –

die Geister. Es gibt Menschen, die auf die Hypnose schwören, und solche, die sie als unseriös und esoterisch abtun.

Fakt ist, dass die erhalten gebliebenen Keilschriften aus der Gegend um Euphrat und Tigris, die auf 4000 v. Chr. zurückdatieren, die Anwendung der Hypnose bei den Sumerern belegen. Aus diesen Quellen lässt sich auch erkennen, dass die Hypnose damals in ähnlicher Weise eingesetzt wurde wie heute. In der Kultur Indiens finden sich Anleitungen dazu, wie man in einen hypnotischen Zustand gelangt, in den Veden und Upanishaden, also in den heiligen Schriften des Hinduismus und ihrer Auslegung. Dort werden u. a. Konzentration und das Fixieren des Blickes als Möglichkeiten zum Einleiten einer Selbsthypnose genannt. Auch heute noch ist die Selbsthypnose Bestandteil mancher fortgeschrittener Yogatechniken.

Um 1100 n. Chr. ist die Selbsthypnose auch bei Mitgliedern eines christlichen Mönchsordens überliefert, den Hesychasten, die auf dem Berg Athos angesiedelt waren. Sie führten den hypnotischen Zustand dadurch herbei, dass sie den Blick beider Augen auf den eigenen Nabel richteten, und wurden aus diesem Grund auch »Nabelschauer« genannt. In der frühen Neuzeit ist der Arzt, Alchemist und Philosoph Paracelsus (1493–1541) ein historischer Zeuge für die Anwendung der Hypnose. Er berichtet von Klostermönchen, die die Menschen, die mit der Bitte um Heilung zu ihnen kamen, in glänzende Kristallkugeln schauen ließen, damit sie in Schlaf verfielen.

Die Inquisition betrachtete die Hypnose als Bestandteil überlieferter mönchischer Heilkunst mit Misstrauen. Sie galt als »Teufelswerk« und »Zauberei«. Die heutigen Vorbehalte der Hypnose gegenüber gehen vermutlich auf diese Epoche zurück. Erst mit dem Zeitalter der Aufklärung setzte sich die Geschichte der Hypnose fort.

Der deutsche Arzt und Heiler Franz Anton Mesmer (1734–

1815) legte seinen Patienten Magneten auf und behandelte sie außerdem mit Hilfe von Streichbewegungen über den Körper. Mesmer ging davon aus, dass er selbst über ein »physisches Fluidum« verfügte, das die Kranken »magnetisierte«. Obwohl verschiedene zeitgenössische wissenschaftliche Kommissionen seine Methode als wirkungslos beurteilten, genoss Mesmer große Popularität – zu seinen Anhängern gehörten auch die französische Königin Marie Antoinette und andere Mitglieder des Hofes.

Anders als Mesmer glaubte, ist es nicht Magnetismus, sondern die Kraft der Suggestion, die bei der Hypnose eine wichtige Rolle spielt. Die Lehre von der Suggestion geht auf José Custódio de Faria (Abbé Faria, 1756–1819) zurück, einen Portugiesen, der sich in Indien mit dem Phänomen der Hypnose befasst hatte und sich in Paris niederließ. Faria war überzeugt, dass kein wie auch immer geartetes »Fluidum« nötig sei, um einen hypnotischen Zustand herbeizuführen. Er forderte seine Versuchspersonen mit einem entschiedenen »Dormez!« (»Schlafen Sie!«) auf, sich in den Zustand der Hypnose zu begeben, und war damit in etwa der Hälfte der Fälle auch erfolgreich: Die auf diese Weise Angesprochenen verfallen in einen hypnotischen Schlaf.

In Großbritannien wurde die Hypnose eher skeptisch betrachtet. Der schottische Augenarzt James Braid (1795–1860) besuchte einen Auftritt des »Magnetiseurs« LaFontaine (1803–1892) – eigentlich mit der Absicht, ihn als Scharlatan zu entlarven. Nachdem er überrascht festgestellt hatte, dass das Flattern der Augenlider beim Hypnotisanden nicht willentlich ausgelöst werden konnte, begann er selbst mit Versuchspersonen zu experimentieren. Auch ihm gelang es, seine Probanden in einen künstlichen Schlaf zu versetzen, und zwar mit Hilfe dessen, was wir heute »Fixationsmethode« nennen: Er bat seine Versuchspersonen, glänzende Gegenstände zu fixieren. Für den so eingeleiteten Schlaf verwendete Braid den 1820 in Frankreich geprägten Ausdruck »Hypnose«. Er entwickelte eigene, neue Theorien über die psychophysiologischen Ursachen der Hypnose und führte zahlreiche Augenoperationen unter Hypnose durch. Damit eröffnete er die Debatte um weitere Anwendungs- und Behandlungsmöglichkeiten. Auch der englische Chirurg John Elliotson (1843) und sein schottischer Berufskollege James Esdaile (1847) führten Operationen mit Hilfe der Hypnose durch. Nach Letzerem ist der sogenannte »Esdaile-Zustand« benannt, ein sehr tiefes Stadium der Hypnose.

Im 19. Jahrhundert war jedoch nicht Großbritannien, sondern Frankreich führend in der Erforschung der Hypnose. In Nancy befasste sich Hippolyte Bernheim (1840–1919) mit der Lehre der Hypnose, die er über Jahre intensiv erforschte. Seine dabei gewonnenen Erkenntnisse fasste er in seinen Büchern »Über die Suggestion im Zustand der Hypnose und im Zustand des Bewusstseins« und »Über die Suggestion und ihre Anwendung in der Therapie« zusammen. Im Jahre 1889 erhielt Bernheim Besuch von Sigmund Freud, der sich für die sogenannte »posthypnotische Suggestion« interessierte. Freud folgerte aus Bernheims Erkenntnissen, dass es ein Unbewusstes geben müsse. Mit der von Bernheim gegründeten »Schule von Nancy« wurde die Anwendung der Hypnose in die Wissenschaft eingeführt.

Jean-Martin Charcot (1825–1893) begründete an der Heilanstalt Salpetrière die »Pariser Schule« der Hypnose. Anders als Bernheim arbeitete Charcot nicht mit »normalen« Patienten, sondern mit psychisch erkrankten Menschen. Charcot war der Ansicht, dass die Hypnose krankheitsbedingte Ursachen habe und revidierte diese Auffassung erst kurz vor seinem Tod – inzwischen hatte der Arzt Ambroise-Auguste Liébault (1823–1904) bewiesen, dass der hypnotische Zustand durch Suggestion erzeugt wird. Sigmund Freud studierte ab 1885 bei Charcot. Seine Studien wurden zum Ausgangspunkt seiner Beschäftigung mit dem Phänomen der Hysterie. Später ließ Freud die Hypnose jedoch wieder fallen und konzentrierte sich auf seine Technik der freien Assoziation.

Im deutschen Sprachraum wurde die Hypnose zunächst durch Oskar Vogt (1870–1959) weiterentwickelt, dann durch Johannes Heinrich Schultz (1884–1970). Schultz, durch sein Engagement unter den Nationalsozialisten sehr umstritten, entwickelte das inzwischen weltweit bekannte Autogene Training, eine autosuggestive Methode zur Tiefenentspannung.

In den USA erlebte die Hypnose seit 1975 eine Renaissance, was dem Psychiater und Psychologen Milton H. Erickson (1901–1980) zu verdanken ist. Ericksons Hypnose-Ansatz betont die Individualität und geht davon aus, dass für jeden Klienten/Patienten ein besonderer Zugang gefunden werden muss. Anders als Freud verstand Erickson das Unbewusste als Ressource, die zur Selbstheilung genutzt werden kann. Der Hypnotiseur setzt spezielle Techniken ein, um zu ermöglichen, dass das Unbewusste die Führung übernimmt. Erickson galt als Meister der Hypnose, und 1978, zwei Jahre vor seinem Tod, wurde zu seinen Ehren die »Milton H. Erickson Gesellschaft für klinische Hypnose« gegründet. Dave Elman (1900–1967), eigentlich ein Show-Hypnotiseur, entwickelte Suggestionen und eine Hypnose-Induktion, die inzwischen zum Standard-Repertoire vieler Hypnotiseure gehört.

In England gilt der Psychiater John Hartland (1901–1977) als einer der bekanntesten Hypnotiseure. Sein »Dictionary of Medical and Dental Hypnosis« ist offizielles Ausbildungslehrwerk für britische Hypnoseärzte, und seine »Egostärkung« ist eine der weltweit meistgenutzten Hypnose-Routinen.

Was ist Hypnose?

Als Hypnose (vom altgriechischen Wort »hypnos« = »Schlaf«) bezeichnet man das Verfahren zum Erreichen einer hypnotischen Trance. In dieser Trance ist man tief entspannt; die Aufmerksamkeit ist stark eingeschränkt und richtet sich nur auf einige wenige Dinge. Ursprünglich ging man davon aus, dass es sich dabei um einen schlafähnlichen Zustand handelt. Wird er durch eine andere Person herbeigeführt, spricht man von »Fremd-« oder »Heterohypnose«. Versetzt eine Person sich selbst in den Zustand der hypnotischen Trance, wird dies als »Auto-« oder »Selbsthypnose« bezeichnet. Während der Hypnotisand (die hypnotisierte Person) sich in der Trance befindet, werden ihm oder ihr vom Hypnotiseur verbale Anweisungen, sogenannte »Suggestionen«, gegeben, die direkt auf das Unbewusste wirken sollen. Damit der Hypnotisand »aufwacht«, wird die Trance aufgelöst.

Suggestionen, die auch nach Auflösung der Hypnose noch wirksam sein sollen, nennt man »posthypnotische Suggestionen«. Sie bewirken messbare Veränderungen der Informationsverarbeitung im Gehirn. Neuropsychologische Untersuchungen mit bildgebenden Verfahren haben gezeigt, dass dabei die Aktivität bestimmter Bereiche des Gehirns selektiv herabgesetzt ist.

Ein weit verbreitetes Missverständnis ist, dass eine Hypnose eine Art Narkose sei, aus der man aufwacht und sich an nichts mehr erinnert. Das trifft nicht zu. Hypnose ist einfach ein tiefer Entspannungszustand des Körpers. Dieser fühlt sich entweder ganz leicht oder ganz schwer an. Man fühlt sich in der hypnotischen Trance befreit und unbeschwert. Die rationalen Anteile unseres Geistes werden zurückgefahren und man hat ungehinderten Zugang zum Unterbewusstsein. Die hypnotische Trance ist demnach ein Bewusstseinszustand, in dem wir gewissermaßen unserem inneren Security-Mitarbeiter Urlaub geben und unser emotionales, kreatives, kindliches Ich die Vertretung übernimmt.

In leichte bis mittlere Trancezustände gelangen wir auch in unserem normalen Alltag immer wieder, etwa wenn wir beim Autofahren unser Fahrzeug ohne bewusstes Nachdenken auch über längere Strecken lenken. Wenn wir einen packenden Film sehen, übernehmen wir die Gefühle der Hauptfiguren, wir tauchen komplett in die Handlung ein, ohne zu realisieren, dass es gar nicht um unsere eigenen Gefühle geht. Mitten in einem Gespräch tauchen wir plötzlich ab und hängen unseren ganz eigenen Gedanken nach; während einer Besprechung träumen wir vom letzten Urlaub oder Wochenende. Morgens, bevor wir ganz wach sind und die Alltagspflichten uns fest im Griff haben, fühlt sich alles noch ganz leicht und unbeschwert an.

Wir alle kennen also Trancezustände bereits – sie sind nichts Bedrohliches, das uns Angst machen müsste. In dem, was Sie weiter oben über die Geschichte der Hypnose gelesen haben, ist bereits angeklungen, dass auch das Yoga oder das Autogene Training etwas mit Hypnose zu tun haben und mit Trancezuständen arbeiten. Dasselbe gilt für die progressive Muskelentspannung nach Jacobsen.

Körperlich passiert in der Trance Folgendes:

- Der Herzschlag verlangsamt sich.
- Die Atmung wird tiefer und langsamer.
- Die Muskelspannung nimmt im ganzen Körper ab.
- Die Gedanken verändern sich, sie werden gefühls- und bilderlastiger.

Hypnose und Hypnosetherapie sind nicht dasselbe. Hypnose ist ein Geisteszustand zwischen Schlafen und Wachsein, der mit einer mittleren bis tiefen Entspannung und einem eingeschränkten Blickfeld einhergeht. Wie gerade beschrieben, erleben wir alle solche Zustände immer wieder, ohne sie bewusst herbeigeführt zu haben. Bei der Hypnosetherapie hingegen wird der Trancezustand bewusst hervorgerufen, um unbewusst bestehende Blockaden und Muster zu bearbeiten und das Unterbewusste zur Problemlösung anzuregen. In den mittleren bis tiefen Trancezuständen der Hypnosetherapie arbeitet man etwa mit alten, nicht mehr sinnvollen Glaubenssätzen, um das Denken positiv zu verändern. Die moderne Hypnosetherapie schafft also Zugang zu mentalen Ressourcen.

Was sagt die Wissenschaft?

Lässt sich das, was in der Hypnose passiert, eigentlich wissenschaftlich dingfest machen? In der Geschichte der Hypnose spielte diese Frage immer wieder eine Rolle, und heute sind wir so weit, dass wir mit Hilfe bildgebender Verfahren wie etwa PET (Positronen-Emissions-Tomographie) oder MRT (Magnetresonanztomographie) sichtbar machen können, wie sich die Funktionsweise des Gehirns unter Hypnose verändert. Es zeigt sich, dass die linke Gehirnhälfte (also die eher sprachlich arbeitende Hemisphäre unseres Gehirns) ruhiger wird, während die rechte Gehirnhälfte, die im Alltag weniger benutzt wird, ihre Aktivität erhöht. Darüber hinaus gehen beide Gehirnhälften unter Hypnose eine intensive Verbindung ein, bei der besonders viele Informationen ausgetauscht werden können.

Misst man unter Hypnose die Gehirnströme mit Hilfe eines Elektroenzephalogramms (EEG), so zeigen sich vor allem sogenannte Alpha-Wellen. Sie kennzeichnen einen Zustand, in dem sich Körper und Geist entspannen. Dabei kommt es dann zu

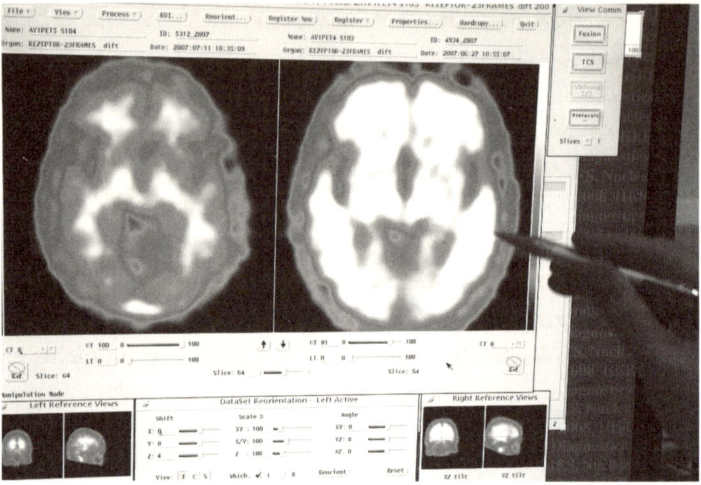

den oben beschriebenen körperlichen Veränderungen: ruhigerer Herzschlag, langsamere Atmung, niedrigerer Blutdruck.

Mittlerweile gibt es eine Vielzahl von wissenschaftlichen Untersuchungen, die Stück für Stück neue Hinweise darauf geben, wie Hypnose funktioniert und warum sie so wirksam ist. Von daher ist nicht weiter verwunderlich, dass die Hypnose im Jahr 2006 vom Wissenschaftlichen Beirat Psychotherapie als wissenschaftlich fundierte Methode für bestimmte psychotherapeutische Anwendungsbereiche bei Erwachsenen in Deutschland anerkannt wurde.

Hypnosetherapie wird schwerpunktmäßig bei körperlichen Beschwerden, Zahnbehandlungen, bei der Geburtshilfe und in der Schmerztherapie, bei Ängsten, Süchten, Phobien, Depressionen eingesetzt. In all diesen Gebieten gilt ihr Einsatz als hocheffizient. Es ist sogar möglich, chirurgische Eingriffe unter Hypnose durchzuführen und damit kürzere Untersuchungs- und Behandlungszeiten sowie eine schnellere Heilung zu bewirken. Wissenschaftler vermuten, dass unter Hypnose das Zusammenspiel verschiedener Gehirnregionen für kurze Zeit unterbrochen wird. So könnte sich erklären, dass sich mit Hilfe von Hypnose das Schmerzempfinden herabsetzen oder sogar ausschalten lässt, so dass etwa Zahnbehandlungen ohne Betäubungsmittel durchgeführt werden können.

In einer eindrucksvollen Studie der Universität Jena wurde beispielsweise untersucht, was im Gehirn abläuft, wenn wir Schmerz empfinden. 30 Versuchspersonen wurden Schmerzen am Finger zugefügt. In verschiedenen Versuchsanordnungen gab man den Probanden entweder die Anweisung, an nichts zu denken, die Schmerzimpulse zu zählen oder ein Wortsuchspiel durchzuführen. In einer weiteren Versuchsvariante wurden die Versuchspersonen hypnotisiert und ihnen eine kalte, schmerzfreie Hand suggeriert. Was dies im Gehirn auslöste, wurde durch MRT sichtbar gemacht. Das Ergebnis: Am schmerzempfindlichsten waren diejenigen Probanden, die die Schmerzimpulse gezählt, sich also auf den Schmerz konzentriert hatten. Weniger realisierten die Probanden den Schmerz, während sie das Wortsuchspiel durchführten, und noch weniger, während sie sich in der Trance befanden.

Die Hypnose greift in das System der Schmerzverarbeitung im Gehirn ein, wodurch sich die Wahrnehmung von Schmerzen verändert. So lässt sich eine Linderung von Schmerzen oder eine vorübergehende Schmerzfreiheit erreichen. Das Wissen darum wird zunehmend im Alltag von Ärzten und Kliniken eingesetzt. Auf einer Tagung für Klinische Hypnose konnte gezeigt werden, dass Magenspiegelungen unter Hypnose eine um 19 Prozent kürzere Untersuchungszeit aufwiesen, 61 Prozent der Patienten verspürten weniger Würgereiz und erlebten die Untersuchung insgesamt als angenehmer. In der Gesichtschirurgie ist es inzwischen möglich, Patienten mit großen Tumoren im Gesichts- und Kopfbereich, die aus Altersgründen mit herkömmlicher Narkose nicht operiert werden können, unter Hypnose zu heilen.

Bei der Therapie von Ängsten und Phobien mit Hypnose gibt es ebenfalls bemerkenswerte Ergebnisse. Meist sind die Ursachen solcher psychischen Störungen emotionale Ausnahmesituationen, Traumata, die abgespeichert wurden und in bestimmten Situationen reaktiviert werden. In der hypnotischen Trance wird die Ursache der Ängste/Phobien gesucht, das abgespeicherte Gefühl zur Situation positiv verändert und mit positiven Suggestionen untermauert.

An der Universität Tübingen wurde eine Studie mit 24 Examenskandidaten durchgeführt, die ihre Abschlussprüfungen wegen Prüfungsangst um bis zu vier Semester verschoben hatten oder bereits in Teilprüfungen durchgefallen waren. Sie erhielten ein hypnotherapeutisches Trainingsprogramm mit mehreren Sitzungen. Dabei wurden sie auf die bevorstehenden Prüfungen eingestimmt, lernten, vorangegangene traumatische Prüfungserfahrungen zu verarbeiten und die eigenen Möglichkeiten auszuschöpfen sowie Stress und Angst besser in den Griff zu bekommen. Alle Teilnehmer empfanden am Ende dieser Versuchsreihe weniger Stress, eine verbesserte Fähigkeit, sich den Prüfungsstoff anzueignen, und folgerichtig deutlich weniger Angst während ihrer Prüfungen. Prompt bestanden 22 der 24 Kandidaten dann auch.

Beim Abnehmen kann Hypnose ebenfalls nachweislich unterstützend wirken. Übergewicht ist oftmals die Folge ungünstiger Verhaltensmuster oder, wie Sie später noch genauer lesen werden, die Folge von negativen Erfahrungen aus der Kindheit. Unregelmäßiges Essen, Naschen am Arbeitsplatz, der Konsum zuckerhaltiger Getränke, der Griff zur Schokolade bei Stress oder Gefühlen von Einsamkeit – das sind weit verbreitete Verhaltensweisen, die zu Übergewicht führen können. Beim Abnehmen mit Hypnose wird der Klient in eine Trance versetzt und dazu motiviert, fest verankerte Verhaltensmuster zu erkennen, aufzulösen und zu ändern. Dies geschieht, indem der Hypnosetherapeut den Patienten durch unterschiedliche Lebenssituationen führt und dabei unterstützt, problematische Verhaltensweisen zu erkennen und Alternativen wahrzunehmen. Auf diese Weise lernt der Klient, seine Ernährungsgewohnheiten langfristig umzustellen, ohne ein Gefühl von Verlust zu erleiden. Studien haben ergeben, dass beim Abnehmen mit Hypnose genauso viele Pfunde purzeln wie bei anderen Diäten, nur auf einfachere und nachhaltigere Art und Weise.

2015 habe ich mit weit über 300 Klienten im Schnitt drei bis fünf Kilo monatlich auf diese Art und Weise verloren. Falls Sie nun neugierig geworden sind: Mehr dazu finden Sie in den Kapiteln 3 und 6.

Wladimir Raikow, Leiter der Psychoneurologischen Klinik in Moskau, versetzte in sieben Versuchsreihen über vier Wochen 150 Oberschüler und 50 Studenten in einen tiefen hypnotischen Zustand. Daraus resultierend steigerte sich bei seinen Probanden die Merkfähigkeit des Gehirns. Beispielsweise konnten sie sich nach der Hypnose nach dreimaligen Durchlesen einer Liste von 220 unbekannten Fremdwörtern samt deren Erklärung 5,8-mal mehr merken als vorher. Darüber hinaus entwickelten sich bei den Probanden erstaunliche künstlerische, kreative Fähigkeiten.

Auch zur Leistungssteigerung im Sport wird die Hypnose mehr und mehr genutzt. Der US-amerikanische Arzt William S. Kroger konnte eindrucksvoll belegen, wie Läufer unter Hypnose ihre Leistung um ein Mehrfaches steigern konnten. Eine solche Leistungssteigerung mit Hilfe von Hypnose lässt sich auch im Berufsleben nutzen. Führungskräfte etwa können Hypnose nutzen, um an ihrer Motivation zu arbeiten, mit Zweifeln besser zurechtzukommen oder in beruflichen Engpass-Situationen über sich hinauszuwachsen. Erwirbt man die Fähigkeit zur Selbsthypnose, so kann man sie nutzen, um Entscheidungskraft und Selbstsicherheit zu stärken.

Aus meiner eigenen Arbeit mit der Hypnose kann ich die geschilderten wissenschaftlichen Erkenntnisse nur bestätigen. Oft erlebe ich mit meinen Klienten regelrechte »kleine Wunder«. Das reicht vom Lindern langjähriger Migräneschmerzen oder Allergiesymptome über die Unterstützung bei einem Vorstellungsgespräch bis hin zum Einsatz der Hypnose bei der Wiedereingliederung nach einem Burnout. Ich bin froh und dankbar dafür, so viele unterschiedliche Prozesse bei meinen Klienten erfolgreich begleiten zu dürfen.

»Wow, das will ich auch!« – der Wunsch liegt nahe. Prinzipiell ist Hypnose bei jedem Menschen einsetzbar. Individuelle Unterschiede gibt es jedoch in Bezug darauf, welche Tiefe der Trance in der Hypnose erreicht wird. Der folgende Test kann Ihnen dabei helfen, herauszufinden, wie »suggestibel« Sie sind, wie stark Sie also auf Hypnose ansprechen. Wenn Sie mögen, nehmen Sie sich kurz Zeit und beantworten Sie die folgenden zehn Fragen mit Ja oder Nein.

Wie suggestibel sind Sie?

1. **Betreiben Sie Yoga, Autogenes Training, Muskelentspannung nach Jacobsen, Meditation oder andere Entspannungstechniken?** *Ja/Nein*
2. **Können Sie sich jederzeit entspannen, auch wenn Sie nervös und aufgewühlt oder gestresst sind?** *Ja/Nein*
3. **Haben Sie die Fähigkeit zum Tagträumen und können sich bei Bedarf überall hinträumen?** *Ja/Nein*
4. **Lieben Sie den Kontakt zu anderen Menschen, sind Sie neugierig und offen?** *Ja/Nein*

5. Werden Sie schnell ungeduldig und unruhig, wenn Warten verlangt ist? *Ja/Nein*
6. Fiebern Sie bei Filmen gern mit und tauchen in die Handlung ein? Lassen Sie sich von Musik mitreißen? *Ja/Nein*
7. Haben Sie eine ausgeprägte Phantasie und ein gutes Vorstellungsvermögen? *Ja/Nein*
8. Schlafen Sie schnell und einfach ein? *Ja/Nein*
9. Sind Sie leicht zu beeinflussen und abzulenken? *Ja/Nein*
10. Sind Sie ein gefühlsbetonter Mensch, bei dem Gefühle unter Umständen rasch wechseln? *Ja/Nein*

Jedes »Ja« erhält einen Punkt.

Auflösung:

0–2 Punkte:

Das Loslassen fällt Ihnen nicht ganz leicht. Das heißt jedoch nicht, dass bei Ihnen die Hypnose nicht angewendet werden kann. Voraussetzung ist, dass Sie einen Therapeuten finden, dem Sie hundertprozentig vertrauen. Wenn Sie sich für sich selbst ein wenig vorbereiten wollen, können Sie mit Hörbüchern arbeiten oder sich Ihr eigenes Selbsthypnose-Hörbuch erstellen (vgl. dazu Kapitel 5).

3–4 Punkte:

Für Sie ist es kein Problem, sich fallen zu lassen. Damit bringen Sie gute Voraussetzungen für eine erfolgreiche Hypnosetherapie mit.

5–10 Punkte:

Ihnen fällt nicht nur das Loslassen ganz leicht, sondern Sie können darüber hinaus sehr schnell – innerhalb weniger Minuten – in eine Trance versetzt werden. Sie haben damit die besten Voraussetzungen für eine erfolgreiche Hypnosetherapie.

Die Macht des Unterbewusstseins

Wir leben in einem Zeitalter, in dem technologisch immer mehr machbar ist – da liegt es nahe, dass wir auch in unserem persönlichen Leben zu der Ansicht neigen, alles unter Kontrolle zu haben, alles systematisch-analytisch abwägen zu können und stets genau zu wissen, worum es geht. Doch sind wir wirklich in jeder Lebenssituation Herr oder Herrin der Lage? Vermutlich ist es uns allen doch schon mindestens einmal passiert, dass wir uns etwas sehnlichst gewünscht, es aber dennoch nicht bekommen haben …

Erlauben Sie mir ein paar ketzerische Fragen … vielleicht werden Sie sich ja in der einen oder anderen davon wiedererkennen.

- Warum schafft es ein bestimmter Kollege oder der Chef immer wieder, uns auf die Palme zu bringen? Warum gelingt es ihm, dass wir uns in bestimmten Situationen klein und nichtig fühlen, obwohl wir uns geschworen haben, dass uns das nicht mehr passieren soll?
- Warum brechen wir Diäten immer wieder nach kurzer Zeit ab, obwohl wir ganz genau wissen, dass ein paar Kilos weniger uns guttun würden und von welchen Nahrungsmitteln wir am besten die Finger lassen?
- Weshalb schaffen wir es alle Jahre wieder nicht, dauerhaft mit dem Rauchen aufzuhören, obwohl wir auch da sehr gut wissen, wie schädlich es ist?
- Warum verschieben wir unliebsame Aufgaben so gern auf überübermorgen oder, besser noch, gleich ins Jahr 2020?
- Warum fürchten wir uns so schrecklich vor der klitzekleinen Hausspinne, die in der Küche wohnt?
- Weshalb verschwinden ernstgemeinte Neujahrsvorsätze spätestens Ende Januar im Nichts, und schon der Gedanke daran

löst bei uns schlechte Laune aus oder das Gefühl, mal wieder versagt zu haben?

Sie ahnen es schon – ich will Sie mit meinen Fragen darauf stoßen, dass es mit der hundertprozentigen Kontrolle in unserem Leben eben doch nicht so weit her ist. Der einzige Trost ist, dass wir mit dieser ernüchternden Erkenntnis beileibe nicht allein sind …

Forscher haben herausgefunden, dass, während wir Entscheidungen treffen, in unserem Gehirn Vorgänge ablaufen, die uns nicht bewusst sind. Und bei einfachen Entscheidungen kann es durchaus vorkommen, dass klar ist, zu welchem Ergebnis wir kommen werden, bevor uns dies bewusst wird. Dies haben Wissenschaftler aus Berlin und Leipzig nachgewiesen. Moderne bildgebende Verfahren spielten dabei wiederum eine wichtige Rolle: So zeigte das MRT den Forschern, dass bei den Versuchspersonen, die etwa entscheiden mussten, ob sie eine Taste mit der rechten oder linken Hand drückten, diejenigen Hirnregionen zuerst aktiv wurden, die für das Ausführen dieser Handlung verantwortlich sind – erst danach kamen die Hirnbereiche an die Reihe, die für unser Bewusstsein von Bedeutung sind. Demnach bereitet das Gehirn also zumindest bestimmte Entscheidungen unbewusst vor.

Anders geartete Studien an der Universität Amsterdam haben gezeigt, dass es bei komplexen Entscheidungen – etwa wenn man eine größere Anschaffung plant – nicht unbedingt hilfreich ist, erst alle verfügbaren Daten, Zahlen und Fakten zu sammeln und diese dann abzuwägen. Genauso zufriedenstellend ist es, wenn man sich mit der bewussten Entscheidung gar nicht so sehr plagt, sondern einfach seinem normalen Alltag nachgeht und die Entscheidung eine Nacht lang überschläft. Oft gibt es dann am nächsten Tag ein klares und bestimmtes »Bauchgefühl«, dem wir durchaus folgen können und das uns auch im Nachhinein nicht enttäuscht.

Auch wenn diese Forschungen nicht bedeuten, dass unser Bewusstsein bei Entscheidungen gar keine Rolle spielt, erhärten sie doch die Vermutung, dass unser Unterbewusstsein uns so manche Denkaufgabe abnimmt. Von daher ist es dann auch nicht mehr weiter verwunderlich, dass so manche unserer Ziele und Vorsätze im Sand verlaufen. Es sind mutmaßlich genau diejenigen, gegen die unser Unterbewusstsein etwas einzuwenden hat.

Haben Sie Lust auf einen weiteren Test? Er hilft Ihnen dabei, herauszufinden, wie es um Ihre Willenskraft bestellt ist. Verlieren Sie Ihre Ziele eher schnell wieder aus den Augen? Oder definieren Sie sie zunächst durchaus klar … um dann doch lieber alles beim Alten zu belassen? Oder verfolgen Sie Ihre Ziele willensstark, hartnäckig und fokussiert?

Wie willensstark sind Sie?

Beantworten Sie ohne langes Nachdenken die folgenden zehn Fragen. Welche der drei angebotenen Antworten trifft am ehesten auf Sie zu? Kreuzen Sie diese an, und zählen Sie zum Schluss Ihre Punkte zusammen.

1. Ziele …

a) … sind ein notwendiger Bestandteil des Lebens.

b) … brauche ich, um mich weiterentwickeln zu können.

c) … brauche ich nicht.

2. Wenn ich mir etwas in den Kopf setze, …

a) … ruhe und raste ich nicht, bis ich es erreicht habe.

b) … verliere ich es im Alltag schnell wieder aus den Augen.

c) … schaffe ich es mit Hilfe anderer Menschen meist auch, es in die Tat umzusetzen.

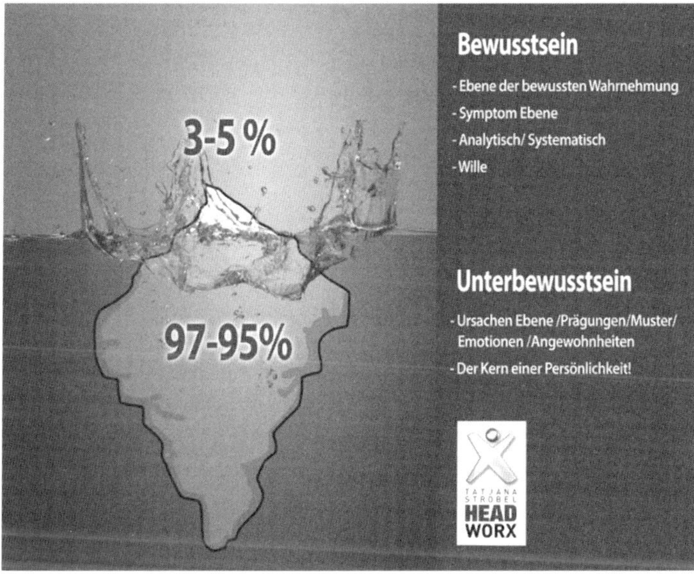

Die Rolle unseres Unterbewusstseins

3. In Sachen Ernährung ...
a) ... bin ich diszipliniert und weiß genau, was gut für mich ist.
b) ... esse ich, worauf ich Lust habe und was gerade im Haus ist.
c) ... erlaube ich mir ab und zu eine Sünde.

4. Die Menschen in meiner Umgebung ...
a) ... nehmen mich als sehr diszipliniert und beharrlich wahr.
b) ... schätzen mich als hilfsbereiten und verständnisvollen Menschen.
c) ... wissen, dass ich immer offen für die Meinung anderer bin.

5. In Diskussionen ...
a) ... höre ich meist nur zu.
b) ... schließe ich mich meist der Mehrheitsmeinung an.
c) ... weiß ich meinen Standpunkt zu vertreten.

6. Sport ...
a) ... hasse ich einfach nur. Nie käme ich auf die Idee, Sport zu treiben.
b) ... betreibe ich eher unregelmäßig.
c) ... ist aus meinem Alltag nicht wegzudenken.

7. Karriere zu machen ...
a) ... ist mir nicht wichtig.
b) ... ist mir eher zufällig passiert
c) ... verdanke ich meiner genauen Planung.

8. Alkohol und Zigaretten ...
a) ... konsumiere ich täglich.
b) ... sind kein Thema für mich.
c) ... gönne ich mir von Zeit zu Zeit.

9. Erfolgreich erreichte Ziele ...
a) ... kann ich Hunderte vorweisen.
b) ... kann ich an einer Hand abzählen.
c) ... gibt es bei mir sehr selten bis gar nicht.

10. Nein zu sagen ...
a) ... fällt mir nicht schwer, wenn ich klar bin und weiß, was ich will.
b) ... ist etwas, was ich jeden Tag tue.
c) ... fällt mir unendlich schwer. Ich möchte andere nicht vor den Kopf stoßen.

Frage	1	2	3	4	5	6	7	8	9	10
a)	2	3	3	3	1	1	1	1	3	2
b)	3	1	1	1	2	2	2	3	2	3
c)	1	2	2	2	3	3	3	2	1	1

Auswertung:

30–22 Punkte: Der Willensstarke

Sie kann man beglückwünschen, denn Sie sind wirklich ein klarer und willensstarker Typ! Alles, was Sie sich in den Kopf setzen, wird praktisch angegangen und umgesetzt. Sie bleiben stets auf Kurs. Aber mal im Vertrauen gefragt: Ist das auf Dauer nicht ganz schön anstrengend, dieses immer Fokussierte, Klare, Hartnäckige? Würde es Ihnen gefallen, einen Helfer an Ihrer Seite zu haben, der Sie zuverlässig unterstützt? Ihr Unterbewusstsein kann dieser Helfer sein – vorausgesetzt, Sie beziehen es in Ihre Entscheidungen ein. Dann müssen Sie in Zukunft weniger hart arbeiten, um Ihre Ziele in die Tat umzusetzen. Dieses Buch kann Ihnen dabei helfen, Ihre Ziele auch in der Tiefe Ihres Unterbewusstseins zu verankern.

21–14 Punkte: Der Unentschlossene

Bei Ihnen klappt es manchmal, Ihre Ziele in die Tat umzusetzen, manchmal aber auch nicht. Sie würden sich durchaus gerne verändern, neue Horizonte erobern, aber dann siegt doch regelmäßig die Macht der Gewohnheit. Nicht zuletzt ist es auch die Arbeit und Konsequenz, die hinter der Umsetzung von Zielen stecken, die Sie davon abschrecken, Ziele langfristig anzupeilen und umzusetzen. Die gute Nachricht: Das wird in Zukunft sowas von einfach! Wenn Sie Ihr Unterbewusstsein ins Boot holen, kann nichts mehr schiefgehen und die Verwirklichung Ihrer Ziele erfolgt quasi von selbst. Zeiteinsatz ca. eine bis zwei Stunden pro Woche.

13–10 Punkte: Der Bequeme

Ziele werden bei Ihnen bereits nach wenigen Stunden ad acta gelegt oder schlichtweg vergessen. Wozu etwas ändern, wo doch alles irgendwie okay ist in Ihrem Leben? Doch mal ehrlich: Sind Sie wirklich so glücklich und zufrieden mit sich und Ihrem Leben? Gibt es nicht doch das eine oder andere, was Sie sich wünschen, was gerne schöner, aufregender und motivierender sein darf? Wie wäre es, wenn es etwas gäbe, das Ihre Wünsche und Ziele ohne großen Aufwand in die Realität

bringen würde? Etwas, das Sie wunderbar entspannt und Ihnen auch noch hilft, Ihre Ziele zu erreichen?

Was hat es denn nun mit diesem geheimnisvollen Unterbewusstsein auf sich? »Unterbewusstsein« wird im alltäglichen Sprachgebrauch meist gleichbedeutend mit »das Unbewusste« gebraucht. Der Begriff stammt ursprünglich aus der Philosophie und spielte dann in der Tiefenpsychologie eine bedeutende Rolle. Dort bezeichnet er einen Bereich der Psyche, zu dem das Bewusstsein keinen direkten Zugang hat. Dennoch haben unbewusste Impulse einen Einfluss auf das, was wir denken, fühlen und auf unser Verhalten. Nach Sigmund Freud (1856–1939), dem Begründer der Psychoanalyse, enthält das Unbewusste all die Dinge, die unser Bewusstsein nicht zulässt, also verdrängt. Das erklärt, warum wir in manchen Situationen in einer Weise reagieren, die wir uns eigentlich gar nicht recht erklären können. Das Verdrängte wirkt also nach Freud im Unbewussten weiter und ist nicht nur Ursache von eigentlich unerwünschtem Verhalten, sondern auch von Beziehungsstörungen und psychischem Leid. Nur indem ein Mensch sich dessen bewusst wird, was er verdrängt hat, kann er sich von der Macht des Unbewussten befreien.

Carl Gustav Jung (1875–1961) ging es darum, Menschen zu ermöglichen, in eine dialogische Beziehung zum Unbewussten zu treten. Damit wird das Unbewusste zur Ressource, zur Quelle, aus der neue Möglichkeiten und Einsichten fließen können. Nach Jung strebt das Unbewusste danach, zum Bewussten zu werden. Während Freud den Begriff des Unbewussten vor allem biographisch, also in der Entwicklung des Einzelnen begründet, beinhaltet Jungs Begriff des »kollektiven Unbewussten« auch eine überindividuelle, kulturelle Komponente, nämlich essentielle Erfahrungen, die die Menschheit im Laufe ihrer

Entwicklung im Unbewussten »abgelegt« hat und die in jedem Einzelnen weiterwirken.

In jüngerer Zeit hat neben dem Unbewussten oder Unterbewusstsein auch der Begriff der Intuition neue Bedeutung erlangt. Schon Freud war der Meinung, dass wir die wirklich wichtigen Entscheidungen unseres Lebens nicht rein mit unserem rationalen Verstand treffen sollten, und von Albert Einstein ist die Äußerung überliefert: »Der intuitive Geist ist ein heiliges Geschenk und der rationale Geist ein treuer Diener.« Demnach wäre also der rationale Verstand der Intuition sogar untergeordnet. Wie immer man das im Einzelnen gewichten will: Die moderne neurobiologische Forschung hat entscheidend zur Aufwertung der Intuition beigetragen.

In diesem Kapitel kamen schon mehrmals die bildgebenden Verfahren zur Sprache, die Wissenschaftlern die technische Möglichkeit geben, dem Gehirn beim Arbeiten zuzuschauen – eine bis vor kurzer Zeit nie dagewesene Perspektive. Der neue Blick aufs Gehirn zeigte die Rolle der Bereiche des Gehirns, in denen unsere Emotionen erzeugt werden. Damit wurde klar: Alle menschlichen Entscheidungen sind immer auch Gefühlsentscheidungen. Maja Storch, eine Schweizer Psychologin, ist davon überzeugt, dass der Mensch neben dem rationalen Entscheidungssystem, das mit bewussten Prozessen verbunden ist, auch über ein Entscheidungssystem, das mit Gefühlen und körperlichen Empfindungen verbunden ist, verfügt. Das emotionale Entscheidungszentrum unseres Gehirns, das limbische System, ist nur mit solchen Entscheidungen einverstanden, die vor dem Hintergrund der Lebenserfahrungen, die wir bislang gemacht haben, akzeptabel sind.

Damit ist das Unterbewusstsein in Wahrheit unsere Kommandozentrale, unser Lebensprogramm- und Lernspeicher. Es ist eine Art »Festplatte« riesigen Ausmaßes. Dort ist alles hinterlegt, was wir jemals erlebt und gefühlt haben, was uns anerzogen wurde und was wir uns angewöhnt haben. Um im Bild zu bleiben: Jede Erfahrung, die wir im Laufe unseres Lebens machen, prägt sich wie ein Computerprogramm in unser Unbewusstes und unser Hirn ein. Je nach »Programmierung« haben wir dann unsere ganz eigenen Fähigkeiten, aber eben auch Begrenzungen. Ein Windows-Computer kann nur Windows, ein Apple-Rechner nur Apple Works. Und manche Mailanhänge können wir einfach nicht öffnen, weil sie in einem mit unserem Rechner nicht kompatiblen Programm abgespeichert wurden. So gibt es etwa Menschen, die schon früh in ihrem Leben beispielsweise prägende Gewalterfahrungen gemacht haben, so dass sie später zu Erfahrungen von Vertrauen und Liebe keinen Zugang haben. Ihr »Programm« kann diese Erfahrungen nicht »lesen«.

Ganz entscheidend – das bemerke ich auch in meiner Beratungspraxis immer wieder – sind dabei die ersten zehn Lebensjahre. Nach meiner Einschätzung (immer mehr Studien legen dies nahe) beginnt die grundlegende »Programmierung« schon in dem Moment, in dem zwei Menschen miteinander ein neues Leben zeugen. Im Idealfall geschieht dies aus gegenseitiger Liebe und aus dem Wunsch nach einem Kind heraus – manchmal aber auch nur aus bloßem Begehren, aus Gewohnheit oder schlimmstenfalls aus einem Missbrauch oder einer Vergewaltigung heraus. Dies ist keine gute Ausgangslage für das neu entstehende Leben.

Der nächste wichtige »Programmierungs«-Schritt auf der »Festplatte« ist die Schwangerschaft. Auch hier spielen die Emotionen der Mutter und des Vaters eine zentrale Rolle. Das sich entwickelnde Kind im Mutterleib bekommt auf irgendeine Weise mit, wenn seine Eltern von Ängsten, Sorgen, Nöten umgetrieben werden. Gar nicht so selten haben Menschen mit derartigen vorgeburtlichen Erfahrungswerten das Lebensthema, nicht erwünscht, nicht gewollt zu sein. Es gibt wissenschaftliche Hinweise darauf, dass sich beispielsweise Depressionen und Stimmungsschwankungen der Mutter auf das Kind übertragen und dieses eine Wahrscheinlichkeit von mehr als 50 Prozent hat, im Laufe seines eigenen Lebens ebenfalls darunter zu leiden. Die Schwangerschaft ist also wichtiger, als man lange glaubte: Hier wird bereits die grundlegende Beziehung zum Kind aufgebaut, es erfährt Liebe, Zuneigung und freudige Erwartung oder eben Angst, Ablehnung, schlimmstenfalls Hass.

Den nächsten wichtigen Schritt stellt die Geburt dar. Auch hier kann es traumatische Situationen geben. Bei der Geburt eines meiner Klienten beispielsweise hatte sich die Nabelschnur um seinen Hals gewickelt; er bekam kaum noch Luft. Die Ärzte führten einen Notkaiserschnitt durch, bei dem der Arzt das Skalpell zu grob handhabte und dem Baby schwere Kopfverletzungen zufügte. Es kam mit einer klaffenden, blutenden Kopfwunde zur Welt. Die erste Empfindung meines Klienten auf dieser Welt war also Schmerz. Auch frühgeborene Kinder, die notgedrungen von der Mutter weggeholt und in einen Brutkasten gelegt werden, können später in ihrem Leben Verlustängste und andere Vertrauensproblematiken entwickeln (heute versucht man dem entgegenzuwirken, indem man den Eltern von Frühchen so oft es geht ermöglicht, Körperkontakt zu ihrem Kind herzustellen).

Wir alle werden in ein Netz von Beziehungen hineingeboren. Sobald wir auf der Welt sind, gibt es neben unseren Eltern noch andere Menschen um uns: Geschwister, Großeltern, Verwandte, Babysitter, später dann Erzieher, Lehrer und unsere künftigen Freunde. Zu all diesen Menschen haben wir unterschiedliche Beziehungen, mit jedem Einzelnen machen wir ganz spezifische Erfahrungen. Und so bekommen wir eine Vielzahl neuer »Programme« auf unsere »Festplatte« gespielt. Zumindest als Kind haben wir keine Möglichkeit, diese Prägungen kritisch zu hinterfragen. Vielmehr sind sie unsere Wahrheit, wir übernehmen sie. Vor allem die Eltern können in den Augen ihrer Kinder über lange Zeit schlichtweg keine Fehler machen.

In dieser Lebensphase werden Selbstwertgefühl und Selbstbewusstsein angelegt; hier werden die Weichen dafür gestellt, welche Einstellung wir zu uns selbst haben.

Wer als Kind schon als Persönlichkeit wahrgenommen und in seiner Individualität gestärkt wird; wem Eltern und andere Bezugspersonen etwas zutrauen; wem Zeit gewidmet wird und wer ernst genommen wird, hat eine gute Ausgangsbasis, um ein stabiles Selbstwertgefühl zu entwickeln. Solch ein Mensch wird sich sehr wahrscheinlich in seinem Leben nicht allzu schwer damit tun, sich durchzusetzen und zu behaupten. Wird ein Kind hingegen von eher ängstlichen Menschen erzogen, die ihm wenig zutrauen; wird ihm ständig das Gefühl gegeben, es mache alles falsch oder sei gar dumm, so wird dies entsprechende Konsequenzen für sein Selbstvertrauen haben. Solche Menschen neigen dann eher zu Versagensängsten, sind in sich gekehrt und gehemmt.

Fünf entscheidende Faktoren für die Entwicklung unserer Persönlichkeit

Nach meiner Erfahrung gibt es fünf Faktoren, die entscheidend beeinflussen, wie sich die Persönlichkeit eines Menschen entwickeln wird:

1. Zärtlichkeiten, emotionale Nähe

Wie viel Zeit widmen Eltern ihrem Kind? Schenken sie ihm individuelle Aufmerksamkeit, Trost, Liebe und Anteilnahme in Form von Lächeln und Blickkontakt? Gibt es liebevollen Körperkontakt; ist die Körperhaltung der Erwachsenen dem Kind zugewandt? Oder läuft das Kind im Alltag der Eltern irgendwie mit?

Wo Nähe und Zärtlichkeit rar sind oder gar gänzlich fehlen, fühlt sich das Kind abgelehnt und kann später selbst nur schwer Nähe zulassen und Liebe geben. Ist die Nähe der Erwachsenen zum Kind hingegen übergriffig (beispielsweise dann, wenn Kinder von den Eltern zur eigenen Bedürfnisbefriedigung missbraucht werden), so ist es für das Kind schwer, Zugang zu seinen eigenen Bedürfnissen, seinem individuellen Potenzial zu finden. Auch hier gilt wieder: Kinder haben einem emotionalen Missbrauch durch nahe Bezugspersonen nichts entgegenzusetzen. Sie haben das Grundbedürfnis, es den Eltern recht zu machen. Sie wünschen sich, dass die Eltern stolz auf sie sind, sie anerkennen. Manche Menschen tragen diesen unerfüllten Wunsch auch als Erwachsene mit sich herum, mitunter bis zum Tod der Eltern.

2. Achtung und Respekt

Im Idealfall akzeptieren Eltern ihr Kind als eigenständige Persönlichkeit. Sie verurteilen dessen Anders-Sein nicht, sondern trauen dem Kind zu, dass es seine eigenen Wege und Lösungen findet. Sie sorgen für den nötigen Schutzraum, lassen das Kind aber seine eigenen, durchaus auch schmerzhaften Erfahrungen machen. Glück können wir Menschen nur empfinden, wenn wir auch Gefühle wie Enttäuschung, Trauer und Verlust kennen.

Kinder lernen aus eigenen, praktischen Erfahrungen. Sie haben ein Recht darauf, diese auch machen zu dürfen. In der

Theorie erfährt niemand, wie großartig es sich anfühlt, an der Spitze des Klettergerüsts angekommen zu sein. Nur wenn Kinder selbst aktiv werden dürfen, können sie das Gefühl der Selbstwirksamkeit entwickeln, also das Empfinden: Ich kann in der Welt etwas ausrichten, etwas bewirken. Werden Kinder hingegen immer wieder abgewertet, bloßgestellt und klein gemacht, so entwickeln sie ein Gefühl der Minderwertigkeit: Ich kann nichts, auf mich kommt es sowieso nicht an. Solche Kinder agieren dementsprechend eher unsicher und unselbständig und tun sich schwer damit, die eigene Leistung zuverlässig einzuschätzen.

3. Verstehen, Kommunikation und Kooperation

Eltern sollten die Gemeinschaft mit dem Kind als Miteinander erleben. Es geht um das wechselseitige Verstehen und Erklären. Mutter oder Vater beziehen einen Standpunkt, hören sich ab einem gewissen Alter des Kindes dessen Meinung zu der betreffenden Sache an und beziehen es in die zu treffende Entscheidung ein. Auf diese Weise lernen Kinder nicht nur, ihren Standpunkt zu vertreten, sondern auch, Verantwortung zu übernehmen. Sie lernen, dass eigene Meinungen begründet sein wollen, was wiederum die Fähigkeit fördert, in sich selbst hineinzuhören.

Wird das Kind hingegen ohne eigene Mitsprachemöglichkeiten durch die Erwachsenen bestimmt, so erfährt es sich als eine Art Marionette. Die Konsequenz ist auch in diesem Fall, dass es sich wenig zutraut, wenig Verantwortung übernimmt – es hatte ja keine Gelegenheit, dies zu lernen.

4. Klarheit, Verbindlichkeit, Struktur

Kinder brauchen klare Regeln, Vorgaben, die von allen Mitgliedern der Familie akzeptiert und eingehalten werden; mit anderen Worten: Kinder brauchen eine klare Orientierung. Auf Seiten der Eltern erfordert dies eine gewisse innere Stabilität. Väter und Mütter sollten wissen, was sie richtig und falsch, wichtig und unwichtig finden und welche Werte sie hochhalten möchten. Ein klar strukturierter Alltag vermittelt Kindern ein Gefühl der Sicherheit. Sind in der Familie hingegen Chaos und Beliebigkeit an der Tagesordnung, gelten Regeln kaum länger als einen Tag und bleiben Regelverstöße ohne Konsequenzen, so wird es auch den Kindern schwerfallen, innere Stabilität zu entwickeln. Sie erleben Desorientierung, können keine kausalen Zusammenhänge erkennen. Als Erwachsene sind sie dann häufig immer noch unkoordiniert, chaotisch und wechselnden Stimmungen ausgeliefert.

5. Förderung und Motivation

Eltern sollten für ein Umfeld sorgen, das die Neugier ihrer Kinder anregt und sie motiviert, mehr über die Welt erfahren zu wollen. Väter und Mütter, die für die Fragen ihrer Kinder zur Verfügung stehen, sind Welt-Erklärer. Sie machen ihren Kindern die Welt groß und spannend.

Der Drang, seine Umwelt zu erforschen und seine Handlungsmöglichkeiten auszuweiten, ist in jedem Menschen angelegt. Jedes Kind will sich entwickeln, will Wirkung erzeugen, immer unabhängiger werden. Eltern sollten dieses Expansionsbestreben unterstützen.

Werden Kinder allerdings konsequent über- oder unterfordert, so lässt ihr natürlicher Expansionsdrang nach. Ständiger Leistungsdruck kann schon im Kindesalter zu Erschöpfung und innerem Ausbrennen führen. Ständige Unterforderung bewirkt auf andere Weise, dass Kinder nicht weiterkommen, beispielsweise, weil sie kein Ziel erkennen. Überforderung führt zu Minderwertigkeitsgefühlen und der Angst, nur dann geliebt zu werden, wenn man etwas leistet. Unterforderung führt zu Motivationslosigkeit, Desorientierung und mangelnder Zielstrebigkeit.

Meine Praxis zeigt: Je weniger die genannten fünf Aspekte in der Kindheit meiner Klienten positiv eingelöst waren, desto wahrscheinlicher ist es, dass der jeweilige Klient sich mit Gefühlen eigener Minderwertigkeit herumschlägt und keinen oder nur wenig Bezug zu sich selbst, seinen Bedürfnissen, seinen Gefühlen hat. Es fehlt dann sehr häufig an einem grundlegenden Vertrauen in sich selbst und in die Umwelt. Die betreffenden Menschen können andere nur schwer einschätzen, in der Folge kommt es dann zu Fehlurteilen oder dem Bedürfnis, andere zu kontrollieren.

Vater und Mutter spielen uns nicht nur ihre »Programme« auf, sondern sind gleichzeitig auch Rollenvorbilder für unsere zukünftigen Partnerschaften. Verlief die Partnerschaft der Eltern liebevoll, zärtlich, harmonisch und gleichberechtigt, so hat dies positive Konsequenzen für unsere eigene Paarbeziehung. Gehörten bei den Eltern Streit oder gar tätliche Übergriffe zum Alltag, so ist die Wahrscheinlichkeit groß, dass sich Ähnliches auch in unseren eigenen Beziehungen manifestiert.

Väter prägen das zukünftige Männerbild ihrer Töchter. Vor allem in der Pubertät unterstützen oder zerstören sie durch ihr Verhalten die Vorstellung, die die heranwachsende junge Frau sich von ihrem zukünftigen Partner macht. Mütter prägen das Frauenbild ihrer Söhne. Sie können sich vermutlich vorstellen, welche Art Frau sich ein Sohn zur Partnerin suchen wird, wenn die Mutter überbehütend war und ihm jeden Wunsch von den Augen ablas.

Frühe Prägungen wirken mitunter unser gesamtes Leben lang weiter. Sie beeinflussen unser Verhalten und können bewirken, dass wir uns in bestimmten Situationen immer wieder für ein Verhaltensmuster entscheiden, das wir seit unserer Kindheit »eingeübt« haben. Für unsere Psyche ist dies gewissermaßen der Weg des geringsten Widerstandes. Kindlichen Prägungen zu folgen heißt, dass in unserem Inneren alles so bleiben kann, wie es ist. Ohne dass uns dies immer bewusst sein muss, sehen wir dann die Verantwortung für das, was in unserem Leben schwierig, unbefriedigend oder sogar schlimm ist, bei äußeren Umständen oder anderen Menschen.

Etwa fünf bis zehn Prozent der Menschen machen sich aus eigenem Antrieb daran, ihre eingeschliffenen Muster zu verändern. Diesen Menschen wird – oft in der Pubertät oder im jungen Erwachsenenalter – deutlich, dass sie bestimmte Werte und Verhaltensweisen ihres Elternhauses nicht weiter leben möchten. Kein einfacher Weg, denn diese Menschen können bei ihrer Veränderungsarbeit naturgemäß nicht auf den Rückhalt ihrer Herkunftsfamilie hoffen. Vielmehr werden Eltern und Geschwister sie wahrscheinlich eher belächeln, schlimmstenfalls auch bloßstellen und als »Nestbeschmutzer« betrachten. Eine Veränderung der alten Muster gelingt manchmal nur in Teilbereichen.

Um dieses »Weg von …« erfolgreich zu bewältigen, braucht es Stärke, Klarheit und Durchsetzungskraft – im Zweifelsfall also genau diejenigen Qualitäten, die man von zu Hause nicht mitbekommen hat. Manche Menschen schaffen es, diese Stärken aus sich selbst heraus zu entwickeln. Hilfreich ist es aber auf alle Fälle, einen oder mehrere Wegbegleiter zu haben, die einen unterstützen und bestärken.

Prägende Lebenserfahrungen und ihre Rolle in der Hypnosetherapie

Ich habe einen Teil meiner Jugend im Kinderheim verbracht. Und zu meinem Glück fand ich dort einen Wegbegleiter: Einer der betreuenden Sozialpädagogen schenkte mir viel Aufmerksamkeit und Zeit. Er hatte mich genau im Blick und begleitete mich mit Wohlwollen und aufrichtigem Interesse. Er bestärkte mich darin, an mich selbst zu glauben, und gab mir das Gefühl, so, wie ich bin, richtig und gut zu sein. Ihm verdanke ich sehr, sehr viel. Darum an dieser Stelle: Danke, lieber Andreas!

In meiner Kindheit habe ich gewaltvolle Beziehungen erlebt, und heute habe ich in meiner Beratungspraxis immer wieder mit Klienten zu tun, denen es ähnlich ergangen ist. Immer wieder erlebe ich, dass kindliche Gewalterfahrungen dazu führen, dass die Betroffenen sich als Erwachsene Beziehungspartner suchen, mit denen sie wiederum Gewalterfahrungen machen. Oft geschieht dies wiederholt: Da flieht jemand aus einer Beziehung, in der Gewalt und Missbrauch herrschten, und findet dann in einer neuen Beziehung wiederum dasselbe vor.

Man nennt dieses Phänomen auch »Anziehungsmuster«. Der Begriff stammt ursprünglich aus der Biochemie: Bestimmte Moleküle ziehen bestimmte andere Moleküle an. Für unser Innenleben gilt Ähnliches. Anziehungsmuster sind hochwirksam. Sie bewirken, dass wir uns zu Menschen hingezogen fühlen, die Ähnlichkeit mit unseren ersten Bezugspersonen haben. Haben wir in unserer frühen Kindheit bereits Gewalterfahrungen gemacht und ist Gewalt damit für uns ein »normaler« Bestandteil von Beziehungen, so werden wir uns immer wieder Menschen suchen, die sich ebenfalls gewaltvoll verhalten. Wir kennen es ja nicht anders.

Diese Beziehungsmuster wiederholen wir dann nicht nur in

unseren Liebesbeziehungen, sondern auch in Freundschaften und Arbeitsbeziehungen.

In der Sprache der Hypnose nennt man das »Urereignis«, also die erste, prägende Erfahrung »ISE«, »Initial Sensitising Event«. Mit dieser ersten Erfahrung sind in der Regel starke Emotionen verbunden; sie kann durchaus traumatisch sein. Dennoch ist das ISE nicht unbedingt ein auch äußerlich spektakuläres Ereignis. Genauso prägend wie Gewalterfahrungen wirken Dinge, die auf den ersten Blick sehr viel »unauffälliger« sind, also etwa emotionale Vernachlässigung, abwertende Äußerungen von nahen Bezugspersonen oder aber permanente Überbehütung.

Das ISE wird im Unbewussten abgespeichert, und es wird zum Maßstab für alle folgenden Erfahrungen. Aus ihm entstehen Glaubenssätze, beispielsweise: »Ich verdiene es nicht besser, als dass die Menschen in meiner Umgebung mich schlecht behandeln«, oder »Ich bin dumm; ich werde nie etwas kapieren«. Nur solche Erfahrungen, die dieser Urerfahrung entsprechen, werden von uns akzeptiert; solche, die ihr nicht entsprechen, werden zurückgewiesen. Auf diese Weise ziehen wir unzählige Wiederholungen, sogenannte »SSE«s (»Subsequent Sensitising Event«), in unser Leben. Damit bestätigen wir uns unsere »Programmierung«, die dadurch immer weiter verinnerlicht wird. Am Schluss einer solchen »Programmierung« steht das sogenannte »FSE« (»Final Sensitising Event«). Es wiederholt in irgendeiner Weise die Ursprungserfahrung – das muss gar nicht besonders spektakulär sein –, aber mit einem Mal ist das Maß voll. Der oder die Betreffende bricht zusammen, erleidet eine Depression, einen Burnout, eine schwere Krankheit oder Ähnliches. Es ist, als würde jeder Mensch über ein gewisses seelisches Fassungsvermögen verfügen, eine Art »Seelenwaschbecken«. Das Ursprungsereignis, das ISE, sorgt dafür, dass sich im Abflussrohr dieses Waschbeckens beträchtliche Ablagerungen bilden. Folgeereignisse, die SSEs, verstopfen das Rohr nun immer weiter. Irgendwann folgt ein letztes Ereignis, FSE, das dafür sorgt, dass das Rohr dicht ist und das Waschbecken überläuft.

Spannend ist, dass Menschen, denen dies passiert, ihren Zusammenbruch oft nur auf das letzte Ereignis, das FSE, zurückführen und keinen Zusammenhang mit früheren Geschehnissen in ihrem Leben erkennen. Ich möchte dem entgegensetzen: Alles, was ein Mensch in seinem Leben als FSE erlebt, kennt er schon aus früheren Jahren.

Teile dieses Buches habe ich in Indien geschrieben, während einer Ayurveda-Kur. Dabei fiel mir eine andere Teilnehmerin besonders auf. Trotz wunderbaren Wetters, einer schönen Unterkunft, in der für alle Bedürfnisse bestens gesorgt war, und täglicher Entspannungs-Massagen wirkte sie enttäuscht und niedergedrückt. Ihre Mundwinkel zogen sich Tag für Tag noch etwas weiter nach unten, und ihre Körperhaltung wurde stetig gebeugter. Irgendwann kamen wir ins Gespräch, und sie sagte mir, was sie so traurig und frustriert sein ließ: Nach 27 Jahren Ehe hatte ihr Mann sie zugunsten einer jüngeren Frau verlassen. Meine Nachfrage, ob sie ähnliche Situationen in ihrem Leben schon einmal erlebt hatte, verneinte meine Mitreisende vehement und sichtlich irritiert. Doch als wir unsere Unterhaltung in den nächsten Tagen fortsetzten, zeigte sich, dass sie im frühen Kindesalter erlebt hatte, wie der Vater sie und ihre Mutter verließ – ebenfalls zugunsten einer anderen Frau. Sie hatte ihn danach nur noch sporadisch zu Gesicht bekommen. Und auch die Männer, mit denen sie vor ihrer Ehe zusammen gewesen war, hatten sie verlassen. Daneben hatte meine Reisebekanntschaft beruflich mehrere Kündigungen hinter sich. Ihre Biographie mag besonders bedrückend sein, doch wir alle haben unsere Lebensthemen – Anteile unseres Lebens, in denen wir uns wie

So entstehen Muster und Traumata

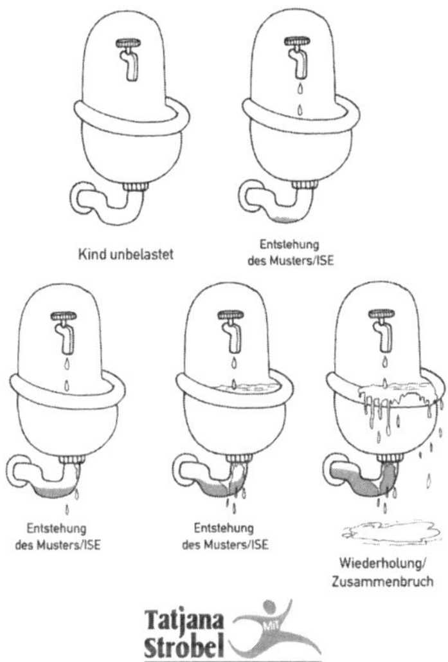

ferngesteuert vorkommen und uns immer und immer wieder dasselbe zu passieren scheint. Solche Wiederholungen können sich als Gewohnheiten zeigen, die wir gern ablegen würden – so kommen in meine Praxis beispielsweise immer wieder Menschen, die seit vielen Jahren erfolglos versuchen, sich das Rauchen abzugewöhnen. Lebensthemen können sich aber auch über »Umwege« äußern – etwa darin, dass jemand es nicht schafft, zu anderen Menschen auch mal nein zu sagen. Oder sie treten in Form einer chronischen Erkrankung zutage.

Ich freue mich, wenn die Erfahrungen aus meiner Praxis Ihnen Lust gemacht haben, sich auf die Suche nach den Mustern und wiederkehrenden Ereignissen in Ihrem eigenen Leben zu machen. Wenn Sie möchten, können wir gleich im nächsten Kapitel damit beginnen …

Kapitel 2
Was hat Ihr Leben geprägt?

Lassen Sie uns doch gleich wieder mit einem Test starten, um herauszufinden, welche Muster und Prägungen Sie aus Ihrer Kindheit übernommen haben. Bewerten Sie, inwieweit die unten gemachten Aussagen auf Sie zutreffen, und versuchen Sie dabei, ehrlich mit sich selbst zu sein.

Prägungen aus der Kindheit: Was sind Ihre Muster?

1. **Ich lasse mich durch nichts so leicht erschüttern, auch wenn alles drunter und drüber geht.**

Stimmt/Stimmt nicht

2. **Wenn heftig diskutiert wird, halte ich mich meist raus und versuche, möglichst nicht aufzufallen.**

Stimmt/Stimmt nicht

3. **Bei mir bleibt nichts lange liegen, ich erledige immer sehr rasch, was eben erledigt werden muss.**

Stimmt/Stimmt nicht

4. **Wenn ich etwas gemacht habe, gucke ich immer noch dreimal nach, ob wirklich alles stimmt.**

Stimmt/Stimmt nicht

5. **Ich will immer besser als die anderen sein und empfinde viele Situationen als Wettbewerb.**

Stimmt/Stimmt nicht

6. **Ich liebe es, als Gastgeber oder Gastgeberin andere zu umsorgen.**

Stimmt/Stimmt nicht

7. **Bevor ich mich für oder gegen etwas entscheide, sammle ich alle**

verfügbaren Informationen und bespreche die Sache mit Menschen, die mir wichtig sind.

Stimmt/Stimmt nicht

8. Mich haut so leicht nichts um. Kranksein gibt's bei mir nicht.

Stimmt/Stimmt nicht

9. Ich mache meine Sachen eher husch-husch und vergesse dabei immer mal wieder etwas.

Stimmt/Stimmt nicht

10. Ich will meine Aufgaben erfolgreich abschließen und kann mich richtig in eine Sache verbeißen – egal, wie lange es dauert.

Stimmt/Stimmt nicht

11. Fehler gibt es bei mir nicht, weil ich immer äußerst sorgsam vorgehe und mir selbst auf die Finger schaue.

Stimmt/Stimmt nicht

12. Andere Menschen bewundern mich dafür, dass ich mich auch in schwierigen Situationen nicht aus der Ruhe bringen lasse.

Stimmt/Stimmt nicht

13. Wer sich nicht anstrengt, verdient es auch nicht, Erfolg zu haben – das ist mein Motto.

Stimmt/Stimmt nicht

14. Bei mir muss immer Action sein. Ich finde es langweilig, mich nur auf eine Sache zu konzentrieren.

Stimmt/Stimmt nicht

15. Es macht mir nichts aus, mich nach den Wünschen anderer zu richten. Hauptsache, die Stimmung ist gut.

Stimmt/Stimmt nicht

Auswertung:

Übertragen Sie nun Ihre Bewertung der einzelnen Aussagen in die nachfolgend aufgeführten Muster-Kategorien. Bei welchen Aussagen haben Sie »Stimmt« angekreuzt?

Noch etwas vorweg: Seien Sie bitte nicht böse mit sich selbst, wenn Sie im Folgenden bestimmte Prägungen bei sich entdecken, die Ihnen nicht gefallen. Es gibt keinen Menschen, der nicht durch seine Kindheit in irgendeiner Weise geprägt wurde. Welche Muster und Glaubenssätze man mit in sein Erwachsenenleben nimmt, ist keine Schuldfrage. Sie können nichts für diese Muster. Das bedeutet allerdings nicht, dass Sie keine Chance hätten, sie zu verändern ...

»Ich darf niemals Schwäche zeigen.«
Fragen: 1: _ 8: _ 12: _
»Ich muss immer alles hundertprozentig richtig machen.«
Fragen: 4: _ 7: _ 11: _
»Alle müssen mit mir zufrieden sein.«
Fragen: 2: _ 6: _ 15: _
»Ich muss immer alles möglichst schnell machen.«
Fragen: 3: _ 9: _ 14: _
»Ohne Anstrengung gibt es keinen Erfolg.«
Fragen: 5: _ 10: _ 13: _

»Ich darf niemals Schwäche zeigen.«
In Ihrer Kindheit war es für Sie hilfreich, dass Sie sich nicht anmerken ließen, was Sie wirklich dachten und fühlten. Im Erwachsenenleben haben Sie dieses »Keep smiling« beibehalten, das mitunter jedoch ziemlich anstrengend sein kann. Erinnern Sie sich doch immer wieder mal daran, dass sich noch niemand einen Zacken aus der Krone gebrochen hat, wenn er sich von anderen helfen ließ. Ihre Mitmenschen werden es Ihnen höchstwahrscheinlich danken, wenn sie in Zukunft einfacher erkennen können, wie Sie in bestimmten Situationen fühlen oder denken. Erlauben Sie anderen einen Blick hinter Ihr Pokerface!

»Ich muss immer alles hundertprozentig richtig machen.«
Sie haben in Ihrem Elternhaus vermittelt bekommen, dass man eine Sache entweder gar nicht oder aber perfekt macht. Dass man sich stets

Zeit nimmt, niemals etwas halbherzig tut und immer voll und ganz bei der Sache ist. Ihr Leben wird einfacher, wenn Sie beginnen, sich selbst Fehler zuzugestehen. Überlegen Sie sich einen Satz, mit dem Sie sich behutsam daran erinnern können, dass Sie mal wieder zum Opfer Ihres eigenen Perfektionismus zu werden drohen, etwa »Gut ist gut genug«, »Wunder werden morgen erledigt« oder »Niemand ist vollkommen«. Schreiben Sie ihn auf einen Zettel und hängen Sie ihn an einer gut sichtbaren Stelle Ihrer Wohnung oder Ihres Arbeitsplatzes auf.

»Alle müssen mit mir zufrieden sein.«
Sie haben aus Ihrer Kindheit mitgenommen, dass man am besten durchkommt, indem man immer freundlich bleibt und die Wünsche und Erwartungen anderer befriedigt. Tatsächlich aber sind Sie selbst der einzige und wichtigste Mensch, dem Sie es recht machen sollten. Gönnen Sie Ihren eigenen Bedürfnissen und Wünschen mehr Raum. Sonst besteht die Gefahr, dass Sie über den Erwartungen der anderen sich selbst komplett aus den Augen verlieren.

»Ich muss immer alles möglichst schnell machen.«
In Ihrer Herkunftsfamilie musste es mutmaßlich immer hopp-hopp gehen, etwa weil Sie viele Geschwister hatten oder Ihre Eltern sehr viel gearbeitet haben. Schnelligkeit war alles, und das hat dazu geführt, dass Sie auch heute noch gewissermaßen immer sich selbst auf den Fersen sind. Eigentlich wissen Sie wahrscheinlich ganz gut, dass jede Aufgabe ihre Zeit benötigt und sich nur wenige Dinge wirklich »nebenher« erledigen lassen. Nehmen Sie darum den Mahner in Ihrem Inneren, der Ihnen immer wieder sein »Beeil dich!« zuruft, in Zukunft ruhig ein bisschen weniger ernst als bisher. Entgegnen Sie ihm etwa: »Für diese Sache möchte ich mir mehr Zeit nehmen« oder das gute alte »Gut Ding will Weile haben«.

»Ohne Anstrengung gibt es keinen Erfolg.«

Kann es sein, dass Sie in Ihrer Kindheit ständig unter Druck gesetzt wurden? Sicher: ganz ohne den Willen, etwas zu leisten, geht es auf die Dauer nicht. Doch was zu viel ist, ist zu viel. Sie haben als Mensch auch dann einen Wert, wenn Sie nicht ständig etwas leisten. Erinnern Sie sich gelegentlich daran – Ihrem Leben wird das mehr Leichtigkeit und Freude bringen. Ihr neuer Glaubenssatz könnte etwa lauten: »Leistung kann auch ganz leicht sein.«

Die Geschichte Ihres Lebens

Lassen Sie uns im Folgenden noch etwas tiefer in Ihre Biographie eintauchen. Nehmen Sie sich doch bitte ein paar Blatt Papier oder ein Schreibheft sowie einen Stift und schreiben Sie Ihre Lebensgeschichte auf. Sie können einen zusammenhängenden Text schreiben oder auch Stichworte notieren – gehen Sie ruhig so vor, wie es Ihnen am meisten entspricht. Wichtig ist, dass möglichst viel zutage gefördert wird. Im Idealfall möchten Sie sich vielleicht ja sogar an mehreren aufeinander folgenden Tagen Ihrer eigenen Geschichte widmen. Je mehr Puzzleteile zusammenkommen, umso besser …

Sie finden im Folgenden eine Reihe von Fragen, die Sie zu Hilfe nehmen können. Natürlich können Sie auch Ihre Eltern und Geschwister, sonstige Verwandte oder andere Wegbegleiter um Auskunft bitten, wo Sie selbst sich nicht mehr genau an etwas erinnern oder wo es um Ihre »Vorgeschichte« geht. Je mehr Sie in Erfahrung bringen können, desto besser werden Sie die Zusammenhänge in Ihrem Leben erkennen und verstehen.

Informationen zu Ihren Eltern:
Wie haben sie sich kennengelernt? Wie alt waren sie damals? Waren die Eltern Ihrer Eltern mit der Wahl des Partners einverstanden? Wie war das Verhältnis zu den Eltern/Schwiegereltern? Wie lange dauerte es, bis Sie selbst »unterwegs« waren? Waren Sie ein Wunschkind oder war die Schwangerschaft Ihrer Mutter ungewollt? Verstanden Ihre Eltern sich evtl. gar nicht als Paar, als Ihre Mutter mit Ihnen schwanger wurde? War Ihr Geschlecht erwünscht (gar nicht so wenige Eltern wünschen sich dezidiert einen Sohn oder eine Tochter)?

Wie war in Ihrer Kindheit und Jugend die Beziehung Ihrer Eltern zueinander? Gingen sie liebevoll und zärtlich miteinander um? Wer nahm welche Rolle ein? Wer war in erster Linie für Ihre Erziehung zuständig? Hatten Sie außer den Eltern noch andere Bezugspersonen, in deren Obhut Sie gegeben wurden? Gab es Gewalt, Streitigkeiten, Konflikte, und wenn ja, wie häufig? Wie haben Sie das als Kind empfunden? Waren ein oder beide Elternteile über längere Zeit abwesend (Kur/Arbeit/Auslandsaufenthalte)? Gab es Trennungen, eine Scheidung, Umzüge? Wenn ja, was war der Grund für die Trennung Ihrer Eltern? Wie war das Sorgerecht geregelt, bei wem sind Sie aufgewachsen? Wie intensiv hat sich der Elternteil, bei dem Sie lebten, um Sie gekümmert? Gab es Stiefvater/Stiefmutter? Wie war das Verhältnis zu ihnen? Wie war Ihr Verhältnis zu dem anderen Elternteil?

Wenn Ihre Eltern noch leben: Wie ist Ihr aktuelles Verhältnis zu ihnen?

Falls Sie Geschwister haben:
Wie viele sind es? Wie sind die Altersunterschiede? Haben Sie Stiefgeschwister?

Welchem Ihrer Geschwister standen Sie am nächsten? Warum? Mit welchem Bruder oder welcher Schwester konnten Sie am wenigsten anfangen? Um was haben Sie Ihre Brüder/Schwestern beneidet, aus welchen Gründen haben Sie sie evtl. gemieden oder gehasst? Wofür wurden Sie beneidet, gemieden oder abgelehnt? Wie sind Ihre Geschwister mit Ihnen umgegangen? Was haben Sie genossen, was abgelehnt oder nur widerwillig getan?

Gab es Fehlgeburten oder andere Todesfälle in der Familie? Schwere Krankheiten, Abwesenheiten der Geschwister?

Wie ist Ihr heutiges Verhältnis zu Ihren Geschwistern? Gibt es heute noch einen Bruder, eine Schwester, der/die Ihnen besonders nahesteht? Hat sich im Vergleich zu früher etwas geändert?

Ihre Geburt:

Was wissen Sie zu Ihrer Geburt? War es eine normale oder eine schwierige Geburt? Sind Sie per Kaiserschnitt zur Welt gekommen, zu früh, zu spät; gab es Komplikationen? Hatten oder haben Sie ein (oder mehrere) Zwillingsgeschwister? Waren Sie gleich nach der Geburt bei Ihrer Mutter und Ihrem Vater? Mussten Sie als »Frühchen« in den Brutkasten oder wurden Sie gleich nach der Geburt zur Adoption freigegeben?

Ihre Kindheit:

Wie erging es Ihnen in Ihrer Kindheit? Würden Sie sie als glücklich bezeichnen? Wenn Sie mögen, blättern Sie noch einmal zurück zu Kapitel 1 und den fünf Faktoren, die entscheidend für die Entwicklung der Persönlichkeit sind. Wie stand es in Ihrer Familie um diese Dinge? Wurden Sie wahrgenommen, hatte man Zeit für Sie? Fand man Sie hübsch und liebenswert? Wer waren Ihre wichtigsten Bezugspersonen? Wo und wie sind Sie aufgewachsen?

Wie erging es Ihnen mit Ihren Geschwistern? Falls Sie jüngere Geschwister haben: Wie fühlten Sie sich, als diese auf die Welt kamen? Und falls Sie der/die Jüngste sind: Wie war das mit den Älteren? Gingen Sie in einen Kindergarten/eine Krippe? Wie fühlten Sie sich dort? Gingen Sie gern dorthin? Hatten Sie gleichaltrige Freunde? Wie kamen Sie in der Kindergruppe zurecht? Wurden Sie gehänselt oder freuten die anderen sich, Sie zu sehen?

Gibt es traumatische Erlebnisse aus dieser Zeit – Todesfälle, Trennungen, Streit von Familienmitgliedern?

Wie gestaltete sich der Übergang in die Schule? Wie fühlten Sie sich dort? Sind Sie gern in die Schule gegangen oder eher mit Unbehagen? Wenn ja, warum? Welche Fächer mochten Sie, welche nicht? Wie gingen die Lehrer mit Ihnen um? Welche Rolle nahmen Sie in der Schulklasse ein? Welche Noten brachten Sie nach Hause? Welchen Stellenwert hatten Schule und Schulnoten in der Familie? Gab es Leistungsdruck?

Womit verbrachten Sie Ihre Freizeit? Welchen Stellenwert hatte Essen in Ihrem Leben? Gab es ausreichend, gab es Mangelsituationen? War genügend Geld für Ihre Bedürfnisse/Wünsche vorhanden? Gab es Familienurlaube? Welches Mitspracherecht hatten Sie?

Was waren Ihre Talente? Wurden Sie gesehen und gefördert? Wie ging man damit um, wenn Sie Misserfolge oder Probleme hatten? Gab es nennenswerte Verletzungen/Krankheiten in dieser Zeit? Welche Rolle nahmen Sie in der Familie ein? Wie würden Sie Ihren Charakter in der Kindheit beschreiben? Galten Sie als »Problemkind«, waren Sie der »Sonnenschein« Ihrer Eltern oder eher irgendetwas dazwischen?

Ihre Jugend:
Wie ging es Ihnen in Ihrer Jugend? Wie fühlten Sie sich in Ihrem Körper? Welche Ängste/Sorgen trugen Sie mit sich herum? Wie war Ihre schulische Entwicklung? Wussten Sie schon, was Sie werden wollten? Welche Erfahrungen haben Sie mit Zigaretten/Alkohol/Drogen wann gemacht? Gingen Sie aus? Hatten Sie viele/wenige Freunde? Gehörten Sie einer Clique an? Oder wurden Sie gehänselt und ausgegrenzt? Wie haben Sie Ihre Pubertät erlebt? Wer war Ihre wichtigste Bezugsperson? Welche Rolle übernahmen Eltern und Geschwister in dieser Zeit?

Wann waren Sie das erste Mal verliebt? Erwiderte der/die Auserwählte Ihre Liebe? Erinnern Sie sich an Ihren ersten Kuss, die ersten sexuellen Erfahrungen? Wie alt waren Sie da? Waren es positive Erfahrungen? Hatten Sie einen festen Freund/eine feste Freundin? Was zeichnete diese Beziehung aus? Wie und warum endete sie? Gab es schlimme, traurige, peinliche Erlebnisse, an die Sie sich bis heute erinnern? Wie haben Sie Ihren Schulabschluss erlebt? Wie waren Ihre ersten Erfahrungen in Ausbildung, Studium, Beruf? Waren Sie glücklich mit Ihrer Berufs-/Studiumswahl? Wie waren Ihre Vorgesetzten/Professoren? Wie wurden Sie im Team aufgenommen?

Ihre Paarbeziehungen:
Wie viele Paarbeziehungen hatten Sie bis heute? Welche war die wichtigste, welches die schmerzhafteste? Mussten Sie Erfahrungen von Missbrauch sexueller und/oder psychischer Art machen? Wer hat die Beziehungen jeweils beendet? Was waren die »offiziellen« Gründe? Welcher Beziehung trauern Sie am meisten nach? Wie fühlten Sie sich nach deren Ende?

Welche Rolle spielt Sexualität in Ihrem Leben? Wie können Sie sich ausleben, ausprobieren, sich fallen lassen? Welche Rolle spielen Nähe und Zärtlichkeit in Ihren Paarbeziehungen? Können Sie beides zulassen? Sind Sie ein liebevoller, zärtlicher oder ein zurückhaltender, schüchterner Mensch? Wie zeigen Sie Ihre Liebe in der Öffentlichkeit? Neigen Sie zur Eifersucht? Wie gingen und gehen Ihre Partner mit Ihnen um? Wurden und werden Sie wahrgenommen und in Ihren Bedürfnissen wertgeschätzt? Welche Themen erleben Sie in Ihren Beziehungen immer wieder?

Wie glücklich sind Sie in Ihrer aktuellen Beziehung? Wenn Sie keine Beziehung haben: warum nicht?

Ihr Berufsleben:
Wie ist Ihr Berufsleben bisher verlaufen? Geradlinig oder eher »wild bewegt«? Wie glücklich sind Sie in Ihrem Beruf? Wie wertvoll und wertstiftend ist Ihre Aufgabe im Unternehmen? Möchten Sie diesen Job bis zur Rente machen? Wie kommen Sie mit den Kollegen aus? Werden Sie und Ihre Arbeit wertgeschätzt? Wie ist Ihr Umgang mit den Vorgesetzten? Nehmen diese Sie wahr? Haben Sie Kündigungen/Gehaltskürzungen/Nichteinhaltung von Absprachen, Zusagen erlebt? Wie wird an Ihrem Arbeitsplatz mit Krankheiten, Todesfällen und anderen schwierigen Lebenssituationen umgegangen? Werden Sie gefördert? Oder haben Sie schon Mobbing-Erfahrungen gemacht? Ist Ihr Chef/Ihre Chefin einfühlsam oder eher eine Herausforderung für Sie?

Essen, Trinken, Lebensgewohnheiten, Sexualität, Bewegung und Ruhe:
Wie sind Ihre Essgewohnheiten? Kennen Sie das Gefühl, satt zu sein? Ist Essen für Sie mehr als nur Nahrungsaufnahme, sind Lebensmittel Tröster und Retter zugleich? Wie ist Ihr Umgang mit zuckerhaltigen Lebensmitteln? Benötigen Sie diese im Alltag?

Haben Sie Tics, Angewohnheiten wie beispielweise Nägelkauen, Zähneknirschen, Finger- oder Ohrknibbeln? Wann treten diese Gewohnheiten besonders stark zutage?

Welche Lebensgewohnheiten haben Sie? Was brauchen Sie täglich, um sich wohlzufühlen? Treiben Sie Sport? Welchen? Wie häufig?

Wie kommen Sie zur Ruhe? Gönnen Sie sich Zeiten des Nichtstuns? Wie ist Ihr Schlafverhalten? Können Sie sechs bis acht Stunden durchschlafen? Wenn nicht: Was hält Sie davon ab?

Haben Sie regelmäßig Geschlechtsverkehr? Macht Ihnen Sexualität Spaß? Fühlen Sie sich frei und wohl mit Ihrem Körper? Leben Sie Ihre Wünsche aus?

Gibt es in Ihrem Leben Abhängigkeiten? Wie viel Alkohol, wie viele Zigaretten konsumieren Sie täglich? Gibt es ein Suchtverhalten in Bezug auf Sport, Sexualität, Shoppen, Spielen, Internet? Waren oder sind Sie drogenabhängig?

Ihre Krankheitsgeschichte:

Welche Krankheiten haben Sie im Laufe Ihres Lebens durchgemacht? Waren Sie schon einmal im Krankenhaus? Wenn ja: Wie viele Krankenhausaufenthalte haben Sie hinter sich?

Leiden Sie unter Allergien? Falls ja: welchen?

Welche Krankheiten oder Beschwerden treten bei Ihnen immer wieder auf oder sind schon chronisch? Wie reagiert Ihr Körper bei Überlastung?

Gibt es Medikamente, die Sie schon seit vielen Jahren einnehmen?

Nachdem Sie Informationen zu all diesen Aspekten Ihres Lebens zusammengetragen haben, hätte ich noch einige Fragen zu Ihrem »Hier und Jetzt« an Sie:

1. **Gibt es in Ihrem aktuellen Leben Dinge, die nicht ganz rund laufen? Was hätten Sie gerne anders, was stimmt Sie unglücklich?**
2. **Wie beeinträchtigt dieses Thema Ihr Leben, welche Auswirkungen hat es auf die Lebensbereiche Arbeit, Soziales, Partnerschaft, Kommunikation? Gibt es unter Umständen mehrere Themen, die Sie belasten?**
3. **Gibt es aus Ihrer Sicht eine Verbindung zwischen diesen Themen oder sind sie unabhängig voneinander zu betrachten?**
4. **Analysieren Sie mal einen Tag lang Ihre Gedanken. Welche Gedankengänge wiederholen sich? Wie denken Sie über sich selbst? Werten Sie sich eher auf oder ab? Wie sieht es mit Ihrem Selbstmitgefühl aus? Welche Dinge sagen Sie sich selbst bei der Arbeit, zu Hause, unter Freunden?**
5. **Wann haben Sie bemerkt, dass etwas nicht rund läuft, dass Sie sich nicht gut fühlen, dass Sie ein Problem haben, das Sie belastet?**
6. **Woran haben Sie dies festgestellt? Was waren die auslösenden Situationen?**
7. **Haben Sie bereits versucht, das Problem aus der Welt zu schaffen? Wenn ja, auf welche Weise? Mit welchem Erfolg?**
8. **Welche Gedanken haben Sie zur Lösung Ihres Themas? Wie sähe für Sie die ideale Lösung des Themas aus?**

Sie sind fertig, haben Ihre Lebensgeschichte nun zusammengetragen und schwarz auf weiß vor sich liegen? Herzlichen Dank dafür! Sie haben nun die Grundlage dafür geschaffen, dass wir Ihren Lebensthemen auf die Spur kommen.

Lesen Sie nun Ihre Aufzeichnungen noch einmal durch und kennzeichnen Sie folgende Themen mit unterschiedlichen Farben:

- mit *Grün* alle Themen, die mit einem geringen Selbstwertgefühl zu tun haben, also Momente, in denen Sie sich klein, unfähig, dumm, hässlich etc. fühlten.

- mit *Rot* alles, was mit Nicht-gesehen-, Nicht-wahrgenommen-Werden zu tun hat: Momente Ihres Lebens, in denen Sie sich unendlich alleine gefühlt haben, sich nach einer Umarmung, jemandem, der Ihnen zuhört, gesehnt haben. Aber auch Situationen, in denen Ihre Meinung nicht gehört wurde, Ihre Bedürfnisse nicht wahrgenommen wurden, in denen Sie sich übergangen fühlten.
- mit *Gelb* alle Momente in Ihrem Leben, in denen Sie sich unter- oder überfordert fühlten, in denen man Sie ausgelacht hat oder schlicht nicht Machbares von Ihnen verlangt wurde. Oder aber Situationen, in denen Sie nicht Ihrer Qualifikation und Ihren Fähigkeiten gemäß behandelt wurden.
- mit *Orange* alle Stationen des Lebens, an denen man von Ihnen (egal, wie alt Sie waren) eine besondere Verantwortung erwartete. Sei es die Krankheit der Mama oder des Opas, die Beaufsichtigung der Geschwister, das Kümmern um den Haushalt etc.
- mit *Violett* alle Situationen Ihres Lebens, in denen Sie von wem auch immer verlassen oder im Stich gelassen wurden: Vater, Freundin, Lehrer, Partner etc.

Natürlich kann es sein, dass ein Thema in mehrere Bereiche fällt. Dann kennzeichnen Sie es mit allen passenden Farben.

Damit Sie alles noch einmal kompakt beisammenhaben, stelle ich Ihnen im Folgenden Teile des Anamnesebogens zur Verfügung, den ich in meiner Praxis verwende, bevor ich mit meinen Klienten in die Hypnose einsteige. Bitte nehmen Sie einen Stift und ein Blatt Papier zur Hand, um den Fragebogen auszufüllen.

Der Mesmerize-it-Anamnesebogen

Ihr Personenstand? ______________________________

Kinder (Name, Alter): ______________________________

Ihr Beruf? ______________________________

Ihre Eltern (Alter, Zivilstand, Qualität der elterlichen Beziehung ... alles, was Ihnen in diesem Zusammenhang wichtig ist):______________

Ihre Geschwister (Namen, Alter, Qualität Ihrer Geschwisterbeziehung ... alles, was Ihnen in diesem Zusammenhang wichtig ist):______________

Ihre Kindheit und Jugend (Kindergarten, Schule, Hobbys, Freunde, Sport/Bewegung, Familiengeheimnisse und -tragödien, Krankheiten, erste Lieben, Sexualität, Religion, Drogen, Alkohol, Nikotin, traumatische Situationen ... alles, was Ihnen in diesem Zusammenhang wichtig ist):______________________________

Ihr Leben als Erwachsene/r (Beruf, Freizeit, Hobbys, Sport/Bewegung, Partnerschaften, Familienleben, Sexualität, Religion, Drogen, Alkohol, Nikotin, andere Abhängigkeiten, traumatische Situationen, Ihr Schlaf- und Entspannungsverhalten, Ängste/Phobien, wiederkehrende Verhaltensmuster ... alles, was Ihnen in diesem Zusammenhang wichtig ist): ______________________________

Ihre medizinische Vorgeschichte (körperliche/seelische Erkrankungen, ärztliche Behandlungen, Psychotherapie/n, chronische Erkrankungen, Medikamente ... alles, was Ihnen in diesem Zusammenhang wichtig ist): ______________________________

Aus welchem Grund/welchen Gründen haben Sie sich für die Hypnosebehandlung entschieden? ______________________________

Was haben Sie bereits unternommen, um Ihre bislang beschriebenen Probleme zu lösen? ______________________________

Wie würden Sie Ihr wichtigstes Ziel in einem Satz definieren? __________

An welchen Orten können Sie sich besonders gut entspannen? __________

Wenn Sie sich Ihren Traum-Ort beschreiben sollten, an dem Sie sich rundum wohl und glücklich fühlen – wie sähe er aus? ______________

Wie sieht es jetzt, wo Sie sich einen Überblick über Ihre Geschichte verschafft haben, bei Ihnen aus? Sind Sie weitergekommen? Konnten Sie einige wiederkehrende Muster identifizieren? Sind Sie vielleicht sogar schon der ursprünglich auslösenden Situation auf die Schliche gekommen?

Für mich ist die ausführliche Anamnese von größter Bedeutung. Das Leben eines Menschen in seinen Hauptbestandteilen zu sehen und zu erkennen, was er wie erlebt hat, ist einfach faszinierend!

An dieser Stelle möchte ich Ihnen noch Folgendes mit auf den Weg geben: Schuldige gibt es bei der Ermittlung der wiederkehrenden Lebensmuster meiner Meinung nach nicht. Die Anamnese dient also nicht dazu, irgendjemandem in Ihrem Leben den Schwarzen Peter zuzuschieben. Die meisten von uns tun das, was sie eben tun, mit bestem Wissen und Gewissen und keineswegs in der Absicht, andere Menschen zu schädigen oder gar deren Leben zu zerstören.

In meiner Praxis durfte ich diese grundlegende Erkenntnis auf vielfältige Weise immer wieder machen. Beispielsweise arbeitete ich eines Tages mit einer Klientin, die ich schon sehr lange kenne. Im Anamnesegespräch stellte sich heraus, dass ihre Mutter sie in der Kindheit sehr unter Druck gesetzt hatte und ihre Tochter nicht so sein ließ, wie sie eben war. Meine Klientin musste bereits als kleines Mädchen die Verantwortung für ihre Geschwister und den Haushalt übernehmen. Infolgedessen hatte sie im Erwachsenenalter keinerlei Gespür für sich selbst und ihre eigenen Wünsche. Sie versuchte, allen gerecht zu werden, und ihre einzige Möglichkeit, aus diesem Muster auszubrechen, war der reichliche Verzehr von Schokolade – zwei bis drei Tafeln täglich. In der Hypnosetherapie ließ sich die Schokosucht auflösen, und meine Klientin und ich waren hochzufrieden.

Ein paar Tage nach Abschluss der Therapie rief mich die

Mutter meiner Klientin an und wollte ihrerseits einen Termin bei mir vereinbaren. Es war meine erste »generationsübergreifende« Hypnosetherapie, und ich hatte Sorge, durch die Geschichte meiner Klientin der Mutter gegenüber voreingenommen zu sein. Meine Befürchtungen erwiesen sich als unbegründet. Im Anamnesegespräch mit der Mutter stellte sich heraus, dass auch ihre Eltern sehr hart mit ihr umgegangen waren und in ihr eine Art Dienstmagd gesehen hatten. Die Mutter hatte also genau das, was meine Klientin in abgeschwächter Form erfahren hat, ebenfalls erlebt. Sie hat das erlernte Muster an ihre Tochter weitergegeben.

Inzwischen habe ich mehrere generationsübergreifende Hypnosetherapien durchgeführt. Und immer gab es Musterübertragungen von einer Generation zur nächsten. Wer wollte angesichts dessen den oder die Schuldige(n) ausmachen? Es gibt sie nicht. Was es hingegen gibt, ist die Chance, das Übel bei der Wurzel zu packen und endgültig hinter sich zu lassen.

Im nächsten Kapitel möchte ich Ihnen einige meiner Klienten mit ihrer jeweiligen Geschichte vorstellen – natürlich habe ich, um ihre Identität zu schützen, die Namen verändert. Achten Sie beim Lesen doch mal darauf, ob Ihnen in den Geschichten das eine oder andere bekannt vorkommt, ob die Muster meiner Klienten auch bei Ihnen in abgewandelter Form eine Rolle spielen könnten.

Kapitel 3
Befreiungsschlag: Wie Hypnose meinen Klienten geholfen hat, einschränkende Lebensmuster zu überwinden

Das gelbe Kleid

Raya ist 47 Jahre alt und als Grafikerin selbständig tätig. Sie kommt mit zwei Problemen zu mir: Das eine ist ihr Übergewicht von ca. 25 Kilo, das zweite ihre Schwierigkeiten, sich privat und beruflich von den Ansprüchen anderer Menschen abzusetzen.

Nach einem ausführlichen Informationsgespräch zum Thema Hypnose beginnen wir mit der Anamnese, also der Vertiefung in Rayas Lebensgeschichte. Sie ist als erstes Kind eines Schweizers und einer Spanierin in der Schweiz geboren und hat einen fünf Jahre jüngeren Bruder. Die Eltern hatten sich kennengelernt, als der Vater in Spanien ein Auslandssemester absolvierte. Ihre Ehe war nicht glücklich – heute, als Erwachsene, glaubt Raya, dass der Vater die Ehe mit einer ausländischen Frau vor allem als Akt der Auflehnung gegen sein konservatives, gehobenes Schweizer Elternhaus ansah.

Raya kann sich nicht erinnern, dass ihre Eltern jemals zärtlich miteinander umgegangen wären. Beide Elternteile waren vor allem mit sich selbst beschäftigt. Der Vater rieb sich im Kampf um die Anerkennung seiner Eltern auf und war meist abwesend; die Mutter fühlte sich im fremden Land unwohl. Die Kinder erfuhren vor allem seitens der Mutter Strenge und Druck; sie hatten zu »funktionieren«. Immerhin gab es im großen Haus der Großeltern, wo die Familie lebte, noch andere Kinder, die zu Rayas Spielgefährten wurden. Raya ging in der Großfamilie auf; außerhalb des geschützten Raums des großelterlichen Hauses fühlte sie sich unsicher. Wegen ihrer dunklen Haut und der schwarzen Augen und Haare wurde sie als »Ausländerin« misstrauisch beäugt, des Öfteren auch gehänselt und beschimpft. Auch in Spanien, dem Heimatland der Mutter, fühlte Raya sich nie zu Hause. Im Gespräch bezeichnet sie sich als »wurzellos«.

Die Eltern trennten sich, als Raya elf Jahre alt war. Die Kinder blieben bei ihrer Mutter, Raya behielt jedoch einen regelmäßigen Kontakt zum Vater, der nach der Trennung eine Alkoholabhängigkeit entwickelte. »Ich hatte das Gefühl, dass ich mich um ihn kümmern musste«, beschreibt Raya ihr damaliges Empfinden. Der Vater heiratete erneut, eine sehr unselbständige Frau, um die Raya sich nach dem Tod des Vaters bis heute kümmert. Die Mutter blieb nach der Scheidung ohne neuen Partner. Auch für sie muss Raya gegenwärtig noch diverse Botengänge erledigen und zu bestimmten Terminen verfügbar sein.

Raya war eine gute Schülerin. Schon früh hatte sie den Wunsch, nach der Schule ein Studium zu beginnen, und entwickelte einen großen Lerneifer. Heute spricht sie sieben Sprachen fließend. Trotz ihrer offenkundigen Intelligenz wurde sie als junge Frau von anderen Menschen vor allem auf ihre exotische Ausstrahlung reduziert. Raya war zu einer zierlichen, sehr attraktiven Frau herangewachsen, die das Interesse der Männer auf sich zog.

Nach ihrem Auslandsstudium in Kunst und Grafikdesign machte Raya sich in der Schweiz beruflich selbständig. Ihre Ehe mit einem Mediziner, aus der sie eine Tochter hat, war unglücklich und wurde nach zehn Jahren geschieden. Raya entschloss sich, ihre Tochter in ein Internat zu geben, damit sie sich voll und ganz auf ihren Beruf konzentrieren konnte. »Ich wollte meinem Kind finanziell etwas bieten.« Etwa zu dieser Zeit begann sie zuzunehmen. Bis heute hat sie beruflich viel zu tun, kommt aber dennoch finanziell nicht wirklich auf einen grünen Zweig. Oft muss sie ihren Honoraren über Monate hinterherlaufen, und es fällt ihr schwer, ihren Kunden klarzumachen, dass besondere Leistungen auch ihren Preis haben.

Eine dauerhafte Partnerschaft ist Raya nicht mehr eingegangen. Ihrer Tochter gegenüber fühlt sie sich schuldig. »Ich habe das Gefühl, in meinem Leben so ziemlich alles falsch gemacht zu haben«, erklärt sie mir. Die ständigen Schuldgefühle schlagen auf ihr Selbstwertgefühl durch. Sie tröstet sich mit Chips und Süßigkeiten – einmal geöffnete Packungen wandern in der Regel nicht in den Schrank zurück, sondern werden gleich geleert. Außer ihrem Übergewicht plagen Raya starke Rückenschmerzen, gegen die auch Physiotherapie bisher nichts ausrichten konnte. Immerhin schläft sie gut, zumindest die meiste Zeit. »Wenn ich Sorgen habe, kann ich nicht einschlafen.« Raya trinkt keinen Alkohol und nimmt außer Schmerzmitteln keinerlei Medikamente ein.

Was hat die Anamnese zutage gefördert? Können Sie die sich wiederholenden Ereignisse (SSE) in Rayas Geschichte erkennen? Sehen Sie die Muster?

Mir ist bei Raya Folgendes aufgefallen:

- Sie wächst in einer kühl-distanzierten Atmosphäre auf, erfährt wenig Aufmerksamkeit. Sie wird nicht gesehen.
- Die Aufmerksamkeit ihrer Mutter kann Raya vor allem dadurch gewinnen, dass sie etwas leistet.
- Schon früh übernimmt sie die Verantwortung für ihren klei-

nen Bruder, später dann auch für ihren Vater, ihre Mutter und ihre Stiefmutter.
- Außerhalb der Familie ist das Wahrgenommen-Werden für Raya negativ konnotiert. Wahrnehmung erfolgt dort primär in Form von Hänseleien, später Vorurteilen.
- Sie versucht es allen recht zu machen – ihren Kunden, ihrer Mutter, ihrer Tochter –, aber was sie tut, scheint nie richtig zu sein. So leidet sie unter massiven Schuldgefühlen.

Mein Eindruck ist, dass Raya ihre eigenen Bedürfnisse nicht fühlen kann. Essen ist ihre »Entschädigung« dafür, von anderen nicht adäquat wahrgenommen zu werden. Darüber hinaus vermute ich, dass ihr Übergewicht eine Art Panzer ist, der sie vor den anzüglichen Blicken vor allem der Männer in ihrer Umgebung schützt.

Bei Rayas nächstem Besuch in meiner Praxis steigen wir in die Hypnosetherapie ein. Ich entspanne Raya durch verbale Suggestionen und führe sie allmählich in die hypnotische Trance. Sobald diese Trance tief genug ist, bitte ich Raya, sich an eine Situation zu erinnern, in der sie sich minderwertig oder schuldig fühlte. Sie beschreibt eine Situation, in der sie ihre Mutter unterstützen muss, obwohl sie dies gar nicht möchte. Ich frage sie nach ihren Emotionen. Raya beschreibt eine große Wut: Sie muss Dinge tun, die ihr widerstreben, doch gleichzeitig empfindet sie wegen ihrer inneren Widerstände ein Gefühl der Schuld – eine innere Zerrissenheit, die sie traurig, hilflos und unsicher macht.

Genau diesem Gefühlsmix gehen wir nun in der Hypnose auf die Spur. Ich frage Raya: »Kennst du diese Mischung von Gefühlen schon oder ist sie neu?«, und sie antwortet, die Gefühle seien ihr bekannt. Auf meine Nachfrage, woher, landen wir in ihrer Schulzeit, bei Situationen, in denen sie von Mitschülern gehänselt und vorgeführt wurde. Ich bitte Raya, in ihrer Erinnerung noch weiter zurückzugehen zu Situationen, in denen sie ähnlich empfunden hat. Sie kommt auf ihren dritten Geburtstag zu sprechen, den sie in Spanien gefeiert hat, bei den Eltern ihrer Mutter. Rayas Mutter möchte an diesem Tag alles richtig machen, denn sie weiß, dass insbesondere ihre Mutter sich durch ihren Weggang in die Schweiz von ihr im Stich gelassen fühlt. Am Vorabend des Geburtstages hat die spanische Großmutter Raya ein Kleid geschenkt, mit der Bitte, dass Raya es an ihrem Geburtstag tragen möge. Es ist ein wunderschönes gelbes Kleid – aber es kratzt furchtbar auf der Haut, und Raya möchte es nicht tragen. Ihre Mutter zwingt sie, es dennoch zu tun. Den ganzen Tag über leidet Raya unter dem Kleid, in das sie sich eingezwängt fühlt. »Das war einer der schlimmsten Tage meines Lebens!«

Wieder frage ich Raya: »Als du damals diese Gefühle erlebt hast – kanntest du sie da schon oder waren sie neu für dich?« Dieses Mal antwortet Raya, dass es sich um neue Gefühle handele – das Indiz dafür, dass wir bei der Ursprungssituation (ISE) gelandet sind. Hier wurde Raya ein erstes und entscheidendes Mal in dem, was sie wollte, nicht wahrgenommen, wurde vielmehr auf die Wünsche anderer Menschen verpflichtet. Der Geburtstag hätte ihr Tag sein sollen; stattdessen wurde sie von ihrer Mutter und Großmutter in deren Konflikt instrumentalisiert. »Ich bin dazu da, die Probleme anderer zu lösen« – das ist Rayas Muster, ihr zentraler Glaubenssatz, den sie seit diesem Ereignis mit sich herumträgt. Die Leere, die dadurch entsteht, dass niemand – auch nicht sie selbst – sich die Mühe macht, auf ihre eigenen Bedürfnisse zu achten, füllt sie mit Nahrungsmitteln.

Im nächsten Schritt arbeiten wir mit den gewonnenen Erkenntnissen weiter. Raya bekommt von mir Suggestionen, die sie ermutigen, sich um sich selbst zu kümmern, und ihr ihre vielfältigen Stärken und Kompetenzen bestätigen. Zusätzlich schaffen wir ihr einen imaginären Schutzanzug, der sie vor den Problemen und Erwartungen anderer Menschen abschirmt. Gegen ihr Übergewicht setze ich ihr das »Magenband« und den »Ess-Stopp-Schalter« (dazu mehr in Kapitel 6) – beides Werkzeuge, die Raya in ihrem Alltag schnell und unproblematisch nutzen kann.

Nachdem ich die hypnotische Trance wieder ausgeleitet habe, fühlt Raya sich leicht und unbeschwert. Sie kann sich noch an alles erinnern, was wir während der Hypnose besprochen haben, und staunt darüber, wie sie eine so entscheidende Situation wie ihren dritten Geburtstag einfach vergessen konnte. Sie hatte dieses auslösende Erlebnis eben sehr tief in sich selbst vergraben.

Drei Monate später präsentiert sich mir eine stolze und merklich schlanker gewordene Raya. Sie hat ganz ohne Diät und Heißhungerattacken rund 15 Kilo abgenommen, fühlt sich fit und stark. Auch in Sachen persönlicher Abgrenzung ist sie deutlich weitergekommen. Die Termine bei ihrer Mutter finden nur noch statt, wenn Raya dies wirklich möchte. Und gegenüber ihren Kunden ist nun sie es, die den Ton angibt.

Nähe und Intimität – lieber nicht!

Michael hat von meiner Praxis über einen Zeitungsartikel zum Thema Abnehmen erfahren. Er ist 32 Jahre alt und arbeitet als Innendienstleiter im produzierenden Gewerbe. Trotz seiner zehn, zwölf Kilo zu viel ist er ein attraktiver, muskulöser Mann. Neben dem übermäßigen Essen nennt Michael mir noch zwei weitere Angewohnheiten, die er gerne loswerden möchte, nämlich das Nägelkauen und das Rauchen.

Nach dem Informationsgespräch beginnen wir mit der

Anamnese. Michael hat seinen Anamnesebogen bereits zu Hause ausgefüllt. Seine Eltern waren bereits Mitte 30, als sie sich kennenlernten und beschlossen, zu heiraten. Für beide war es die zweite Ehe, und sie ist bis heute glücklich und harmonisch. Michael war ein Wunschkind; seine Mutter hatte, als er auf die Welt kam, bereits einen zwölfjährigen Sohn aus ihrer ersten Ehe.

Seine Kindheit verlief glücklich. In seinen ersten sechs Lebensjahren blieb die Mutter zu Hause und war ganz für ihn da. Sein Vater unternahm in seiner Freizeit viel mit ihm. Michaels Verhältnis zu seinem Stiefbruder war aufgrund des großen Altersunterschiedes eher distanziert. Häufig schickte der Große ihn weg mit dem Hinweis, er sei noch zu klein – ein Satz, den er auch von seinen Eltern des Öfteren zu hören bekam.

In Kindergarten und Schule fühlte Michael sich wohl. Er war lern- und wissbegierig, gehörte zu einer Clique von vier Jungs, wo er eher Mitläufer als Anführer war. Schon mit neun Jahren rauchte er seine erste Zigarette. »Richtig mit dem Rauchen angefangen habe ich dann mit zwölf.«

In seiner Jugend war Michael sehr schüchtern. Die Mädchen, in die er verliebt war, traute er sich nie anzusprechen. Sein »erstes Mal« erlebte er denn auch auf Initiative seiner damaligen Freundin. Gefallen hat es ihm nicht; er erinnert sich daran, sehr verkrampft gewesen zu sein und sich beim Austausch von Zärtlichkeiten eher »komisch« gefühlt zu haben. In seinen folgenden Beziehungen änderte sich daran nichts. Michael konnte körperliche Nähe nur schwer ertragen. Von seinen Freundinnen mit der Hand oder dem Mund befriedigt zu werden bereitete ihm Übelkeit. Drei Beziehungen zerbrachen an seiner Nähe-Unfähigkeit. Seine jetzige Partnerin langweilt ihn, obwohl er betont, dass sie eine tolle Frau sei und er sich glücklich schätzen könne, sie an seiner Seite zu haben. Ich frage ihn, wie es aktuell mit der körperlichen Nähe zu anderen Menschen läuft. »Na ja«, entgegnet Michael mir, »der Kuschel-Typ bin ich immer noch nicht und werde es wohl auch nicht mehr werden. Wenn ich meine Mutter in den Arm nehmen soll, komme ich mir ganz seltsam vor. Bei Kumpels geht es einigermaßen, aber auch nur, wenn es unbedingt sein muss. Ich fühle mich einfach unangenehm dabei.«

Mit seiner beruflichen Laufbahn ist Michael sehr zufrieden. Bei dem Unternehmen, in dem er angestellt ist, hat er sich Schritt für Schritt hochgearbeitet. Zu seinen Vorgesetzten hat er ein gutes Verhältnis; seine Arbeit wird wertgeschätzt.

Gesundheitliche Probleme hat Michael nicht, abgesehen von gelegentlichen Rückenschmerzen. Alkohol konsumiert er in normalem Ausmaß; je nach Stresslevel benötigt er ein bis zwei Schachteln Zigaretten pro Tag. Je größer der Stress, desto intensiver kaut er seine Nägel. Und dann ist da noch das problematische Essverhalten. Michael ist ein typischer »Binge Eater«. Tagsüber kommt er kaum zum Essen und stopft dann mitunter abends alles, was er bekommen kann, in sich hinein: süß, sauer, warm, kalt … alles durcheinander, bis ihm fast schlecht ist. Solche Fressattacken hat er mehrmals pro Woche, auch am Wochenende.

Auch bei Michael mache ich mich auf die Suche nach seinen Mustern – vielleicht ist Ihnen beim Lesen auch schon das eine oder andere aufgefallen?

- Seinem älteren Stiefbruder gegenüber scheint Michael sich klein und minderwertig zu fühlen.
- Er hat ein großes Problem mit körperlicher Nähe und Intimität. An dieser Stelle habe ich ein Fragezeichen im Kopf, denn Michael hat sein Aufwachsen in der Familie als sehr liebevoll geschildert. Ich denke an verdrängte Erfahrungen von Missbrauch, äußere meine Vermutung aber nicht.

- In den Essanfällen, dem Rauchen und dem Nägelkauen zeigt sich eine Tendenz zu selbstschädigendem Verhalten.

Michael und ich haben drei Hypnosesitzungen vereinbart. In der ersten Sitzung fällt mir auf, dass er sehr suggestibel ist. Es bereitet ihm keinerlei Probleme, sich durch die Suggestionen entspannen zu lassen und in den Trancezustand zu gleiten. Weil das Nähe-Thema in der Anamnese so augenfällig war, bitte ich ihn, sich an eine Situation zu erinnern, in der ihm jemand zu nahe kam und Dinge tat, die er nicht ertragen konnte. Er spricht ohne zu zögern über den letzten sexuellen Kontakt zu seiner Partnerin, bei dem er ihre intimen Berührungen nicht aushalten konnte, sich abwendete und sie zurückwies. Dabei fühlte er sich angeekelt, wütend und peinlich berührt. Ich frage Michael, woher er diese Gefühle kennt. Er erinnert sich an seine frühe Kindheit, als er mit etwa vier Jahren gemeinsam mit seiner Mutter in der Badewanne saß. Schon da fühlte er sich nicht wohl, rückte so weit wie möglich von ihr ab und mied jede körperliche Berührung. Ich bitte ihn, mit seiner Erinnerung noch weiter zurückzugehen. Ihm fällt ein Besuch beim Kinderarzt ein. Er war damals drei Jahre alt und litt unter großen Schmerzen im Penis. Der Arzt stellte eine Vorhautverengung fest, die jedoch nicht so ausgeprägt war, dass eine Operation unumgänglich schien. Stattdessen bat der Arzt Michaels Mutter, die Vorhaut des Jungen durch Vor- und Zurückschieben regelmäßig zu dehnen. Die Mutter tat dies über mehrere Wochen.

Wir haben die Ursprungssituation (ISE) gefunden. Der dreijährige Michael empfand die Berührungen seiner Mutter intuitiv als nicht angemessen. Davon abgesehen waren sie äußerst schmerzhaft. Von dort rührt ganz sicher seine Unfähigkeit zu befriedigender sexueller Nähe her, mutmaßlich auch seine Tendenz zu selbstschädigendem Verhalten: Seine Intuition und Gefühle wurden damals übergangen, was sein Selbstwertgefühl gründlich beeinträchtigt haben dürfte.

In der Folge arbeite ich mit Michael an einer Neubewertung der Ursprungssituation. Mit Hilfe von Suggestionen verankere ich in seinem Unterbewusstsein das Wissen darum, dass seine Mutter ihn durch ihre Berührungen nicht schädigen, ihm vielmehr helfen wollte. Sie war sich nicht bewusst, dass er eine kindgerechte Erklärung benötigt hätte, um seinen intuitiven Widerstand zu überwinden und mit den Schmerzen besser zurechtzukommen. Ich vermittle Michael auch, dass seine Intuition ihm seinerzeit das Richtige gesagt hat, dass er sich auf sie verlassen darf und dass seine Gefühle von Ekel und Unangemessenheit in der damaligen Situation verständlich und angebracht waren. So wird sein Selbstwertgefühl auf eine neue, unbeeinträchtigte Basis gestellt.

In der dritten Sitzung wird Michael mit Werkzeugen ausgestattet, die ihm im Alltag helfen, wenn seine unguten Gewohnheiten sich bemerkbar machen: Er bekommt das imaginäre Magenband, den »Ess-Stopp-Schalter« sowie schnell wirksame »Schalter«, die das Rauchen und Nägelkauen abstellen (Genaueres zu diesen Werkzeugen finden Sie in Kapitel 6).

Nach dem Ausleiten der Hypnose ist Michael, ähnlich wie Raya, sehr verblüfft darüber, wie er sein Ursprungserlebnis, das sein Leben so stark geprägt hat, völlig »vergessen« konnte. Auch er erinnert sich an alles, was während der Hypnose gesprochen wurde. Nach Abschluss der Therapie gelingt es ihm, mit dem Rauchen und Nägelkauen aufzuhören; auch Heißhungerattacken kommen nicht mehr vor. Sein Sexualleben hat jetzt, wo er sich einfach fallen lassen kann, eine völlig neue Intensität erreicht.

Es juckt!

Der 32-jährige Thomas arbeitet als stellvertretender Geschäftsführer im elterlichen Unternehmen und leidet seit seiner Geburt unter Neurodermitis. Als er zu mir in die Praxis kommt, hat er die schuppigen, offenen Hautstellen am Kopf, an den Armen und teilweise auch am Bauch. Für Thomas das kleinere Übel, denn wenn es ihm wirklich schlecht geht und er unter Stress steht, juckt und schuppt sich die Haut am ganzen Körper. Natürlich hat er schon alle möglichen Therapien gegen die Neurodermitis ausprobiert – alle ohne Erfolg.

Als erfahrener Patient erscheint Thomas zum ersten Termin bei mir bestens vorbereitet: Den Anamnesebogen, den ich ihm zugeschickt hatte, hat er vollständig ausgefüllt und dazu sogar seine Eltern um zusätzliche Informationen gebeten. So können wir beim Anamnesegespräch ohne große Umschweife direkt in seine Geschichte eintauchen. Thomas war kein Wunschkind; seine Mutter wurde schwanger mit ihm, als die Eltern sich erst wenige Monate kannten. Der Vater warf der Mutter vor, ihn mit der Schwangerschaft erpressen zu wollen, um ihn an sich zu binden und von seinem Reichtum zu profitieren. Angesichts dieser Vorgeschichte ist es wenig verwunderlich, dass die Ehe der Eltern sich nicht glücklich entwickelte. »Meine Eltern hatten eigentlich fast ununterbrochen Streit«, erinnert sich Thomas. Die Mutter flüchtete immer wieder zu ihren Eltern. Sage und schreibe 28-mal verließ sie ihren Mann, bevor sie sich endgültig von ihm trennte.

Oft genug war Thomas Gegenstand der elterlichen Streitigkeiten. Vater wie Mutter instrumentalisierten das Kind, um den jeweils anderen zu verletzen. Der Junge litt und fühlte sich schuldig. Immer wieder versuchte er, zwischen den Eltern zu vermitteln, und war glücklich, wenn ihm dies vorübergehend gelang. Als er zwölf Jahre alt war, beendeten die Eltern ihre Ehe. Ihre Beziehung entspannte sich danach; Thomas berichtet, dass beide heute einen guten Kontakt zueinander haben. Nach der endgültigen Trennung der Eltern konnte auch Thomas innerlich ein wenig loslassen. Im Rückblick erinnert er sich daran, dass die vorhergehenden Trennungen bei ihm immer zu Neurodermitis-Schüben geführt hatten.

Ich frage nach, ob es auch Zeiten in seinem Leben gab, wo ihn die Krankheit komplett in Ruhe gelassen hat. Thomas muss ein bisschen überlegen. »Ja«, erklärt er dann, »in der Zeit, wo ich zum Studieren im Ausland war, hatte ich tatsächlich gar keine Beschwerden.« Ganz im Gegensatz dazu verschlimmert die Haut sich aktuell stetig: Thomas ist gestresst, denn sein Vater möchte, dass er das Familienunternehmen demnächst ganz übernimmt, und hat bereits erste konkrete Schritte zur Übernahme eingeleitet. Für Thomas ist das ein Angstthema – er hat das Gefühl, dass die Verantwortung, die da auf ihn zukommt, ihm die Luft zum Atmen nimmt. Sein Ziel bei der Hypnosetherapie ist, die quälende Neurodermitis endlich wirksam abzuschwächen oder sogar ganz loszuwerden.

Während des Gesprächs habe ich mir ein gutes Bild von Thomas machen können. Wie geht es Ihnen, lieber Leser, liebe Leserin? Konnten Sie nach allem, was Sie nun schon wissen, die wiederkehrenden Muster in Thomas' Leben erkennen?

Mir ist Folgendes aufgefallen:

- Thomas hat schon als Kind Verantwortung für die Beziehung seiner Eltern übernommen. Er stand bei den ständigen Streitereien stets zwischen beiden. Könnte es sein, dass diese frühe Zerrissenheit sich nun in seiner offenen Haut zeigt?
- Kaum hatte sich Thomas' Situation nach der Trennung der Eltern etwas beruhigt, geriet er erneut unter Druck: Es galt, die Erwartungen des Vaters zu erfüllen.

Mein Fazit: Thomas wurde nie ein Recht auf eigene Wünsche und Bedürfnisse zugestanden. Er war von Kindesbeinen an fremdbestimmt, gewissermaßen ein Spielball seiner Eltern.

Als Einstieg in die Hypnose wähle ich darum eine Situation, in die er hineinmanövriert wird, ohne es zu wollen. Nachdem ich Thomas mit Hilfe von verbalen Suggestionen in einen tiefen Entspannungszustand und schließlich in die hypnotische Trance geführt habe, bitte ich ihn, sich an eine Situation zu erinnern, in der er etwas machen musste, was er gar nicht wollte. Er soll sich bei der Erinnerung besonders auf die Emotionen konzentrieren, die mit dieser Situation einhergingen.

Thomas erinnert sich an den Besuch bei der Bank, bei dem sein Vater und er die nötigen Veränderungen für die Firmenübernahme vorbereiteten. Er fühlte sich in dieser Situation ohnmächtig, sprachlos, ohne genügend Luft zum Atmen. Am liebsten wäre er einfach weggelaufen.

Ich bitte Thomas, noch tiefer in den Speicher seiner Erinnerungen einzutauchen und nach Situationen zu suchen, in denen er diese Gefühle schon einmal erlebt hat.

Wir landen in seiner Kindheit. Thomas ist vier Jahre alt und wacht nachts auf, weil seine Eltern lautstark miteinander streiten. Er hat Angst, möchte etwas tun, aber weiß nicht, was. Er ahnt bereits, dass seine Mutter nun wieder für eine Weile zu ihren Eltern gehen wird. Angst, Ohnmacht, Sprachlosigkeit: Wir haben ein SSE, ein wiederholendes Ereignis, gefunden, aber ich möchte zurück zum ISE, dem Ursprungsereignis. Darum bitte ich Thomas, der sich nach wie vor in Trance befindet, mit seiner Erinnerung noch weiter zurückzugehen. Dieses Mal landen wir in der Zeit, in der Thomas als noch ungeborenes Kind im Bauch seiner Mutter ist.

Er spürt, wie unsicher und angstvoll sie sich mit der ungeplanten Schwangerschaft fühlt. Er bekommt den Streit und die

Vorwürfe des Vaters mit. Die Gefühle seiner Mutter übertragen sich auf ihn.

Jetzt sind wir am Grund von Thomas' früher Prägung gelandet. Hier liegt die Ursache dafür, dass er als Kind – und bis in die Gegenwart hinein – immer wieder versuchte, es seinen Eltern recht zu machen.

Im nächsten Schritt arbeiten wir im Zustand der hypnotischen Trance weiter mit dem kindlichen Thomas. Ich gebe Thomas Suggestionen, die ihm sagen, dass er nicht die Schuld für die Streitigkeiten seiner Eltern trägt und dass es nicht seine Aufgabe ist, Verantwortung für sie zu übernehmen. Gemeinsam entwerfen wir einen »Schutzanzug« für ihn, in dem er gegen die Streitereien und die Forderungen seiner Eltern gefeit ist und sich also problemlos abgrenzen kann. Er lernt, auf sich und seine Bedürfnisse zu hören, einfach Kind sein zu dürfen. Zusätzlich arbeiten wir in der Trance daran, die Selbstheilungskräfte von Thomas' Körper zu aktivieren. Thomas bekommt einen »Entspannungsschalter« an sein Ohrläppchen gesetzt. Wir hinterlegen dort eine Situation aus seinem Leben, in der er sich vollkommen sicher und entspannt fühlte. In Zukunft kann Thomas in schwierigen Situationen auf diesen »Schalter« zurückgreifen, indem er sein rechtes Ohrläppchen drückt, und sich so schnell und unkompliziert in den Zustand der Entspannung versetzen.

Gegen Ende der Sitzung leite ich Thomas behutsam aus der Trance heraus und wieder zurück in den bewussten Zustand. Er fühlt sich leicht und beschwingt, aber auch sehr nachdenklich. Ihm ist klar geworden, dass er in seinem bisherigen Leben vor allem die Erwartungen anderer Menschen erfüllt hat, und er nimmt sich vor, sich in Zukunft deutlich mehr Zeit und Raum für seine eigenen Bedürfnisse und Wünsche zu nehmen.

Drei Monate später ist Thomas' Neurodermitis nahezu verschwunden. Sie tritt nur noch dann auf, wenn er einen akuten

Konflikt mit seinem Vater hat. Ein Jahr nach der Therapie entscheidet Thomas sich, die Geschäftsführung des väterlichen Unternehmens an einen versierten Fachmann zu übergeben und selbst nur noch beratend für das Unternehmen tätig zu sein. Naturgemäß führt dies zu weiteren Konflikten mit seinem Vater, doch Thomas bleibt beharrlich bei sich selbst … und erleidet keinen weiteren Neurodermitis-Schub. Seit er die Geschäftsführung abgegeben hat, hat sich die Krankheit nicht mehr bemerkbar gemacht. Aktuell bildet Thomas sich auf verschiedenen Gebieten weiter, um zu sehen, welcher berufliche Weg ihm gefallen könnte. In nur zwei Hypnose-Sitzungen haben wir erfolgreich sein Lebensthema aus 32 Jahren angepackt.

Schlafen? Nur im eigenen Bett!

Die 19-jährige Samira kommt mit einem ganz speziellen Problem in meine Praxis: Sie kann nicht auswärts übernachten und entwickelt psychosomatische Symptome, sobald sie in einem anderen Bett als ihrem eigenen einschlafen soll. Samira war bereits bei mehreren Kinder- und Jugendlichenpsychotherapeuten in Behandlung, jedoch ohne Erfolg. Ihr Problem begleitet sie seit zwölf Jahren.

Nachdem ich Samira ausführlich über die Hypnosetherapie und ihre Möglichkeiten informiert habe, beginnen wir mit der Anamnese, also dem genauen Blick auf Samiras ganz persönliche Geschichte. Ähnlich wie bei Thomas haben auch Samiras Eltern sehr jung geheiratet, als sich ein Kind ankündigte, und auch ihre Ehe verlief nicht harmonisch. Samira hatte zu ihrer Mutter, die halbtags als Erzieherin arbeitete, eine enge und liebevolle Beziehung; ihr Vater hingegen blieb eher auf Distanz.

Als Samira sieben Jahre alt war, trennten die Eltern sich einvernehmlich. Samira sollte von nun an jedes zweite Wochenende bei ihrem Vater verbringen – eine Regelung, die ihr gar nicht gefiel, weil sie zu ihrem Vater einfach keinen »Draht« hatte. Die Papa-Wochenenden waren denn auch endlos langweilig. Der Vater hatte keinen Sinn für Spaß und Freizeit; stattdessen musste Samira mit ihm den jeweils aktuellen Schulstoff durcharbeiten, wodurch sie sich stark unter Druck gesetzt fühlte.

Immer, wenn wieder ein Wochenende beim Vater bevorstand, bekam Samira Magen- und Darmprobleme. Die Mutter, die die Wochenenden ohne Kind zu schätzen gelernt hatte, brachte Samira trotzdem immer wieder zum Vater, ohne allzu viel auf Samiras Einwände zu geben.

»Dann kam dieser Sommerurlaub …« Samira atmet tief ein und aus, ehe sie weiterspricht. Als sie 14 Jahre alt war, sollte sie gemeinsam mit dem Vater und dessen neuer Partnerin in den Sommerurlaub fliegen. Ihre Ablehnung wurde von den Eltern neuerlich übergangen. Schon auf der Hinreise entwickelte Samira einen hartnäckigen Brechdurchfall. Am dritten Urlaubstag – Samira saß nach wie vor blass und appetitlos am Essenstisch – verlor ihr Vater die Nerven und verfrachtete die Tochter, die ihm seinen Jahresurlaub »ruinierte«, schimpfend zurück aufs Zimmer. Der Eklat brachte Samira immerhin den Vorteil, dass sie zurück nach Hause fliegen und von da an selbst entscheiden durfte, ob und wann sie zu ihrem Vater wollte. Sie hat nie wieder bei ihm übernachtet.

»Eigentlich habe ich damals gedacht, es wird alles gut. Aber meine Probleme sind trotzdem geblieben«, erklärt Samira mir. Auch vor dem nächsten Urlaub mit der Mutter bekam sie Herzrasen und Magen-Darm-Beschwerden. Der Urlaub wurde abgeblasen, die Probleme wuchsen sich weiter aus. Auch Pyjama-Partys bei Schulfreundinnen waren für Samira eine zu große

Herausforderung – vor dem Schlafengehen musste sie nach Hause und in ihr eigenes Bett gebracht werden.

Inzwischen hat Samira einen Freund. Die Beziehung zu ihm beschreibt sie als liebevoll, doch auch bei ihm kann sie nicht übernachten. Im vergangenen Sommer wollte sie gemeinsam mit ihm und einigen Freunden den Urlaub in einem gemeinsam gebuchten Ferienhaus verbringen. Es ging nicht. Samiras Ängste wurden bereits im Vorfeld wieder so groß, dass sie das Ganze abblies und lieber zu Hause blieb. »Es war so schrecklich, denn ich hatte mich wahnsinnig auf diesen Urlaub gefreut. Nach der Absage habe ich zwei Tage lang nur geheult.«

Abgesehen von ihrem Problem, sieht Samira sich als ganz normale, unternehmungslustige junge Frau. Sie hat Sorge, dass ihre Ängste sie dauerhaft blockieren und ihr Möglichkeiten verbauen werden, die anderen offenstehen. »Ich will endlich überall auf der Welt einschlafen können!«, formuliert sie ihr Ziel.

Zum Abschluss des Anamnese-Gesprächs machen wir uns auf die Suche nach den wiederkehrenden Mustern in Samiras Leben.

- Augenfällig stellten die schlechten Gefühle und psychosomatischen Symptome sich in ihrer Kindheit immer dann ein, wenn sie Zeit beim Vater verbringen, also von ihrer Mutter getrennt sein sollte.
- Die Angst vor dem Verlust der engen Beziehung zur Mutter wuchs sich dann aus in eine generelle Angst vor unvertrauten Situationen und Orten.

In der darauffolgenden Sitzung beginnen wir mit der Hypnosetherapie. Ich entspanne Samira mit Hilfe von Suggestionen – bei Kindern und Jugendlichen funktioniert dies meist ganz besonders gut. Als Samira sich im Zustand tiefer hypnotischer Trance befindet, begeben wir uns auf die Suche nach einer Situation, in der ihr Problem ganz besonders deutlich zum Vorschein kam. Es ist der geplante Urlaub mit dem Freund, den Samira absagen musste, obwohl sie sich so sehr darauf gefreut hatte. Ich bitte sie, zu erklären, wie sich das anfühlte, und sie berichtet von Herzrasen, Durchfall und Gefühlen von Angst und Ohnmacht. Als ich sie frage, ob in dieser Situation noch weitere Gefühle aufgetreten sind, nennt sie Enttäuschung, Trauer und ein Gefühl des Ausgeliefert-Seins.

Ich bitte Samira, weitere Situationen zu suchen, in denen sie so empfunden hat. Sie kommt auf den misslungenen Urlaub mit ihrem Vater vor fünf Jahren zu sprechen – ihre Schwäche, das körperliche Unwohlsein, die Unnachgiebigkeit des Vaters und ihr Gefühl, vollkommen hilflos und allein zu sein. Zweifellos ist auch dies ein wiederholendes Ereignis (SSE), aber ist es auch der Ursprung von Samiras Problem (ISE)?

Ich bitte Samira, in ihrer Erinnerung noch weiter zurückzugehen, und wir landen beim ersten Wochenende, das sie nach der Trennung der Eltern bei ihrem Vater verbringen musste. Samira schildert ihre Fassungslosigkeit über den Verlust des gemeinsamen Lebens als Familie und die dauernde Traurigkeit der Mutter, die sie zu alledem jetzt auch noch allein lassen soll. Samira fühlte sich schuldig an der Trennung der Eltern, ohne etwas dagegen tun zu können. Zugleich fühlte sie sich ängstlich und ungeliebt. Ich stelle ihr die Frage, ob die genannten Gefühle ihr in dieser Situation bereits vertraut waren oder ob sie sie als neu empfand. Samira antwortet, dass die Gefühle für sie damals etwas Neues waren. Ich frage, um ganz sicher zu sein, noch zweimal nach, aber Samira bleibt dabei: Die Gefühle waren neu für sie. Damit ist klar: Wir sind bei der Ursprungssituation (ISE) gelandet.

Mit Hilfe von Suggestionen lösen wir im nächsten Schritt Samiras Schuldgefühle auf. Sie ist für die Trennung der Eltern nicht verantwortlich zu machen. Die Eltern waren es, die entschieden haben, dass sie ihre Beziehung nicht weiterführen wollten, weil sie einander nicht mehr liebten. Ihre Liebe zu Samira blieb davon unberührt. Die Unnachgiebigkeit und Strenge des Vaters zeigen seine eigene Unsicherheit und Hilflosigkeit im Umgang mit der neuen Situation, aber auch, wie stark sein Bedürfnis danach war, Zeit mit seiner Tochter zu verbringen und sie heranwachsen zu sehen. In der Trance kann Samira diese neue, heilsame Perspektive auf ihre Kindheit besonders gut mitvollziehen.

Weitere Suggestionen dienen dazu, Samira einen imaginären »Schutzanzug« zu verpassen, in dem ihr die Ängste und Sorgen anderer Menschen nichts anhaben können. Wir arbeiten darüber hinaus gemeinsam daran, Samiras »grünen Raum« auszugestalten – einen virtuellen Bereich, in dem sie sich vollkommen sicher, geborgen und wohl fühlt. Sie kann diesen Raum nun auch außerhalb der Trance in sich aufrufen, um Ruhe, Kraft und Energie zu tanken.

Zum Abschluss der Therapie bitte ich Samira, in Gedanken an all die Orte in der Welt zu reisen, die sie in den nächsten Jahren besuchen will. In ihrer Vorstellung soll sie dort jeweils vollkommen frei von Angst ein paar Mal übernachten. Samira hatte mir vor der Sitzung erzählt, dass sie das kommende Wochenende bei ihrem Freund verbringen wolle. Auch diese Herausforderung nehmen wir in der Trance vorweg, wo Samira sie problemlos bewältigt. Die Gefühle, die das angstfreie Übernachten ihr verschafft, verankern wir mit Hilfe eines »Leichtigkeitsschalters« an Samiras linkem Ohr. Immer, wenn sie ihr linkes Ohr drückt, fühlt sie sich von nun an leicht, beschwingt und voller Optimismus. Am rechten Ohr bekommt sie den »Selbsthypnoseschalter« installiert, mit dessen Hilfe sie sich jederzeit in einen Zustand der Trance und der inneren Ruhe zurückversetzen kann. In diesem Zustand der Selbsthypnose kann sie auch ihren »grünen Raum« aufsuchen oder mit Suggestionen wie etwa »Ich bin voller Freude und Optimismus, alles wird mir gut gelingen« arbeiten.

Ich hole Samira wieder aus der Trance zurück, indem ich von eins bis fünf zähle und mit jeder Zahl noch einmal die neuen Werkzeuge beschreibe, die wir bei ihr »installiert« haben. Sie strahlt mich an, und als wir die »Schalter« an ihren Ohren ausprobieren, funktionieren beide problemlos. Sie verlässt meine Praxis in der Hoffnung, dass ihr Leben sich von nun an sehr deutlich zum Besseren verändern wird.

Wenige Tage später höre ich wieder von ihr. Sie hat wie geplant bei ihrem Freund übernachtet. Zwar hat sie in der betreffenden Nacht wenig geschlafen und sich insgesamt eher nervös gefühlt, aber die gefürchteten körperlichen Symptome sind ausgeblieben. Wenige Wochen später berichtet Samira mir, dass sie inzwischen Übernachtungsbesuche bei Freunden und Hotelaufenthalte problemlos hinter sich gebracht hat. Inzwischen sieht sie voller Vorfreude ihrer ersten größeren Reise entgegen.

Dazugehören ist alles

Der 48-jährige Christian, leitender Angestellter bei einer Bank, ist bei seinem ersten Besuch in meiner Praxis hörbar frustriert. Gerade ist sein jüngster Versuch gescheitert, sich das Rauchen abzugewöhnen – der wievielte es war, weiß Christian schon gar nicht mehr. »Seit 35 Jahren bin ich Raucher«, erzählt er mir. »Sie glauben nicht, was ich schon alles ausprobiert habe, um davon wegzukommen!« Christian raucht eine bis anderthalb Schachteln am Tag. Sein Zigarettenkonsum ist, wie bei den meisten Rauchern, davon abhängig, wie stressig es in seinem Leben jeweils zugeht.

Nach dem Informationsgespräch vertiefen wir uns in seine Lebensgeschichte. Christian stammt aus einem wohlhabenden und geordneten Elternhaus. Der Vater war als Unternehmer fast ständig auf Reisen, die Mutter war zu Hause bei den Kindern. Die klare Rollenverteilung funktionierte gut; die Ehe der Eltern verlief harmonisch, auch wenn sie sich nach außen nie als liebevolles Paar zeigten. Bei der Erziehung der Kinder gab es klare Regeln, und die Atmosphäre zu Hause war nicht sonderlich warmherzig. Regelverstöße wurden mit Strafen geahndet, darüber hinaus mit moralischem Druck. »›Wir hätten nie von dir gedacht, dass du so etwas tun würdest. Du enttäuschst uns!‹ – das war einer der stehenden Sprüche meiner Eltern«, erinnert sich Christian. Er war der Ältere und wurde darauf verpflichtet, seinem drei Jahre jüngeren Bruder ein Vorbild zu sein.

In der Schule kam Christian gut zurecht. Seine Eltern erwarteten Leistung von ihm, und als Kind, das früh gelernt hatte, Erwartungen zu genügen, erbrachte er sie. Weil er ein angepasstes Kind war, kam er auch mit den Lehrern gut zurecht.

Insgesamt kam es in Christians Familie vor allem darauf an, dass alle »funktionierten«. Gelobt wurde Christian praktisch nie, kritisiert hingegen fast täglich. Es war schwer für ihn, es den Eltern recht zu machen, und neben dem bereits beschriebenen moralischen Druck erfuhr er auch körperliche Gewalt. Er beschreibt sich selbst als gehemmten Jungen, der später auch im Umgang mit Mädchen sehr zurückhaltend war.

Ich frage Christian, wann genau er mit dem Rauchen angefangen hat. Er berichtet, dass eines Tages drei Schulfreunde mit einer Schachtel Zigaretten dastanden und vorschlugen, man solle sie gemeinsam rauchen. Christian machte mit, obwohl ihm bei der Sache nicht wohl war. »Ich wollte eben nicht außen vor bleiben, war sowieso immer der Mitläufer und eigentlich auch der schwächste Charakter in der Gruppe.« Er war damals 13 Jahre alt, und die ersten Zigaretten bekamen ihm gar nicht. Heute braucht er seine erste Zigarette gleich morgens zum Kaffee, und auch nach dem Essen und abends, wenn er in Gesellschaft ist, ist ihm das Rauchen sehr wichtig. Das ist eine wichtige Information für mich: Das Rauchen findet bei Christian offenbar in seiner Freizeit, in den Pausen statt, und nicht bei der Arbeit. Wir müssen für seine »Pausengewohnheit« einen guten Ersatz finden, und er entscheidet sich für frische Luft und ein Glas Wasser.

Inzwischen habe ich mir von Christian bereits ein Bild machen können. Geht es Ihnen ebenso? Worin, würden Sie sagen, bestehen seine Muster?

- Er will unbedingt dazugehören, nicht Außenseiter sein.
- Er ist auf der Suche nach einer Form von Halt und Sicherheit, die er in seiner Kindheit nicht bekommen hat.
- Die erste Zigarette war auch ein Akt der Rebellion gegen die überstrengen Eltern.

Mir scheint, dass die emotionale Kälte in seinem Elternhaus Christians Selbstwertgefühl spürbar geschadet hat. Kein Wunder, bekam er doch konsequent vermittelt, dass er so, wie er war, nicht in Ordnung war.

Als wir zu Beginn der nächsten Sitzung in die Hypnosetherapie einsteigen, bitte ich Christian daher, sich an eine Situation zu erinnern, in der er das Gefühl hatte, schuldig zu sein oder etwas falsch gemacht zu haben. Christian ist sehr suggestibel und lässt sich problemlos in Trance bringen. Rasch stellt sich auch eine erste Erinnerung ein. Er schildert eine Situation, die sich erst einige Tage zuvor ereignet hat: Sein Chef hatte ihn vor versammelter Mannschaft vorgeführt. Christian hat sich verletzt, gedemütigt, klein gemacht gefühlt. Zugleich empfand er Angst, dass die Kritik an ihm gerechtfertigt sein könnte, dass er für seinen leitenden Posten einfach nicht gut genug sein könnte.

Wir tauchen tiefer in seine Erinnerung ein und suchen nach Situationen, in denen er ähnlich empfunden hat. Diesmal ist es eine Situation aus seiner frühen Kindheit. Ein Familienfest stand an; man hatte ihn fein angezogen und ihm erlaubt, noch ein bisschen im Garten zu spielen, bis die Gäste kamen. Christian hatte im Garten eine Pfütze entdeckt und vergnügt darin herumgetrampelt. Als seine Eltern die Schlammspritzer auf seiner Kleidung entdeckten, gerieten sie völlig außer sich. Sein Vater schleifte ihn an den Haaren zurück ins Haus, er bekam eine Tracht Prügel und musste, statt am Fest teilzunehmen, in seinem Zimmer bleiben. Der kleine Junge hatte keine Ahnung, wie ihm geschah und warum er so hart bestraft wurde. Er fühlte sich verängstigt, schuldig und unzulänglich.

Offenbar ist dies die Ursprungssituation (ISE), denn Christian kann sich an kein weiter zurückliegendes Ereignis erinnern, bei dem er ähnlich empfunden hätte.

Im Folgenden geht es darum, die Erinnerung an die Ursprungssituation mit positiven Suggestionen zu »überschreiben«. Ich vermittle Christian, dass er damals tatsächlich völlig unschuldig war, denn es waren seine Eltern, die überreagiert haben. Er darf noch einmal eintauchen in die kindliche Entdeckerfreude, die er damals beim Herumstapfen in der Pfütze empfunden hat. In seiner Vorstellung kann er eine Szene mit dem Vater durchleben, in der er diesem einmal alles an den Kopf wirft, was er ihm schon immer sagen wollte. Daran anschließend imaginiert er eine Szene, in der er dem Vater verzeiht, der mit seinem Verhalten auch nur Opfer bestimmter biographischer Prägungen ist.

Wie Raya bekommt auch Christian in der Hypnose einen virtuellen Schutzanzug, der ihn vor den Ansprüchen anderer Menschen schützt. Wir steigen in der Hypnose darüber hinaus in seine erste Erfahrung mit dem Rauchen ein und installieren bei ihm den »Rauch-Stopp-Schalter« (vgl. Kapitel 6): Indem Christian Daumen und Zeigefinger seiner linken Hand gegeneinanderdrückt, kann er ab sofort immer dann, wenn er Lust auf eine Zigarette verspürt, die Erfahrungen abrufen, die er bei seiner ersten Zigarette hatte: das Kratzen im Hals; das Gefühl, schlecht Luft zu bekommen; Schwindel und Übelkeit. Nachdem der Schalter bei Christian angelegt ist, mache ich mit ihm eine Imaginationsreise durch zukünftige Situationen und Anlässe, bei denen Christian normalerweise rauchen würde. Er spürt in keiner der vorgestellten Situationen noch Lust auf eine Zigarette.

Zum Ende der Sitzung leite ich Christian langsam zurück in den Zustand des Wachseins. Er fühlt sich wohl und kann sich an alle Einzelheiten der Sitzung erinnern. Sein Verlangen nach einer Zigarette ist auch im Wachzustand vollkommen verschwunden. Auch drei Monate nach der Therapie ist Christian vollkommen »rauchfrei« geblieben. Anfänglich hat er einige Male den »Rauch-Stopp-Schalter« einsetzen müssen, wenn ihn die Lust zu rauchen überkam, doch inzwischen benötigt er ihn gar nicht mehr.

Etwa anderthalb Jahre später hat sich Christian noch einmal bei mir gemeldet. Das Rauchen ist kein Thema mehr für ihn, und auch sein Selbstwertgefühl hat sich stark verbessert, was sich positiv u. a. auf seine Ehe ausgewirkt hat. Auch im Beruf ist er spürbar durchsetzungsstärker geworden und nimmt sich selbst als kompetenter wahr. Schuldgefühle hat er nur noch selten, und wenn sie doch einmal auftreten, ist er in der Lage, sie wahrzunehmen und kritisch zu hinterfragen. Der Schwung und die Leichtigkeit, die Einzug in sein Leben gehalten haben, haben bei Christian auch zu einer Bewegungslust geführt, die er bis dahin gar nicht kannte. Auf diese Weise hat er, nachdem er mit dem Rauchen aufgehört hatte, nicht an Gewicht zugelegt, sondern sogar etwas abgenommen – ein gar nicht beabsichtigter, aber natürlich höchst willkommener Effekt der Hypnosetherapie, die Christian geholfen hat, innerhalb weniger Stunden eine 35-jährige Gewohnheit abzulegen.

Wie ging es Ihnen beim Lesen der Geschichten aus meiner Praxis? Waren Sie einfach nur erstaunt darüber, wie rasch es mit Hilfe der Hypnose gelingen kann, tief verwurzelte Gewohnheiten und Probleme loszuwerden? Waren Sie skeptisch und ein bisschen ungläubig? Hat die eine oder andere Einzelheit aus den Lebensgeschichten meiner Klienten Sie vielleicht auch an Ihr eigenes Leben erinnert?

Ganz unabhängig davon, ob Sie schon darauf brennen, die Hypnose für sich selbst auszuprobieren, oder eher noch vorsichtig-abwartender Haltung sind, möchte ich Ihnen im folgenden Abschnitt die Technik, mit der ich arbeite, genauer vorstellen.

Kapitel 4
Die Mesmerize-it-Technik

Die drei Gesetze der Mesmerize-it-Technik

Gleich vorweg: Diese Technik geht von den folgenden Grundannahmen aus:

Alles, was in der Welt existiert – jedes Haus, jede Technik, jede Art von Kunst, jedes Kleidungsstück –, war einmal ein bildhafter Gedanke, der dann in die Realität umgesetzt wurde.

Wir alle sind in der Lage, aus dem Nichts heraus einen schöpferischen, bildhaften Gedanken zu schaffen. Sobald wir zu diesem Gedanken nun noch positive Gefühle hinzufügen, bleibt unserem Geist gewissermaßen nichts anderes übrig, als diesen Gedanken in die Verwirklichung, in die Realität zu bringen! Also lautet das *erste Gesetz der Mesmerize-it-Technik*:

Jede bildhafte Vorstellung, die Sie berührt und die in Ihnen positive Gefühle freisetzt, wird das Bestreben haben, sich zu verwirklichen, Realität zu werden.

Unsere inneren Bilder haben einen unbändigen Willen, in die Realität transferiert zu werden. Lassen Sie sie einfach entstehen und sich verwirklichen!

Mit Willenskraft alleine ist so gut wie nichts langfristig umsetzbar. Sie erinnern sich sicher noch an das, was Sie in Kapitel 1 über den Anteil unseres Unterbewusstseins an der praktischen Umsetzung unserer Entscheidungen gelesen haben: Er beträgt um die 95 Prozent, verglichen mit einem Bewusstseins-Anteil von um die fünf Prozent! Wo wir etwas rein aus Willenskraft umzusetzen versuchen, führen wir darum in aller Regel einen ständigen Kampf gegen uns selbst. Darum lautet das *zweite Gesetz der Mesmerize-it-Technik:*

Wenn der Wille und die Gewohnheit/der Glaube unterschiedlicher Meinung sind, unterliegt immer der Wille.

Das bedeutet: Ihre Wünsche und Ziele müssen mit Ihrem Unterbewusstsein vereinbar sein. Wo das der Fall ist, geht bei der praktischen Umsetzung so richtig die Post ab! Jede Veränderung, die Sie ohne eine konkrete bildhafte Vorstellung und ohne emotionale Berührtheit anstreben, wird sich nicht dauerhaft umsetzen lassen. Die meisten von uns wollten beispielsweise sicher schon mindestens einmal in ihrem Leben dringend ein paar Kilo abnehmen, haben sich über Wochen oder Monate angestrengt jede Extraportion verboten … um dann irgendwann die Flinte ins Korn zu werfen und innerhalb weniger Tage kräftig an Gewicht zuzulegen. Daraus ergibt sich das *dritte Gesetz der Mesmerize-it-Technik*:

Jede Anstrengung ohne innere Bilder, ohne Zusammenarbeit mit Ihrem Unterbewusstsein, wird nicht nur erfolglos bleiben, sondern sehr wahrscheinlich sogar das Gegenteil des Angestrebten bewirken.

Die Bezeichnung »Mesmerize it« geht auf Franz Anton Mesmer zurück, den Sie bereits im ersten Kapitel kennengelernt haben. Mesmers frühe, europaweite Erfolge mit der Hypnosetherapie (die er freilich nicht so nannte) haben dazu geführt, dass sich im Englischen das Verb »to mesmerize« etablierte, das so viel bedeutet wie »hypnotisieren, faszinieren«.

Was mich meine Klienten häufig fragen

Was aber steckt denn nun hinter der Mesmerize-it-Technik?

Mesmerize it macht sich die oben genannten drei Gesetze zunutze, um Ziele zu klären, innere Blockaden aufzuheben und tief verwurzelte Muster aufzulösen. Die Technik arbeitet Hand in Hand mit dem Unterbewusstsein. Entscheidend für ihren erfolgreichen Einsatz sind

- die klare Zieldefinition,
- das Aufspüren der Ursachen von Blockaden und Mustern,
- das Erstellen passgenauer Suggestionen sowie
- der Ausbau der Volition, der Umsetzungskompetenz.

In Kapitel 1 habe ich bereits angesprochen, dass die zentrale Rolle der nicht willentlich gesteuerten Anteile unseres Geistes zunehmend auch wissenschaftlich erforscht wird. Ein Ziel in die Tat umsetzen zu wollen, ohne das Unterbewusstsein einzubinden, wäre in etwa so, als würde man einen einzelnen Fußballer aufs Feld stellen und ihm befehlen, eine hochkarätig besetzte Profimannschaft zu besiegen.

Es gibt zwei Möglichkeiten, die Mesmerize-it-Technik zu nutzen – zum einen für das eigene Leben und Arbeiten, zum anderen in der Beratung anderer Menschen.

Warum wurde diese Technik entwickelt?

Aus dem Bedürfnis heraus, Potenziale von Menschen besser zu entfalten, Talente zum Leben zu erwecken. Die Erfahrung, dass viele Menschen so viel mehr Möglichkeiten in sich tragen, als sie in ihrem täglichen Leben umsetzen, ist ebenso verbreitet wie frustrierend. Es ist letztlich diese Erkenntnis, die die Wegbereiter der Hypnosetherapie umtrieb. Denn alle, wirklich alle Menschen, die ein Problem haben, besitzen den ernsthaften Willen, dieses Problem zu lösen. Jeder von uns möchte seine Beschränkungen überwinden, sich entwickeln, seinen Horizont und seine Handlungsmöglichkeiten erweitern. Von daher ist es nicht weiter verwunderlich, dass einzelne Menschen schon vor Jahrhunderten darüber nachgedacht haben, was diesem Wollen entgegensteht, warum es immer wieder scheitert, und vor allem: wie man ihm freie Bahn schafft. Auf diese Weise ist die Hypnosetherapie und damit auch die Mesmerize-it-Technik entstanden.

Wofür eignet sich die Technik?

Die Frage lautet eher: Wofür eignet sie sich nicht? Darauf wäre dann gar nicht so leicht eine Antwort zu finden. Denn man kann die Mesmerize-it-Technik prinzipiell für jedes Vorhaben, gegen jede Art von Blockaden und Ängsten, gegen Abhängigkeiten und zur Behandlung von Krankheiten einsetzen. Indem Mesmerize it optimistisches Denken und Gelassenheit fördert, ist es zur Lösung von Problemen des persönlichen Lebens ebenso geeignet wie zur Karriereplanung. Wie das konkret geht, erfahren Sie im Praxisteil des Buches (Kapitel 6). Und sobald Sie selbst mit der Technik gut vertraut geworden sind, können Sie sie natürlich auch nutzen, um beispielsweise Ihrem Partner oder Ihren Kindern oder Freunden damit zu helfen.

Warum sind Bewusstsein und Unterbewusstsein oft nicht in Einklang, und welche Auswirkungen hat dies?

Wir haben schon in Kapitel 1 darüber gesprochen: Jeder Mensch hat seine ganz persönlichen »Programmierungen« und Muster, die meist in den ersten zehn Lebensjahren geprägt werden und dann oft lebenslang weiterwirken. Den meisten Menschen sind diese Muster nicht bewusst. Sie stellen vielleicht irgendwann fest, dass sie beruflich nicht weiterkommen, sich des Öfteren selbst ein Bein stellen, von anderen nicht ernst genommen werden. Eine rationale Erklärung für diese Widrigkeiten findet sich meist nicht. Dass sie damit zu tun haben könnten, dass Eltern oder andere wichtige Bezugspersonen den Betreffenden schon in der Kindheit etwa das Gefühl vermittelt haben, ungeschickt und dumm zu sein, erschließt sich nicht ohne weiteres. Die Mesmerize-it-Technik schafft zum einen überhaupt erst Zugang zu den frühen Prägungen; zum anderen stellt sie die Mittel bereit, um sie aufzulösen und durch neue, positive »Programmierungen« zu ersetzen.

Wie lassen sich Bewusstsein und Unterbewusstsein in Einklang bringen?

Dazu muss zunächst einmal der kritische Anteil unseres Bewusstseins abgestellt werden. Möglich ist dies beispielsweise in einem Zustand zwischen Schlafen und Wachsein, etwa wenn wir in Tagträume abgleiten, uns voll und ganz auf bestimmte Yogaübungen konzentrieren oder wenn wir meditieren. Oder eben mit den Mitteln der Mesmerize-it-Technik. Dann werden bestimmte Suggestionen entweder vom Mesmerize-it-Therapeuten gesprochen, oder sie kommen von einem Hörbuch. Letzteres macht Sie zeitlich und räumlich unabhängig und gelingt am besten, wenn die Suggestionen des Hörbuchs genau auf Ihre persönliche Situation zugeschnitten sind. Wie Sie ein solches Hörbuch für verschiedene Themen erstellen können, erfahren Sie in Kapitel 5.

Wie oft bzw. mit welchem Zeiteinsatz muss man die Technik anwenden?

Sie sollten Mesmerize it mindestens zwei- bis dreimal wöchentlich einsetzen. Je öfter Sie sich mit Ihrem Unterbewusstsein verbinden, umso rascher werden Sie Erfolge spüren.

Wie Sie erfolgreich mit Mesmerize it arbeiten

Um erfolgreich mit der Technik arbeiten zu können, gilt es drei Bereiche zu berücksichtigen:

1. Zieldefinition:

Vor jeder Mesmerize-it-Sitzung sollten Sie Ihr Ziel mit den folgenden sechs Punkten definieren:

- *Das Warum:* Sie müssen sich über die Beweggründe im Klaren sein, aus denen Sie Ihr Ziel erreichen möchten.
- *Positive Formulierung:* Ein Ziel/Wunsch muss immer positiv formuliert sein! Unser Unterbewusstsein kann mit Begriffen wie »kein«, »nicht«, »weniger« nichts anfangen, es kann diese Begrifflichkeiten nicht verwerten.
- *Visualisierung:* Führen Sie sich Ihr Ziel ganz konkret vor Augen. Drehen Sie einen inneren Film: Wie sieht es aus, wenn Sie Ihr Ziel erreicht haben?
- *Erreichbarkeit:* Ihr Ziel muss aus eigenen Möglichkeiten erreichbar sein. Das bedeutet: Sie sollten nicht darauf angewiesen sein, dass andere etwas Bestimmtes tun, damit Sie Ihr Ziel erreichen. Ihr Ziel darf aber auch nicht zu geringfügig sein – dann tut es das Unterbewusstsein als Lappalie ab –, und es darf nicht zu hochgesteckt sein, dann wirkt es wie eine Überforderung.
- *Umsetzung:* Wie sehen die einzelnen Schritte auf dem Weg zum Ziel aus? Was muss zuerst, was später, was zuletzt getan werden?
- *Terminiert und messbar:* Um bei der Stange bleiben zu können, ist es wichtig, die Zielerreichung messbar zu machen. Entwerfen Sie also einen realistischen Zeitplan, bis wann Sie was erreicht haben wollen.

2. Zusammenarbeit mit dem Unterbewusstsein

Nachdem Sie Ihr Ziel klar definiert haben, ist es wichtig, es dem Unterbewusstsein zugänglich zu machen. Besonders abends vor dem Schlafengehen und morgens unmittelbar nach dem Aufwachen befinden wir uns in einer Art hypnotischer Trance. Diese Zeiträume können Sie nutzen, um Ihr Ziel laut oder leise für sich zehn- bis zwanzigmal zu wiederholen. Führen Sie sich auch vor Augen, wie es sich konkret anfühlen wird, wie es aussehen wird, wenn Sie Ihr Ziel erreicht haben.

Ein tieferer Trancezustand lässt sich mit den Mesmerize-it-Hörbüchern erreichen. Diese leiten Sie ganz konkret an und helfen Ihnen, Ihre Ziele tief zu verankern. Mit Hilfe des Kapitels 5 können Sie Ihr ganz persönliches Hörbuch auf Ihr Smartphone aufspielen. Natürlich können Sie auch zu einem Mesmerize-it-Therapeuten gehen und dort eine Hypnosetherapiesitzung genießen, um Ihre persönlichen Muster anzugehen. Am Ende einer solchen Sitzung bekommen Sie einen »Mesmerize-it-Schalter« installiert. Er hilft Ihnen dabei, sich im Alltag rasch und unkompliziert in den entspannten Zustand zu versetzen, den Sie während der hypnotischen Trance genossen haben.

Es führen also mehrere Wege zum Unterbewusstsein … finden Sie heraus, welcher am besten zu Ihnen passt.

3. Volition (Umsetzungskompetenz)

Nachdem Sie Ihr Ziel in der hypnotischen Trance tief in sich verankert haben, ist es von besonderer Bedeutung, Ihre »Neuprogrammierung« im Fokus zu behalten und die richtigen Prioritäten zu setzen.

- *Zielfokussierung:* Ihr Ziel soll und darf Teil Ihres Lebens sein. Erlauben Sie sich also, im Lauf des Tages immer wieder daran zu denken; tun Sie alles, damit es in die Realität kommt. Im Idealfall nutzen Sie den Morgen und den Abend, um sich

Ihr Ziel immer wieder vor Augen zu führen, zu spüren, wie es sich anfühlt, wenn es erreicht ist.

- *Emotions- und Stimmungsmanagement:* Sie sind Herr bzw. Herrin über Ihre Gefühle! Zweifel und Ängste können andere Menschen auf Sie projizieren – doch die Person, die sie in sich entstehen lässt, sind Sie selbst! Beschützen Sie Ihre Wünsche, »Neuprogrammierungen« und Ziele, lassen Sie sie nicht durch andere Menschen angreifen.
- *Vorausschauendes Krisen- und Lösungsmanagement:* Sie kennen Ihr Leben, Ihr Umfeld, kennen die Fallen, in die Sie gerne tappen, die Hürden, die sich vor Ihnen aufbauen könnten, die Menschen, die versuchen könnten, Sie vom Ziel abzubringen. Überlegen Sie sich im Vorfeld Strategien, um diese Fallen zu umgehen und gegen Angriffe gewappnet zu sein. Dann kann nicht mehr allzu viel Tragisches passieren, und Sie bleiben Ihrem Ziel treu.
- Fertigen Sie ein »Visionboard« mit Ihren Wünschen an. Das kann ein großes Plakat sein, auf dem Sie Ihre Wünsche in Form von Bildern dargestellt haben, die Sie z. B. in Illustrierten gefunden haben, oder eine Collage, die Sie auf Ihrem Handy oder Tablet erstellt haben. Wichtig dabei ist, diejenigen Bilder zu finden, die in Ihnen die richtigen Emotionen auslösen. Gerne können auf Ihrem Visionboard drei bis vier Ziele zu sehen sein. Betrachten Sie Ihr Visionboard morgens und abends, um Ihr Ziel konkret vor Augen zu haben.
- Suchen Sie sich einen Weggefährten, der Sie motiviert, bei Bedarf auch kontrolliert, kurz: Sie dazu bringt, dranzubleiben.
- Führen Sie ein *Belohnungsmanagement* ein! Wenn Teilschritte gemeistert wurden, haben Sie sich eine kleine Sause verdient. Tun Sie etwas, das Ihnen Freude macht. Sie würdigen damit Ihre eigene Leistung und Ihre Durchhaltefähigkeit und motivieren sich gleichzeitig für die nächsten Schritte.

Kapitel 5
Werden Sie Ihr eigener Hypnose-Coach: Wie Sie Ihr persönliches Mesmerize-it-Hörbuch erstellen

In diesem und im nächsten Kapitel bekommen Sie das Handwerkszeug, das Sie brauchen, um die Mesmerize-it-Technik selbst anzuwenden. Für eine passgenau auf Sie zugeschnittene Anwendung können Sie Ihr eigenes, persönliches Mesmerize-it-Hörbuch erstellen. Für den Fall, dass Sie erst einmal einen Probedurchlauf mit der Hypnose via Hörbuch starten möchten, können Sie sich mit Hilfe des Codes FREE unter www.mesmerize-it.ch das Hörbuch »Spielend Ziele erreichen« herunterladen. Sollten Sie keine Zeit haben, ein eigenes Hörbuch zu erstellen, so können Sie alle Texte dieses Buches auch als Audiodateien auf der Seite www.mesmerize-it.ch herunterladen.

Für Ihr eigenes Hörbuch benötigen Sie:

- eine Induktion (Sie finden eine Anleitung weiter unten),
- ein bis zwei Vertiefungen (ebenfalls weiter unten),
- den zu Ihrem Problem passenden Abschnitt aus Kapitel 6 dieses Buches,
- die Ausleitung (auch sie finden Sie weiter unten in diesem Kapitel).

Ihr Mesmerize-it-Hörbuch sollte möglichst passgenau auf Ihre persönlichen Bedürfnisse zugeschnitten sein – umso besser wird es wirken. Sie können sich aus Kapitel 6 diejenigen Suggestionen und Visualisierungen auswählen, die am besten zu Ihnen passen. Und natürlich können Sie sie auch abändern, variieren, ergänzen ... ganz nach Ihrem Geschmack! Wählen Sie die Worte, die zu Ihnen passen. Wenn Sie das Hörbuch in »Ihrer Sprache« erstellen, finden die Suggestionen und Visualisierungen ganz besonders leicht Zugang zu Ihrem Unterbewusstsein. Sie können dann auch deutlich einfacher tief in Ihnen verankert werden und Ihre persönliche Prägung, Ihre »Programmierung«, besonders effektiv verändern. Bei den Suggestionen und Visualisierungen können Sie die »Ich«- oder die »Du«-Anrede anwenden. Probieren Sie aus, welche Form Sie direkter anspricht. Ihr Hörbuch können Sie auf Ihr Smartphone aufsprechen. Dann haben Sie es immer bei sich, egal, wo Sie sich gerade aufhalten. Falls Sie sich mit dieser Idee nicht anfreunden können, tut es natürlich auch der gute alte Kassettenrecorder oder ein Diktiergerät.

Beim Erstellen Ihres Hörbuches sollten Sie Folgendes beachten:

- Sprechen Sie die Suggestionen und Visualisierungen in Ihrem Atemrhythmus. Sprechen Sie nicht zu schnell.
- Arbeiten Sie mit einfacher Sprache, wenigen Worten, kurzen Sätzen.
- Verzichten Sie auf negative Ausdrücke wie »nein«, »nicht«, »kein«, »wenig«, »krank«, »dick«, »Schmerzen« etc. Formulieren Sie Ihre Aussagen positiv. Zum Beispiel: »Ich bin gesund und leicht.« – »Ich fühle mich wohl und unbeschwert.«
- Definieren Sie Ihre Ziele so, wie Sie es in Kapitel 4 gelernt haben.

So viel vorweg ... dann kann es jetzt losgehen! Als erstes Element Ihres Hörbuches brauchen Sie die sogenannte Induktion. So nennt man in der Hypnosetherapie die Technik, mit deren

Hilfe man einen Menschen in die hypnotische Trance leitet. Die Worte der Induktion helfen Ihnen dabei, in einen Zustand tiefer Entspannung zu gelangen. Es sind Worte, die die Aufmerksamkeit nach innen lenken, weg von der Außenwelt. Das Bewusstsein wird verlangsamt, das Unterbewusstsein wird aktiviert – der Fokus ist in der Induktion auf Ihr inneres Selbst gerichtet, das unzählige Erinnerungen freigibt, aber auch die Ressourcen zur Heilung bereithält.

Es gibt verschiedene Arten von Induktionen; sie sind jedoch alle ähnlich aufgebaut: Im ersten Schritt wird die Entspannung über eine tiefe Bauchatmung eingeleitet, dann werden einzelne kleine Muskeln entspannt wie beispielsweise die Augenmuskulatur, dann die großen Muskeln, abschließend der Geist.

Um den tiefen Entspannungszustand zu erhalten bzw. zu vertiefen, werden sogenannte Vertiefungsmethoden angewendet, auch »Deepener« genannt. Sie helfen dabei, in einen noch tieferen Trancezustand zu gelangen. Je tiefer die Trance, umso mehr wird der bewusste Verstand ausgeschaltet und die gewünschte Veränderung verinnerlicht. Sie finden im Folgenden die Mesmerize-it-Induktion. Natürlich können Sie sich aber auch Ihre ganz eigene Induktion erstellen. Wichtig ist dabei in jedem Fall die »Ich«- oder »Du«-Anrede, die das Unterbewusstsein direkt anspricht.

Die Mesmerize-it-Induktion

Schließe deine Augen und atme zwei- bis dreimal ganz tief ein und aus. Achte beim Einatmen darauf, dass du so richtig tief in den Bauch hinein atmest; beim Ausatmen lässt du den Atem geräuschvoll aus dir herausströmen. Beim nächsten Einatmen hältst du die Luft für ein paar Sekunden an, und beim Ausatmen lässt du alle oberflächliche Anspannung aus deinem Körper entweichen. Entspanne jeden einzelnen Muskel in deinem Körper, so gut es dir möglich ist.

Konzentriere dich jetzt auf deine Augenpartie. Entspanne alle Muskeln rund um deine Augen, bis deine Augen so wohlig und entspannt sind, dass sie nicht mehr geöffnet werden wollen. Wenn du dir ganz sicher bist, dass deine Augen sich nicht mehr öffnen wollen, teste deine Augenlider, um sicher zu sein, dass diese ganz schwer und entspannt sind. Ein kurzer Versuch, die Augen zu öffnen, reicht vollkommen aus.

Lass nun die gleiche Entspannung, die gleiche Leichtigkeit, die du in deiner Augenpartie verspürst, sich auf deinen ganzen Körper ausdehnen. Lass dieses Gefühl der Entspannung durch deinen ganzen Körper fließen, vom Kopf bis zu deinen Zehenspitzen.

Du konzentrierst dich voll und ganz auf meine Stimme; jedes Wort, das ich sage, hilft dir, dich noch mehr zu entspannen. Natürlich nimmst du auch andere Geräusche in deiner Umgebung wahr – Straßenverkehr, Stimmen, Schritte, die Heizung *(fügen Sie hier ein, was zu Ihrer Situation passt)* –, doch dies stört dich nicht. Im Gegenteil, jedes dieser Geräusche hilft dir, dich noch mehr zu entspannen.

Wir werden deine Entspannung jetzt noch mehr vertiefen. In wenigen Sekunden werde ich dich bitten, deine Augen einen Augenblick lang zu öffnen und dann sofort wieder zu schließen. Sobald du deine Augen wieder schließt, wird sich deine Entspannung zehnfach vertiefen. Wenn du dies zulässt, wird es einfach so geschehen. Lass es einfach zu und genieße diesen wunderbar leichten Zustand.

Öffne also jetzt deine Augen und schließe sie sofort wieder und spüre, wie diese wohltuende Entspannung durch deinen ganzen Körper fließt und dich immer tiefer sinken lässt. Nutze deine wunderbare Phantasie und stell dir vor, wie dich dieses Gefühl der Entspannung und Leichtigkeit wie eine weiche, flauschige Decke sanft einhüllt.

Wir können deine Entspannung nun noch weiter vertiefen. In einem Augenblick werde ich dich noch einmal bitten, deine Augen zu öffnen und sofort wieder zu schließen. Sobald deine Augen wieder geschlossen sind, wirst du doppelt so entspannt sein wie jetzt gerade. Du lässt dich dann zweimal so tief fallen wie bisher.

Öffne also jetzt deine Augen und schließe sie sofort wieder, und entspanne dich doppelt so tief wie bisher. Lass jeden einzelnen Muskel in deinem Körper los und entspanne dich durch und durch.

In ein paar Sekunden werde ich dich ein letztes Mal bitten, deine Augen zu öffnen und dann sofort wieder zu schließen. Sobald sie wieder geschlossen sind, entspannst du dich noch einmal doppelt so tief wie bisher.

Öffne jetzt deine Augen und schließe sie gleich wieder, und entspanne dich dabei doppelt so tief wie bisher – gut so, sehr gut. Lass jetzt alle Muskeln los und bleibe in dieser Entspannung. Spüre, wie die Spannung aus deinem ganzen Körper entweicht.

Du bist jetzt in der totalen körperlichen Entspannung. Ich möchte, dass du weißt, dass es zwei Arten der Entspannung gibt. Man kann sich körperlich und geistig entspannen. Du hast bereits erlebt und bewiesen, dass du dich körperlich total entspannen kannst. Erlaube mir nun, dir zu zeigen, wie man sich geistig entspannt, wie man seine Gedanken loslässt. Das ist noch viel einfacher und fühlt sich noch besser an als die körperliche Entspannung alleine.

Ich werde dich gleich dazu auffordern, hörbar von 100 rückwärts zu zählen, denn das ist die Formel für deine geistige, deine mentale Entspannung. Mit jeder Zahl, die du sagst, verdoppelst du deine geistige Entspannung. Mit jeder Zahl, die du sagst, lässt du deinen Kopf sich zweimal tiefer entspannen als zuvor.

Wenn du dies tust, wirst du, wenn du bei der Zahl 98 angekommen bist – vielleicht auch schon vorher –, so entspannt sein, dass alle übrigen Zahlen einfach aus deinem Kopf verschwunden sind. Da sind einfach keine Zahlen mehr, und es ist dir auch irgendwie egal, ob noch welche da sind. Denke jetzt einfach daran, dass es genau so passieren wird, und es wird dir ganz leicht fallen, dich mental zu entspannen, dein Denken loszulassen.

Sage jetzt die erste Zahl 100 und verdopple dadurch deine mentale, geistige Entspannung.

Verdopple noch einmal deine mentale Entspannung, lass deine Gedanken verblassen, lass sie verschwinden und gehe tiefer und tiefer in die Entspannung.

Verdopple deine mentale Entspannung ein weiteres Mal. Deine Gedanken werden dadurch noch weiter verblassen; sie werden verschwinden, wenn du das willst. Geh tiefer und tiefer in die geistige Entspannung.

Lass deine Gedanken verschwinden, lass sie verblassen. Du kannst das. Lass einfach los und genieße den wunderbaren Zustand der absoluten geistigen und körperlichen Entspannung. Lass es einfach geschehen …

Sind all deine Gedanken verschwunden?

Deine Gedanken sind nun wie Luftblasen, die aufsteigen, zerplatzen und verschwinden … lass sie einfach ziehen. Genieße die Leere deines Geistes. Dein Geist ist frei, unendlich frei …

Erste und zweite Vertiefung

Erste Vertiefung

In wenigen Sekunden werde ich rückwärts von zehn auf eins zählen. Mit jeder Zahl, die ich sage, sinkst du tiefer und tiefer in den wunderbaren Zustand der totalen geistigen und körperlichen Entspannung.

10 – Du sinkst immer tiefer und tiefer.
9 – Dein Körper und dein Geist sind absolut tiefenentspannt und losgelöst.
8 – Eine wohlige Wärme durchströmt deinen ganzen Körper.
7 – Du sinkst immer tiefer und tiefer.
6 – Dein Körper und dein Geist sind absolut tiefenentspannt und losgelöst.
5 – Eine wohlige Wärme durchströmt deinen ganzen Körper.
4 – Du sinkst immer tiefer und tiefer.
3 – Dein Körper und dein Geist sind absolut tiefenentspannt und losgelöst.
2 – Eine wohlige Wärme durchströmt deinen ganzen Körper.
1 – Du sinkst immer tiefer und tiefer.

Zweite Vertiefung

Du befindest dich jetzt bereits in einem wunderbaren Zustand der absoluten körperlichen und geistigen Entspannung. Dein Geist ist offen, weit und sehr entspannt. Wir werden diesen Entspannungszustand nun noch weiter ausbauen und dir ein wundervolles neues Gefühl der Losgelöstheit mit auf den Weg geben.

Du machst dich gleich auf, ganz neue, besondere Tiefen der Entspannung zu erleben. Wir werden diese außergewöhnlichen Entspannungstiefen Ebene A, Ebene B und Ebene C nennen.

Ebene A liegt fünf Stockwerke unter der Ebene, auf der du dich jetzt gerade befindest. Es ist die Ebene, auf der du noch mehr loslässt und dich noch tiefer sinken lässt. Diese Ebene erreichst du auf deinem eigenen Weg, vielleicht mit einem Aufzug, einer Rolltreppe, einem Gleitschirm oder einer Rutschbahn oder auf eine andere, ganz persönliche Art. Ich zähle gleich bis drei, und dann machst du dich auf den Weg zu dieser wunderbaren Ebene A.

1 … 2 … 3

(Pause)

Die Ebene A macht dich innerlich sehr ruhig und mega-entspannt.

In wenigen Augenblicken machst du dich auf deinen Weg zur Ebene B. Die Ebene B liegt zehn Stockwerke unter der Ebene A und bietet dir eine unendliche innere Weite und Ruhe. Ich zähle gleich bis drei, und dann machst du dich auf deinen Weg zur Ebene B.

1 … 2 … 3

(Pause)

Auf der Ebene B bist du völlig losgelöst von dieser Welt, bist an einem Ort der absoluten Entspannung und Losgelöstheit.

In wenigen Sekunden machst du dich auf den Weg zur letzten Etappe unserer gemeinsamen Reise. Zur Ebene C. Diese Ebene liegt 15 Stockwerke unter der Ebene B und ist die pure Entspannung und Losgelöstheit. Mach dich auf deinen Weg zur Ebene C …

1 … 2 … 3

(Pause)

Wie geht es dir auf der Ebene der tiefsten nur möglichen Entspannung? Fühlst du die Losgelöstheit, den inneren Frieden?

Schau, wo du gelandet bist.

Bist du an einem paradiesischen weißen Sandstrand mit türkisblauem Meer, auf einer duftenden, bunten Blumenwiese, einer Waldlichtung mit tanzenden Sonnenstrahlen und erdigem Geruch oder auf einem Berg mit unglaublicher Fernsicht und klarer, warmer Luft?

Such dir einen wunderbaren Platz, setze oder lege dich dorthin. Genieße die wunderbare Umgebung und nimm das, was du wahrnimmst, tief in dich auf: die Düfte, die Wärme der Sonne …

Jetzt wird es Zeit, die Themen zu lösen, die du mitgebracht hast. Bist du bereit?

(An dieser Stelle können Sie damit beginnen, die für Sie passenden Suggestionen und Visualisierungen aus Kapitel 6 aufzusprechen.)

Im nächsten Schritt wird die hypnotische Trance dann wieder ausgeleitet. Natürlich würden Sie auch von selbst wieder aus der Trance zurückkommen. Doch nachdem Sie intensiv mit Ihrem Unterbewusstsein gearbeitet haben, ist es besser, die Trance gezielt aufzulösen und Sie in einen wachen, energetischen, ich-starken Zustand zu versetzen. Im Idealfall löst man die Trance langsam, ruhig und schrittweise auf. Der Hypnotiseur zählt von eins bis fünf oder von eins bis zehn und suggeriert bei jeder Zahl, dass der Klient wacher und wacher wird. Bei der Fünf oder Zehn angelangt, ist der Klient wieder wach, klar und bei sich.

Für Sie ist es wichtig, zu wissen, dass jeder Mensch unmittelbar nach dem »Aufwachen« aus der Trance noch sehr sensitiv und stark suggestibel ist. Nutzen Sie dies und wiederholen Sie Ihre Suggestionen laut oder in Gedanken noch vier- bis fünfmal. Achten Sie in den Minuten danach genau auf Ihre Gedanken. Diese sollten positiv sein, um den Erfolg Ihrer Hypnosesitzung nicht zu gefährden.

Die Mesmerize-it-Ausleitung

In wenigen Augenblicken werde ich auf fünf zählen, und wenn ich bei der Zahl fünf angekommen bin und nicht vorher, bist du wieder im Hier und Jetzt, bist erfrischt, voller Kraft, Energie und erfüllt von positivem Denken.

1. Atme tief ein und aus, freue dich auf dein neues Leben!
2. Alle deine Wünsche und Ziele, die du definiert hast, kommen nun in dein Leben. Heiße sie herzlich willkommen.
3. Du bist voller Zuversicht und Lebenskraft; du kannst es kaum erwarten und freust dich auf die positiven Veränderungen.
4. All deine Wünsche und Ziele werden nun verwirklicht, werden wahr.
5. Du bist hellwach, voller Energie, Leichtigkeit und Optimismus, denn du weißt, dass deine Ziele nun vor ihrer Verwirklichung stehen. Augen auf und herzlich willkommen in deinem neuen Leben!

Mit der Einleitung, den beiden Vertiefungen und der Ausleitung haben Sie nun alle wichtigen gleichbleibenden Strukturelemente beisammen, die Sie für Ihr Mesmerize-it-Hörbuch benötigen. Im nächsten Kapitel finden Sie die Elemente, die Sie nutzen können, um Ihrem Hörbuch den ganz persönlichen Zuschnitt zu geben. Ich habe Suggestionen und Visualisierungen für sechs Probleme zusammengestellt, die zahlreiche Menschen in ihrem Leben blockieren.

Kapitel 6
Mesmerize it praktisch: Wie Sie die Technik einsetzen, um innere Blockaden aufzulösen

Jeder von uns ist heutzutage ganz anderen Stressfaktoren ausgesetzt als beispielsweise die Menschen vor 100 Jahren. Das hat sehr viel zu tun damit, wie sich die Bedingungen verändert haben, unter denen wir arbeiten. Die Internationalisierung der Arbeit hat zu einer gesteigerten Leistungserwartung seitens der Arbeitgeber geführt; Zeit- und Leistungsdruck sind gestiegen; der einzelne Arbeitnehmer muss immer vielfältigere Aufgaben wahrnehmen. Gleichzeitig hat sich die Atmosphäre, in der gearbeitet wird, verschlechtert; der Ton ist rauher, der Wind, der einem um die Nase weht, kälter geworden. All diese Stressfaktoren führen dazu, dass unsere Belastbarkeit jeden Tag aufs Neue auf die Probe gestellt wird. Und nicht zuletzt stellen die beruflichen Anforderungen auch unsere privaten Beziehungen oft auf eine Belastungsprobe.

Die persönliche Belastbarkeit ist individuell verschieden. So kann der eine von uns beispielsweise eine 30-Kilo-Hantel problemlos etliche Male stemmen, während für den anderen eine 10-Kilo-Hantel zu schwer ist. Wie stark ein Mensch durch Stress belastet wird, hängt von seelischen Voraussetzungen ebenso ab wie davon, welche inneren und äußeren Ressourcen, welche Talente und Fähigkeiten ihm oder ihr zur Verfügung stehen. Wer beispielsweise eine hohe Selbstwirksamkeitserwartung hat, also darauf vertraut, im eigenen Umfeld etwas ausrichten zu können, wer eine insgesamt positive Lebenseinstellung sowie realistische Ziele und Erwartungen besitzt, verfügt über weitaus bessere psychische Ausgangsbedingungen für die Bewältigung von Stress als eine Person, die sich mit Selbstzweifeln, überzogenen Erwartungen und Misstrauen gegenüber anderen Menschen herumschlägt.

Selbstwirksamkeit und Selbstvertrauen, eine positive Lebenseinstellung, Vertrauen in andere Menschen und realistische Erwartungen und Ziele – das sind Fähigkeiten, die sich im entspannten Trancezustand fördern bzw. stärken lassen. Blockaden und negative Erwartungen hingegen lassen sich in der Trance auflösen. Wer lernt, sich mit seinem Unterbewusstsein zu verbinden, wird stressigen Situationen gelassener begegnen, was wiederum die inneren Abwehrkräfte und die Zufriedenheit stärkt.

Sie können den Trancezustand schon für sich nutzen, bevor Sie mit einer Mesmerize-it-Therapie begonnen oder sich Ihr persönliches Mesmerize-it-Hörbuch erstellt haben. Wie Sie schon wissen, kennt jeder von uns alltägliche Trancezustände – kurz vor dem Einschlafen oder unmittelbar nach dem Aufwachen, beim Tagträumen, bei langen Autofahrten. Diese Situationen können Sie sich zunutze machen, um neue Energie zu tanken und sich innerlich zu beruhigen. Im Folgenden habe ich Ihnen einige Suggestionen zusammengestellt, die Sie sich selbst vorsprechen können. Sie stellen auf diese Weise eine direkte Verbindung zu Ihrem Unterbewussten her. Suchen Sie sich die zu Ihnen und zum Moment passende Suggestion aus und wiederholen Sie sie zehn- bis zwanzigmal:

- Ich bin völlig ruhig und gelassen.
- Täglich übe ich mit Leichtigkeit und verinnerliche das Üben mehr und mehr.
- Ich bin morgens fit und voller Energie.
- Am Ende des Tages bin ich voller Energie und Vitalität.
- Ich bin entspannt und strahle innere Ruhe aus.

- Ich strotze vor Lebenskraft und Energie.
- Nacht für Nacht schlafe ich tief und fest und wache ausgeruht und gut gelaunt auf.
- Konflikte und Schwierigkeiten löse ich ruhig und gelassen.
- Die Vergangenheit ist vorbei, ich schaue positiv und selbstsicher in die Zukunft.
- Ich habe eine starke, gesunde, positive Einstellung zu mir selbst.
- Ich liebe das Leben und freue mich auf jeden neuen Tag.
- Ich bestimme, was mich stresst und was nicht.

Um Ihr Bündnis mit dem Unterbewussten zu untermauern und Ihre seelischen Abwehrkräfte zusätzlich zu stärken, können Sie an Ihrer Selbstwirksamkeit arbeiten. Selbstwirksamkeit ist das Vertrauen darauf, aktiven Einfluss auf das eigene Leben, die eigene Umgebung zu haben; in unserem Kontext also: das Vertrauen darauf, selbst etwas für das eigene Wohlergehen tun zu können. Privat wie beruflich fördern Sie Ihre Selbstwirksamkeit beispielsweise, indem Sie:

- private und berufliche Konflikte gezielt und sachlich ansprechen und sich darum bemühen, gemeinsame Lösungen zu finden,
- Arbeitsüberlastung im Beruf sofort Ihrem Vorgesetzten mitteilen und um eine bessere Verteilung der Arbeit bitten,
- ungerechtfertigte Kritik zurückweisen,
- vom Partner, vom Vorgesetzten, von Kollegen ein konstruktives Feedback zu dem, was Sie tun, einfordern,
- in unklaren oder widersprüchlichen Situationen ein klärendes Gespräch führen,
- zu enge Terminvorgaben unmittelbar ansprechen,
- sich Unterstützung holen, wenn Sie merken, dass Ihnen Informationen fehlen,

- bei ständigen Unterbrechungen der Arbeit geschützte Zeitfenster schaffen, in denen Sie keine Mails lesen und keine Anrufe entgegennehmen, und diese klar kommunizieren. Auch Ihr Privatleben können Sie durch solche Zeitfenster schützen (keine beruflichen Mails am Wochenende und abends, keine beruflichen Anrufe im Urlaub).

Jetzt sind wir an einem Punkt angelangt, wo Sie Mesmerize it einsetzen können, um Ihre ganz persönlichen Themen zu bearbeiten. Sie finden im Folgenden konkrete Anregungen und Suggestionen für bestimmte Probleme, die mir in meiner Praxis immer wieder begegnen. In jedes Thema können Sie mit einem Psychotest einsteigen, um zu sehen, in welchem Maße es Sie betrifft. Wenn Sie sich bei einem Thema wiedererkennen, haben Sie die Möglichkeit, Ihre eigene Mesmerize-it-Selbsthypnose zu entwickeln und anzuwenden. Markieren Sie die Texte, die sie betreffen und/oder berühren, dazu bei der Lektüre am besten farbig. Sie können diese Suggestionen oder Visualisierungen zum einen bei der Erstellung Ihres persönlichen Mesmerize-it-Hörbuchs nutzen. Die kurzen Suggestionen können Sie aber auch immer mal wieder beim Joggen oder Autofahren vor sich hin sprechen, die längeren Visualisierungen z. B. auch kurz vor dem Zubettgehen anhören.

Instabiler Selbstwert, mangelnde Selbstempathie

Auch wenn der Ausdruck anderes nahelegt: Unser Selbstwert entspringt gar nicht so sehr aus uns selbst, sondern vielmehr aus dem Bild, das andere Menschen – Eltern, Großeltern, Geschwister, Kollegen – uns von uns selbst vermitteln. Jeder von uns wird zumindest einen Teil dieser Bewertungen in sein Selbstbild übernehmen.

Lassen Sie uns zum Einstieg doch einmal nachschauen, wie Sie mit sich selbst umgehen. Daran können Sie erkennen, ob Ihr »innerer Kritiker« sehr ausgeprägt ist oder ob Sie einen liebevollen Umgang mit sich selbst pflegen. Es gibt tagtäglich zahlreiche Situationen, die unsere Selbstempathie auf die Probe stellen. Sind Sie in solchen Situationen der rabiate Selbstkritiker, der sich selbst rücksichtslos »auseinandernimmt«; der Selbstempathische, der liebevoll und einfühlsam mit sich selbst umgeht; oder der Reflektierte, der die Situation genauestens unter die Lupe nimmt und analysiert? Finden Sie es heraus.

Wie steht es um Ihre Selbstempathie?

Welche der folgenden Aussagen trifft am ehesten auf Sie zu?

1. Wenn ich etwas Wichtiges zu Hause vergessen habe, …

a) … lächle ich in mich hinein und kehre um, um die betreffende Sache zu holen. So etwas kann jedem mal passieren.

b) … mache ich mir den ganzen Tag Vorwürfe wegen der verlorenen Zeit und frage mich, wie man so vergesslich und gedankenlos sein kann.

c) … überlege ich, was mich dazu gebracht hat, den betreffenden Gegenstand zu Hause liegen zu lassen.

2. Häufig fallen mir auf die Fragen meines Chefs/meiner Kollegen keine passenden Antworten ein. Dies …

a) … nehme ich ohne besondere Aufregung zur Kenntnis. Ich kann ja später noch antworten; schließlich ist noch kein Meister vom Himmel gefallen.

b) … gibt mir das Gefühl, klein, dumm und machtlos zu sein. Warum nur fallen mir die passenden Antworten erst Stunden später ein?

c) ... motiviert mich, mich zukünftig besser auf mögliche Situationen vorzubereiten, indem ich gedanklich schon einmal verschiedene Szenarien durchspiele.

3. In meiner freien Zeit ...
a) ... höre ich in mich hinein und mache nur das, wonach mir wirklich der Sinn steht.
b) ... versuche ich, alles Liegengebliebene zu Hause aufzuarbeiten und dabei möglichst keine Fehler zu machen.
c) ... setze ich Prioritäten: Was muss unbedingt gemacht werden und was sind die Dinge, auf die ich Lust habe? Ich versuche, beides unter einen Hut zu bekommen.

4. Wenn mich ein anderer Mensch versetzt oder hängenlässt, ...
a) ... lasse ich mich davon nicht groß aus der Ruhe bringen. So etwas kommt nun einmal vor.
b) ... gebe ich mir selbst die Schuld daran. Ich bin es eben nicht wert, dass sich andere Zeit für mich nehmen.
c) ... überlege ich, welchen Anteil ich selbst an dieser Situation haben könnte: Habe ich evtl. etwas nicht klar kommuniziert?

5. Nahrung und Getränke nehme ich ...
a) ... immer nach meinem inneren Bedürfnis zu mir.
b) ... zu mir, wenn andere essen oder wenn ich gestresst, alleine und traurig bin.
c) ... dreimal täglich zu festen Zeiten zu mir.

6. Wenn mich etwas begeistert, ...
a) ... schaffe ich mir Zeit dafür und probiere es eifrig aus.
b) ... verkneife ich es mir; im Moment bleibt dafür keine Zeit.
c) ... sehe ich nach, wie und wo ich mir Zeit freischaufeln kann, um die gewünschte Sache zu machen.

7. Wenn ich einen Fehler mache, ...
a) ... gehe ich nachsichtig mit mir um und stehe dazu. Jeder Mensch macht Fehler!
b) ... verurteile ich mich selbst dafür. Ich kann jedes Mal von neuem nicht glauben, wie man sich so dämlich anstellen kann, und wäre am liebsten unsichtbar.
c) ... analysiere ich, warum mir das passiert ist, und versuche, diesen Fehler kein zweites Mal zu machen.

8. Mit meinem Äußeren ...
a) ... bin ich zufrieden. Ich konzentriere mich auf meine Vorzüge. Natürlich habe ich auch Schwachstellen, aber das geht jedem so.
b) ... stehe ich auf Kriegsfuß. Ich kann beim besten Willen nichts Schönes an mir entdecken.
c) ... kann ich gut leben – es gibt ja genügend Möglichkeiten, Dinge zu ändern, die mir nicht gefallen.

9. Mit der Qualität meiner Arbeit bin ich ...
a) ... sehr zufrieden – ich liebe das, was ich tue.
b) ... nie zufrieden! Ich komme einfach nicht hinterher, habe das Gefühl, meinen Aufgaben nicht gewachsen zu sein, und darunter leidet alles.
c) ... zufrieden. Das, was ich in acht Stunden leisten kann, mache ich. Dafür werde ich bezahlt.

10. Wenn mir etwas nicht gelingt, ...
a) ... probiere ich es eben noch mal. Übung macht den Meister.
b) ... würde ich mich am liebsten verkriechen. Warum schaffen es alle anderen, nur ich nicht?!
c) ... versuche ich herauszufinden, warum mein Versuch misslungen ist. Das nächste Mal mache ich es dann besser.

Auswertung
Nun werten Sie Ihre Ergebnisse aus: Welchen Buchstaben haben Sie am häufigsten gewählt? A, B oder C?

Sie haben am häufigsten den Buchstaben A gewählt? Dann gehören Sie zu den selbstempathischen Menschen. Sie gehen liebevoll, herzlich, wertschätzend und unkompliziert mit sich selbst um. Egal, was passiert, Sie haben Verständnis für sich und die Situation. Nach einer Niederlage, einem Misserfolg stehen Sie sofort wieder auf und gehen Ihren Weg unbeirrt weiter. Sie sind sich selbst der beste Freund und Partner. Das ist wunderbar ... Sie können den Abschnitt »Selbstwert« gerne überblättern.

Sie haben den Buchstaben B am häufigsten angekreuzt? Dann gehören Sie zu den Menschen, die einen ausgeprägten inneren Kritiker in sich beherbergen. Sie neigen dazu, alles auf sich zu beziehen, sich selbst in Frage zu stellen und an Ihren eigenen Fähigkeiten zu zweifeln. Es gibt aber auf dieser Welt keinen Menschen, der perfekt ist oder alles weiß. Versöhnen Sie sich mit Ihren »schwachen« Momenten und beginnen Sie, liebevoller mit sich selbst umzugehen. Mit der Mesmerize-it-Technik werden Sie den Ursachen Ihres geringen Selbstwertgefühls auf die Spur kommen und Ihre Prägung überwinden.

Sie haben am häufigsten den Buchstaben C gewählt? Dann gehören Sie zu den reflektierten Menschen unter uns. Sie analysieren jede Schwierigkeit, die Ihnen begegnet, suchen Ihren Anteil daran und machen es das nächste Mal besser. Das ist eine wunderbare Gabe! Aber manchmal wäre es auch schön, wenn Sie die Dinge einfach mal so sein lassen könnten, wie sie sind, anstatt sich ständig selbst zu optimieren. Das Leben ist nun einmal nicht vollkommen. Mit den Suggestionen und Visualisierungen dieses Abschnitts können Sie wunderbar an diesem Thema arbeiten und in Zukunft deutlich entspannter werden.

Ein gutes Selbstwertgefühl lässt nicht zu, dass wir von Gefühlen der Minderwertigkeit überflutet werden. Wer über ein stabiles Selbstwertgefühl verfügt, geht grundsätzlich davon aus, liebenswert, wertvoll und einzigartig zu sein, trotz seiner Fehler und Schwächen, oder vielmehr: mit ihnen. Er nimmt sich selbst an und geht liebevoll, empathisch und wertschätzend mit sich um.

In Kapitel 1 habe ich die fünf entscheidenden Aspekte der Persönlichkeitsentwicklung angesprochen. Sie erinnern sich: Es waren 1. emotionale Nähe, 2. Achtung und Respekt, 3. Kommunikation und Kooperation, 4. Klarheit, Verbindlichkeit und Struktur und 5. Förderung und Motivation. Diese fünf Punkte sind auch für die Entwicklung des Selbstwertes von entscheidender Bedeutung.

Für ein Kind ist es schwer, einen gesunden Selbstwert zu entwickeln, wenn es ständig kritisiert, gehänselt, abgelehnt, enttäuscht, vernachlässigt, unterfordert oder überfordert wird. Die daraus entstehenden Misserfolgserlebnisse und schlechten Erfahrungen zementieren das schwache Selbstwertgefühl noch.

Da ist es schwierig, auf dem Weg ins Erwachsenenleben gewissermaßen noch einmal neu zu starten und ein gutes Selbstwertgefühl neu aufzubauen. Wahrscheinlicher ist, dass die Betroffenen auch als Erwachsene die Tendenz haben, sich in Gedanken selbst klein zu machen und sich gewissermaßen einzureden, dass sie minderwertig, schlecht und nicht liebenswert seien. Dies wiederum schafft eine große Sehnsucht nach Anerkennung und damit eine Abhängigkeit von den Urteilen anderer Menschen: Nichts wünschen die Betroffenen sich mehr, als anderen zu gefallen. Sie können sich sicher vorstellen, dass man sich damit unter einen enormen inneren Druck setzt: Ständig lebt man in der Angst vor Ablehnung oder Ächtung und wird damit zum Spielball der anderen. Schon kleinste abfällige Bemerkungen hinterlassen empfindliche Kratzer am Ego. Wer sich unzulänglich und minderwertig fühlt, wird ständig versuchen, seinen Wert unter Beweis zu stellen. Typischerweise zeigt sich dies zum Beispiel in Arbeitssucht.

Interessanterweise habe ich viele Klienten, die, angetrieben durch ihr mangelndes Selbstwertgefühl, zu großem Erfolg, Reichtum und Ansehen gelangt sind – ein Paradoxon, das von der Umwelt in der Regel nicht wahrgenommen wird.

Je gesünder und positiver Ihr Selbstwertgefühl ist, umso mehr sind Sie bei sich, umso eigenständiger können Sie durch die Welt gehen. Sie sind in Bezug auf die Urteile Ihres Umfeldes gelassener – denn *Sie* sind für Ihren Selbstwert selbst verantwortlich und nicht die anderen. Sie entscheiden, ob Sie gut oder schlecht über sich selbst denken. Kein Mensch auf dieser Welt kann Ihnen das Gefühl geben, minderwertig zu sein, wenn Sie dies nicht zulassen. Kriterien wie Größe, Alter, Gewicht, Aussehen, Ihre Schulbildung, Ihre gesellschaftliche und berufliche Position, Ihr Kontostand haben nichts mit Ihrem Selbstwert zu tun. Der Kern Ihrer Persönlichkeit, der Sie zu einem einzigartigen, ganz besonderen Menschen macht, liegt jenseits all dessen. Beginnen Sie darum, sich selbst der beste Freund zu werden und sich selbst in Ihrem inneren Dialog zu unterstützen, anstatt sich ständig herunterzuputzen.

Nehmen Sie jetzt bitte noch einmal die Notizen zu Ihrer Lebensgeschichte zur Hand, die Sie bei der Lektüre von Kapitel 2 angefertigt haben. Können Sie in Ihrer Geschichte bestimmte, sich wiederholende Muster erkennen oder Ursachen für Ihr angekratztes Selbstwertgefühl? Dann wird es jetzt Zeit, Ihr eigenes Mesmerize-it-Selbstvertrauen-Konzept zu erstellen. Dabei werde ich im Folgenden vom »Sie« zum »Du« wechseln, um einen möglichst unmittelbaren Zugang zum Unterbewusstsein zu ermöglichen.

Hier ein paar Ideen zu möglichen Einstiegsfragen:

- In welcher Situation fühltest du dich zuletzt minderwertig und klein?
- Welche Aussage von anderen Menschen hat dich zuletzt verletzt und gekränkt?
- Wann treten in deinem Leben Selbstzweifel auf?
- In welchem Moment in den letzten Tagen hast du dich selbst in Frage gestellt?
- Wann hast du dich anderen Menschen gegenüber klein und unbedeutend gefühlt?

Mit Hilfe dieser Fragen solltest du den Mustern in deinem Leben noch ein Stück näher gekommen sein. So kannst du dich jetzt mit den folgenden Aufforderungen auf die Suche nach den Ursachen begeben.

- Mach das Tor zu deinem Unterbewusstsein ganz weit auf. Du wirst in den nächsten Minuten die Ursache für deine Selbstwert-Probleme vor Augen geführt bekommen. Vertraue darauf, dass dein Unterbewusstsein die Ursachen kennt.
- Dein Unterbewusstsein öffnet sich jetzt und verschafft dir Zugriff auf die Ursachen deiner Probleme und Unsicherheiten. Deine inneren Bilder, Gedanken, Filme werden immer deutlicher und klarer hervortreten.
- Suche die Ursache für dein Thema! In deinem Lebensspeicher ist alles aufgezeichnet, du musst es nur herausholen.
- Setze dich auf eine Couch, nimm die Fernbedienung deines inneren DVD-Spielers in die Hand und spule zurück zum Tag X, an dem du dein Problem zum ersten Mal erlebt hast.
- Tauche ein in deinen Erinnerungsspeicher. Wann hast du das Thema zum ersten Mal erlebt, das Gefühl zum ersten Mal gefühlt? Lass dich einfach fallen und lass zu, dass dein Thema jetzt gelöst wird.

Du kannst dir dabei folgende Suggestionen geben:

- Ich bin wertvoll und liebenswert.
- Ich habe wunderbare Stärken und führe mir diese täglich immer wieder vor Augen.
- Ich bin gut so, wie ich bin, bin ganz in meiner Mitte.
- Ich liebe und akzeptiere mich so, wie ich bin.
- Ich erlaube mir, glücklich und erfolgreich zu sein.
- Ich fühle mich jeder Situation gewachsen.
- Meine Ruhe, Gelassenheit und Sicherheit wachsen von Tag zu Tag.
- Ich empfinde tiefe Freude und vollkommenes Wohlbefinden.
- Ich pflege einen liebevollen und wertschätzenden Umgang mit mir selbst.
- Ich grenze mich von Problemen, Sorgen, Ängsten anderer Menschen ab und bleibe ganz bei mir.
- Egal, was andere Menschen über mich sagen, ich bleibe ganz bei mir.

Erinnere dich noch einmal an die Geschichten aus meiner Praxis aus Kapitel 3. Dort habe ich von Werkzeugen gesprochen, die ich meinen Klienten zur Verfügung stelle. Diese Werkzeuge sind ab sofort auch für dich da. Du findest im Folgenden die Suggestionen, die du brauchst, um die Werkzeuge bei dir zu »installieren« und so zu einem schönen, gesunden Selbstwertgefühl zu gelangen.

Hinweis: Zum Erstellen des persönlichen Mesmerize-it-Hörbuches nehmen Sie die Induktion sowie die erste und zweite Vertiefung aus Kapitel 5 auf. Dann wählen Sie aus den folgenden Seiten die Visualisierungen aus, die zu Ihnen passen, und sprechen sie ebenfalls auf.

Der innere Schutzanzug

Zur Vorbereitung: Nimm dir Zettel und Stift und notiere deine fünf besten Eigenschaften – deine Topstärken sozusagen. Falls dir das schwerfällt: Frage Menschen, die dir nahestehen und auf die du dich verlassen kannst, nach deinen Stärken.

Hier nun die Suggestion, die du dir geben kannst:

Lass die ganze Anspannung aus deinem Körper fließen, entspanne alle Muskeln, vom Kopf bis zu deinen Füßen, und genieße diesen wunderbar leichten und lockeren Zustand.

Führe dir gedanklich deine fünf Topstärken vor Augen. Fühle dich gut, wertvoll und sei ganz bei dir selbst.

Jetzt bekommst du ein wunderbares Geschenk von mir. Ich überreiche dir jetzt einen Supergirl-/Superman-Schutzanzug. Dieser Anzug ist nur für dich sichtbar, er trägt nicht auf und fühlt sich ganz leicht auf deiner Haut an. Er hat Füße und eine Kapuze. Schlüpf mal rein … innen ist er weich, kuschlig, warm; er gibt dir Sicherheit, Halt und Stabilität. Hast du ihn an? Wie fühlt er sich an?

Der Anzug umgibt dich sanft, und wenn du ihn schließt – mit Knöpfen, Klett- oder Reißverschluss –, wird er dich zuverlässig schützen. Dein Anzug besteht aus Kunstfasern und Spinnenseide. Dieses Material ist um ein Vielfaches stärker als Stahl und wird alles abwehren, was nichts mit dir zu tun hat. Der Anzug schützt dich von heute an. Bewertungen, Urteile und Aussagen anderer Menschen prallen ab sofort an dir ab. Mit diesem Anzug bist du in der Lage, die Dinge aus einer gesunden Distanz zu betrachten und sie einfach beim anderen zu lassen. Ab jetzt kannst du dir ganz in Ruhe überlegen, ob du einen Anteil an den Äußerungen deiner Umwelt hast und dich damit auseinandersetzen möchtest.

Andere Menschen werden dir dank dieses wunderbaren Utensils nun nichts mehr anhaben können. Liebe, Nähe, Wertschätzung, Zärtlichkeit dringen durch den Anzug hindurch. Du musst ihn dafür nicht ablegen.

Hast du ihn angezogen und geschlossen? Wie fühlt er sich auf deiner Haut an?

Geh jetzt mit deinem neuen Anzug in eine Situation, in der dich ein Mensch verletzt hat, und spüre, wie sich die Situation unter Zuhilfenahme des Anzugs anfühlt.

Es dürfte dir jetzt sehr viel leichter fallen, mit dieser Situation klarzukommen. Distanziere dich von dem, was dein Gegenüber sagt, und bleibe ganz bei dir.

Geh gedanklich nochmals in eine für dich schwierige Situation und schau, wie diese Situation sich mit deinem neuen Schutzanzug anfühlt.

Mach dich frei vom Urteil anderer und bleib ab sofort ganz bei dir.

Wenn du künftig bemerkst, dass in dir Zweifel an dir selbst und deinen Fähigkeiten aufkommen, kuschelst du dich sofort in deinen Schutzanzug und wirst ganz ruhig und gelassen. Du weißt, dass du gut bist, wie du bist.

Sprich folgende Sätze dreimal laut nach und fühle dich in das Gesagte hinein:

- Ich bin ab sofort frei vom Urteil anderer.
- Ich kann völlig frei und natürlich handeln und reden.
- Ich bin zuversichtlich, entspannt und vollkommen unbeschwert.

Ab sofort gehst du souverän, entspannt und voller Selbstliebe durch dein Leben. Du bist dir bewusst darüber, dass du einzigartig und wunderbar bist. Dein Schutzanzug wird dich immer zuverlässig begleiten, wärmen und beschützen.

Die Stärkenreise

Zur *Vorbereitung* nimmst du dir wieder Stift und Zettel und notierst dieses Mal zehn Stärken, über die du verfügst. Wie beim Schutzanzug gilt natürlich auch hier, dass du dir Hilfe bei deinen liebsten Menschen holen kannst, wenn diese Aufgabe dir alleine schwerfällt.

Hier meine Suggestion für dich:

Du entspannst dich mehr und mehr – diese Entspannung nimmst du später auch mit in den Alltag. Tag für Tag wirst du entspannter, gelassener, selbstbewusster und innerlich ruhiger.

In dieser tiefen Ruhe bist du ganz bei dir, bist frei, spürst nur dich und bist unabhängig von anderen Menschen.

Führe dir deine zehn Topstärken vor Augen: Was macht dich einzigartig, was macht dich besonders? Was kannst du besser, schneller, anders als andere Menschen?

Sprich deine zehn Topstärken laut aus und fühle, wie der Stolz darüber, dass du diese Fähigkeiten in dir vereinen darfst, durch dich hindurchströmt.

Sage dir jede Stärke noch einmal laut vor und ergänze sie mit einem konkreten Beispiel. Etwa so: »Ich bin sehr lösungsorientiert. Während andere noch nach Ursachen suchen, überlege ich mir schon, wie man das Problem lösen kann.«

Gehe so mit allen zehn Stärken vor.

Reise nun mit mir zusammen in das Land deiner Erfolge, deiner charakterlichen Besonderheiten. Atme voller Freude ein und aus und erinnere dich an die wunderbaren Erfolge, die du erlebt hast, die Grenzen, die du überwunden hast, die Freude, die sich in dir ausbreitete.

Was waren deine größten Erfolge? Wann in deinem Leben sind dir Dinge besonders gut gelungen? Wann sind Dinge genauso oder besser eingetreten, als du es dir vorgestellt hattest? Wann warst du unglaublich stolz auf dich und deine Leistung?

Suche dir diejenige Situation heraus, die dich am meisten emotional berührt. Fang an, diesen Erfolg gewissermaßen zu »filetieren«, also in seine Bestandteile zu zerlegen. Schau dir genau an, wie es zu diesem Erfolg kam. Was hast du genau getan, wie hast du dich eingebracht, welche deiner Stärken konntest du nutzen?

Wie geht es dir mit diesem besonderen Ereignis? Wie hat dieser Tag dein Leben beeinflusst und geprägt?

Führe dir diesen Erfolg, deine Stärken immer wieder vor Augen, und spüre, wie der Stolz auf dich und deine Leistung durch deinen ganzen Körper fließt und sich in jeder Zelle deines Körpers festsetzt. Mit jedem Atemzug, den du tust, verankerst du das positive Gefühl in deinem Körper. Atme den Erfolg in jede Pore deines Körpers ein und spüre, wie du immer stärker und immer gelassener wirst und dich immer wohler in deiner Haut fühlst.

In dieser tiefen Entspannung liebst und akzeptierst du dich voll und ganz. Du bist gut so, wie du bist, und machst dich ab sofort frei vom Urteil anderer. Du erlaubst dir ganz einfach zu sein, wie du bist. Du bist ganz bei dir und fühlst dich sicher. In dieser tiefen Ruhe und Gelassenheit fühlst du dich in dir vollkommen geborgen. Du bist dir deiner selbst sicher, kennst deine Stärken und weißt, dass du über ein einzigartiges Potenzial verfügst.

Ein großartiges Gefühl von Ruhe, Harmonie und innerem Frieden breitet sich in dir aus. Du bist frei, froh und glücklich. Deine innere Ruhe und Sicherheit wachsen von Tag zu Tag. Du wirst von Stunde zu Stunde sicherer, selbstbewusster und kannst jede Situation mit der nötigen Ruhe angehen. Du fühlst dich nun jeder Situation gewachsen, begegnest anderen Menschen frei, neugierig, offen und auf Augenhöhe. Du bist ganz bei dir, achtest nur noch auf deine innere Stimme, fühlst dich locker und frei. Ab sofort bist du frei vom Urteil anderer Menschen, weil du weißt, dass du gut bist, wie du bist, und alle Antworten in dir selbst findest.

Dein Kopf ist klar und frei, deine Selbstsicherheit, deine Selbstliebe werden von Tag zu Tag größer. Du ruhst in dir und lässt dir diese Ruhe von niemandem auf der Welt mehr nehmen!

Wiederhole folgende Sätze dreimal laut und lass dich von diesen Sätzen berühren:

- Ich atme ruhig und gleichmäßig, fühle mich in mir selbst geborgen und sicher.
- Ich achte nur noch auf meine eigene innere Stimme und gehe meinen Weg.
- Ich bin frei vom Urteil anderer und begegne allen Menschen auf Augenhöhe.
- Ab sofort ruhe ich in mir selbst, bin mir bewusst, dass ich wunderbar und einzigartig bin. Dieses gute Gefühl wird mich täglich begleiten, und es wird sich von Tag zu Tag verstärken.

Den inneren Kritiker wegschicken

Du bist innerlich und äußerlich ganz ruhig, bist ganz bei dir. Dein Herz schlägt ruhig und gleichmäßig, dein Kreislauf ist stabil. Beim Einatmen entspannst du dich mehr und mehr, beim Ausatmen lässt du alle Gedanken los. Sie strömen aus deinem Kopf in alle Richtungen, immer weiter weg, in die Unendlichkeit. Dein Geist wird nun freier und freier …

Du hast vor vielen Jahren einen unberechenbaren, destruktiven Kritiker eingeladen, in dir zu wohnen. Seit Jahren stört er dich und dein Handeln durch Kritik, bösartige Kommentare, Zynismus und Zweifel. Eure gemeinsame Zeit ist nun abgelaufen, der innere Kritiker muss gehen. Denn du hast erkannt, dass du diese zerstörerische Kraft in dir nicht mehr brauchst. Du willst ab sofort frei sein, dir deine eigenen, wertschätzenden Gedanken über dich machen, dein Leben selbstbestimmt leben. Du weißt, dass du gut bist, dass du frei, selbstbestimmt und selbstbewusst genug bist, um alleine durchs Leben zu gehen.

Geh gedanklich in das Innere deines Körpers (Kopf, Magen-Darm-Region, Lunge, Nieren) und verweise den inneren Kritiker aus deinem Körper. Mach ihn darauf aufmerksam, dass sein Mietvertrag abgelaufen ist und er sofort seinen Wohnraum räumen muss. Gib ihm eine Minute dafür. Wirf ihn im hohen Bogen aus deinem Körper, sammle seine Siebensachen ein und wirf sie hinterher. Mit jedem Teil von ihm, das du entsorgst, fühlst du dich freier und freier. Du kannst wieder durchatmen, dich wieder fühlen. Wirf Stück um Stück aus der Wohnung des inneren Kritikers und fühle dich mit jedem Wurf freier und freier. Geh in alle Ecken, schau alles akribisch durch, damit du ja nichts vergisst, was in dir weiterwirken könnte. Jedes auch noch so kleine Überbleibsel deines Kritikers muss deinen Körper verlassen. Schau dich genau um: Ist alles weg? Spüre in dich hinein … kannst du die innere Ruhe wahrnehmen, eine bisher nicht gekannte Gelassenheit, die dich durchströmt? Fühle die innere Kraft, die nun in dir keimt, spüre, wie sie in dir heimisch wird und sich innerhalb von Sekunden in deinem ganzen Körper ausbreitet. Du bist frei, frei vom ewigen Nörgeln deines inneren Kritikers, dieses alten, unwissenden Kauzes, der dich über so viele Jahre terrorisiert und gequält hat. Spüre, wie das neue Lebensgefühl sich in deinem ganzen Körper ausbreitet.

Ich stelle dir nun einen Putztrupp zur Verfügung, der den Wohnraum des inneren Kritikers von dessen negativen Spuren reinigt. Weise die Putzkräfte an, mit dem Hochdruckreiniger jede Ritze deines Körpers auszuspülen. Die ätzende Säure des Kritikers befindet sich überall in deinem Körper. Lass alles gründlich reinigen; alle Hinterlassenschaften des Kritikers sollen aus deinem Inneren verschwinden. Dein Putztrupp darf alles porentief saubermachen und zum Glänzen bringen. Kontrolliere die Putzergebnisse und lasse deine Helfer nochmals alles reinigen. Du musst sicherstellen, dass keine Faser, kein Gedanke dieses destruktiven Wesens mehr in dir wohnt. Schau dem Schauspiel zu, höre das Prasseln des Wassers, das in Strömen den Schmutz von den Wänden spült. Schau zu, wie Tausende Wassertropfen den Schleim, die schlechten Gedanken, die Säure der Kritik, das schlechte Denken aufnehmen, sich zu einem fließenden Strom Wasser formieren und alles aus deinem Körper schwemmen. Dein Inneres hellt sich nun auf, alles glitzert, glänzt und ist einfach nur sauber. Alles funkelt, strahlt und gibt dir das Gefühl, rein und gut zu sein. Jedes Spiegeln und Blinken steigert dein Bewusstsein, ein ganz besonderes Menschenkind zu sein.

Nun wird es Zeit, dein Inneres neu zu gestalten. Mache aus deinem Inneren ein Haus, in dem man gerne wohnen möchte. Bringe ganz viel Licht, Liebe, Wärme und Harmonie in deinen Körper. Führe dir vor Augen, was für ein wunderbarer Mensch du bist, welche Stärken sich in dir vereinigen, was dich als Individuum auszeichnet, was dich einzigartig und liebenswert macht.

Stelle ein kuschliges, weiches Sofa auf – es steht symbolisch für deine Offenheit, für dein Interesse an anderen Menschen, deine Empathie, deine große Liebe allen Lebewesen gegenüber. Lass dich in dieses Sofa fallen und genieße die Geborgenheit, die dieses Möbelstück dir bietet.

Ergänze das Sofa um einen großartigen, stabilen, uralten, wunderschönen Schrank, der für deine innere Gelassenheit und Ruhe steht. Wenn du den Schrank berührst, geht die Stärke dieses alten, weisen Möbelstücks auf dich über.

Baue möglichst viele Fenster in deine Räumlichkeiten ein, sie geben dir Weit- und Überblick. Sie helfen dir, alles Neue herzlich willkommen zu heißen und in dein Leben einzuladen. Öffne deine Fenster sperrangelweit! Atme die frische Luft, begrüße das Neue mit viel Freude.

Stelle eine große Vase mit vielen bunten Blumen auf. Sie steht für deine Lebendigkeit und den Drang aufzublühen, den anderen Menschen deine wunderbaren Seiten zeigen zu dürfen.

Statte deine innere Wohnung nun mit zehn weiteren, wunderbaren Möbelstücken aus, die deine Stärken und guten Eigenschaften verkörpern. Für jede Eigenschaft plazierst du in deinem Inneren ein Möbelstück oder ein Accessoire. Benenne jedes einzelne Stück und füge auch hinzu, für welche deiner liebenswerten Eigenschaften es steht.

Du hast jetzt schon eine Menge geschafft. Gönn dir eine kleine Pause. Atme tief durch und spüre, wie sich dein Körper mit jedem Atemzug mehr entspannt.

Im nächsten Schritt wird es Zeit, dass du dir einen neuen Untermieter suchst. Dieses Mal solltest du großen Wert darauf legen, dass er freundlich, wertschätzend, liebevoll und unterstützend mit dir umgeht. Er sollte dich in allen Belangen unterstützen, für dich da sein, konstruktive Vorschläge machen und spannende Lösungsansätze bieten. Dein neuer Untermieter kann männlich oder weiblich sein, eine liebenswerte Fee, ein großzügiger Zauberer, eine einfühlsame Großmutter, ein fürsorglicher Großvater, ein herzlicher Schutzengel oder wen auch immer du dir dort vorstellen kannst.

Such dir in Ruhe den richtigen Untermieter aus. Mach einen Mietvertrag mit ihm. Du stellst ihm die wunderbare, frisch renovierte und möblierte Wohnung in deinem Inneren zur Verfügung; seine Gegenleistung besteht darin, dass er dich tagtäglich unterstützt, dich auf deine Fähigkeiten, dein Potenzial und deine Stärken hinweist, dich liebevoll tröstet, aufbaut und motiviert. Suche dir deinen Untermieter sorgsam aus und verlass dich dabei auf dein Bauchgefühl. Lass anschließend deinen neuen Mieter bei dir einziehen und spüre, wie sich das Gefühl der inneren Wärme und Sicherheit noch weiter vertieft.

Du fühlst dich sehr, sehr wohl mit deinem neuen Mieter. Er wird zu deinem besten inneren Freund, der dich aufbaut, dich motiviert, dir beisteht. Er glaubt an dich und wird dich in deinem Glauben bestärken, dass du gut und liebenswert bist. Mindestens zwei- bis dreimal pro Tag singt dir dein Mieter eine Lobeshymne auf dich. Er erinnert dich an deine Erfolge, deine guten Taten, deine wunderbaren Stärken. Mit dieser Unterstützung wirst du von Tag zu Tag ruhiger, gelassener, du bist ganz bei dir. Die Ärgernisse und Probleme des Alltags perlen nun an dir ab wie Wasser, weil du weißt, dass du gut und einzigartig bist.

Du und dein neuer Mieter, ihr werdet von Stunde zu Stunde zu einem besseren Team. Zusammen geht ihr durch dick und dünn, wenn es sein muss, auch gegen den Rest der Welt …

Die düsteren Wolken der Vergangenheit ziehen davon, es wird immer heller und heller in deinem Leben. Die Sonne blinzelt verschwörerisch hinter den Wolken hervor, schiebt sie zur Seite und schickt ihre goldenen, wärmenden Strahlen zu dir. Du spürst diese innere und äußere Wärme, wirst ruhiger, gelassener, grenzt dich gegen störende Einflüsse immer mehr ab und bleibst ganz bei dir. Du empfindest die Einheit zwischen deinem Körper, deinem Geist und deiner Seele. Du bist ganz bei dir!

Du und dein innerer Freund werdet ab sofort aus jedem Tag einen besonderen Tag machen. Genieße es!

Hinweis: Für Ihr eigenes Mesmerize-it-Hörbuch sprechen Sie, nachdem Sie die für Sie passenden Texte aus diesem Abschnitt aufgenommen haben, nun die Ausleitung aus Kapitel 5 auf.

Volitionscoaching: auf die eigenen Gedanken achten

Sie haben mit Hilfe von positiven Suggestionen und der Unterstützung Ihres Unterbewusstseins nun die optimale Basis für ein neues Selbstwertgefühl geschaffen. Um dieses neue Selbstwertgefühl nun auch im Alltag zu leben und weiter auszubauen, ist es wichtig, dass Sie ab sofort auf Ihre Gedanken achten. Reflektieren Sie sich selbst und korrigieren Sie negative Gedankengänge, mit denen Sie sich selbst abwerten, sofort. Achten Sie auf Folgendes:

- Wie reden Sie mit sich, wie gehen Sie in schwierigen Situationen mit sich selbst um?
- Welche Art von Sprache benutzen Sie sich selbst gegenüber, wenn Sie Fehler gemacht haben oder eine Schwäche feststellen?
- Wie fühlen Sie sich, wenn Sie selbstkritisch sind? Spüren Sie in sich hinein.
- Welche Konsequenzen hat Ihre Härte mit sich selbst?
- Wie gehen Sie damit um, wenn Sie im Leben auf Schwierigkeiten stoßen?

Zielfokussierung

Lassen Sie nie mehr zu, dass Sie Meinungen, Wertungen und Kritik anderer Menschen unreflektiert übernehmen! Es ist unsere menschliche Grundverfassung, unvollkommen zu sein. Negative Erfahrungen und das Gefühl der Unzulänglichkeit gehören zu unserer Lebenserfahrung. Glauben Sie mir, ich habe schon viele Menschen kennengelernt, aber perfekt war niemand – und das ist gut so!

Definieren Sie Ihr Ziel in Sachen Selbstwertgefühl und bleiben Sie dran, indem Sie sich das Ziel mindestens zwei- bis dreimal täglich vor Augen führen. Sie können dazu die Anregungen aus Kapitel 4 nutzen.

Emotions- und Stimmungsmanagement

Akzeptieren Sie Fehler, Schwächen und das, was Ihnen an Ihrem Äußeren nicht so gut gefällt, als Teil Ihrer selbst. Natürlich könnten Sie versuchen, all diese »Schwachpunkte« auszumerzen, doch kostet das unglaublich viel Energie – und eine Stärke werden Sie nie daraus machen können. Setzen Sie sich hin, betrachten Sie Ihre Fehler und Schwächen und nehmen Sie sie liebevoll an. Heißen Sie sie herzlich willkommen und nehmen Sie sie als wertvollen Teil Ihrer Unvollkommenheit.

Im zweiten Schritt konzentrieren Sie sich auf die Dinge, die Sie gut können, die Sie auszeichnen, die Sie einzigartig machen.

Führen Sie sich immer wieder vor Augen, dass Sie jetzt über einen virtuellen Schutzanzug verfügen, der die (Ab-)Wertungen anderer Menschen an Ihnen abprallen und zum Ausgangspunkt zurückschnellen lässt. Prüfen Sie aus einer gesunden Distanz heraus, ob und inwieweit Ihr Gegenüber mit seinen Anschuldigungen recht hat und worin Ihr Anteil an der Situation bestehen könnte. Falls Ihr Gegenüber recht hat, nehmen Sie die Kritik als Möglichkeit zur persönlichen Weiterentwicklung auf. Damit haben Sie schon sehr viel gewonnen!

Vorausschauendes Krisen- und Lösungsmanagement

Sie wissen genau, wer in Ihrem Umfeld gerne auf Kosten anderer im Vordergrund steht, wer negativ über andere spricht und gerne abwertet. Bereiten Sie sich auf die Begegnungen mit diesen Menschen vor, seien Sie gewappnet, vergessen Sie besonders hier Ihren virtuellen Schutzanzug nicht.

Übergewicht, Heißhungerattacken

Kennen Sie diese Abende oder Nachmittage, an denen nichts Essbares vor Ihnen sicher ist? Unkontrollierte Essanfälle sind für den Körper Stress pur. Das sogenannte »Binge Eating«, also das anfallsartige Essen, zeichnet sich dadurch aus, dass man isst und gar nicht mehr aufhören kann. Nie fühlt man sich satt, egal, wie viel man schon gegessen hat. Hinter den Heißhungerattacken stecken hohe Anspannung, innere Leere oder negative Stimmungen und Gefühle wie etwa Angst, Wut, Scham oder Traurigkeit. Diese Gefühle sollen durch das Essen beiseitegedrängt werden. Doch nach einer Attacke stellen sie sich umso stärker wieder ein. Mit der Zeit dreht sich alles nur noch um das Essen, das Gewicht und die Figur.

Ebenso verbreitet, wenn auch meist mit weniger gravierenden Auswirkungen auf das Körpergewicht, ist das Gefühl, bei einer offenen Tüte Chips oder einer Tafel Schokolade einfach nicht aufhören zu können, bis alles weggeputzt ist. Auch dabei ist das schlechte Gefühl hinterher gewissermaßen programmiert.

Finden Sie mit dem folgenden Test heraus, welchen Stellenwert das Essen in Ihrem Leben hat.

Welche Rolle spielt Essen in Ihrem Leben?

Welche der folgenden Aussagen trifft am ehesten auf Sie zu?

1. Essen nimmt in meinem Leben …

a) … einen unwesentlichen Raum ein, ich vergesse es oft.

b) … einen wesentlichen Raum ein.

c) … einen sehr wesentlichen Raum ein: Bereits morgens denke ich darüber nach, was ich wann essen werde.

2. Bei Stress oder negativem Feedback ...
a) ... bin ich eher appetitlos.
b) ... kann ich essen oder es kann mir der Appetit vergehen – das hängt ganz vom jeweiligen Ereignis ab.
c) ... brauche ich etwas zu essen, um auf andere Gedanken zu kommen.

3. Im Restaurant ...
a) ... esse ich je nach Hunger einen, zwei oder drei Gänge.
b) ... esse ich in etwa gleich viel wie zu Hause.
c) ... esse ich immer mehr als zu Hause.

4. Hungergefühle ...
a) ... habe ich kaum.
b) ... habe ich ab und an.
c) ... habe ich keine, doch ich kann immer essen.

5. Mein Gewicht ...
a) ... halte ich. Ich bin immer eher am unteren Limit und muss darauf achten, regelmäßig zu essen.
b) ... halte ich mit einer Schwankung von plus/minus zwei Kilogramm.
c) ... schwankt stark im Bereich von acht bis zehn Kilogramm.

6. Geburtstagskuchen oder andere Mitbringsel im Büro ...
a) ... esse ich nur, wenn ich Lust darauf habe und hungrig bin.
b) ... esse ich gerne.
c) ... esse ich immer. Es wäre ja unhöflich, diese nette Geste nicht zu würdigen.

7. Mein Sättigungsgefühl ...
a) ... ist sehr ausgeprägt, ich benötige nicht viel.
b) ... spüre ich und achte darauf.
c) ... spüre ich erst, wenn ich mich so richtig vollgestopft habe.

8. Meine Beziehung zu meinem Körper ist ...
a) ... okay, ich mache mir kaum Gedanken darüber.
b) ... normal. Es gibt sicher die eine oder andere Problemzone, doch bin ich im Großen und Ganzen zufrieden.
c) ... ambivalent bis ablehnend. Vieles an mir mag ich nicht.

9. Beim Kochen ...
a) ... schmecke ich nur ganz zum Schluss einmal ab.
b) ... probiere ich zwischendurch immer mal wieder, ob es schmeckt.
c) ... lasse ich mir bereits die erste kleine Portion schmecken.

10. Wenn ich eine Tüte Chips, eine Tafel Schokolade oder Ähnliches geöffnet habe, ...
a) ... nehme ich nur ein Stückchen, meist reicht mir das schon.
b) ... esse ich, bis meine Gelüste befriedigt sind.
c) ... muss ich immer alles aufessen.

Auswertung
Zählen Sie die Punkte der jeweiligen Buchstaben zusammen. Alle A-Antworten bekommen je einen Punkt, alle B-Antworten zwei und C-Antworten drei Punkte. Auf wie viele Punkte kommen Sie insgesamt?
14 und weniger Punkte:
Bei Ihnen ist in Sachen Essen alles im grünen Bereich. Sie hören auf Ihr Bauchgefühl und essen nur dann, wenn Ihr Körper danach verlangt. Die folgenden Seiten können Sie daher getrost überblättern.
15–22 Punkte:
Essen dient Ihnen nicht nur zur Nahrungsaufnahme. Genuss, Freude und Abwechslung sind Ihnen dabei ebenso wichtig. Solange Sie auf Ihren Bauch hören und dann mit Essen aufhören, wenn es genug ist, werden Sie Ihr Gewicht unter Kontrolle haben. Weiter so!
30–23 Punkte:
Die wichtigste Nachricht zuerst: Sie sind nicht alleine. Sehr, sehr vielen

anderen Menschen geht es ebenso wie Ihnen. Ihr Essverhalten ist problematisch, weil Essen als Kompensation für viele andere Dinge dient. So versuchen Sie etwa Gefühle wie Freude, Trauer, Wut, Ärger, Langeweile einfach wegzuessen. Natürlich wird Ihnen das nicht gelingen, und nach einem üppigen Mahl, einer Heißhungerattacke geht es Ihnen schlechter als zuvor. Mit der Mesmerize-it-Technik haben Sie jedoch ein Mittel an der Hand, Ihr Essverhalten langfristig in den Griff zu bekommen!

Übergewicht greift immer mehr um sich. Inzwischen sind nicht mehr nur die industrialisierten Länder, sondern auch Schwellenländer betroffen. In Deutschland ist bereits jeder Zweite übergewichtig. Die gesundheitlichen Folgen der Adipositas (Fettleibigkeit) sind:

- eine erhöhte Belastung und schnellere Abnutzung des gesamten Bewegungsapparates,
- Bluthochdruck,
- ein dreifach erhöhtes Risiko, an Typ-2-Diabetes, Gallenblasenerkrankungen, Atembeschwerden, Schlafapnoe oder Fettstoffwechselstörungen zu erkranken,
- koronare Herzkrankheit,
- Arthrose,
- Gicht,
- bestimmte Krebserkrankungen (Gebärmutter, Brust, Prostata, Gallenblase),
- Rückenprobleme,
- eine erhöhte Gefahr, eine Thrombose oder Embolie zu erleiden,
- psychosoziale Probleme,
- eine Einschränkung der Lebensqualität,
- ein erhöhtes Risiko für Depressionen.

Jedes Kilo Übergewicht verringert darüber hinaus die Lebenserwartung.

Ursachen des stetigen Zunehmens von Adipositas sind laut der Weltgesundheitsorganisation WHO zum einen die immerwährende und kostengünstige Verfügbarkeit von Lebensmitteln, zum anderen die verringerte körperliche Aktivität, was einen reduzierten Energieverbrauch nach sich zieht.

Psychische Komponenten spielen in den Überlegungen der WHO kaum eine Rolle. Die Erfahrungen aus meiner Praxis sprechen allerdings eine ganz andere Sprache. Die meisten meiner Klienten, die mit Übergewicht zu kämpfen haben, sind im Laufe der Zeit quasi im Nebenberuf zu Ernährungswissenschaftlern geworden. Sie wissen ganz genau, welches Lebensmittel wie viele Kalorien enthält, was gut für den Körper ist und was nicht. Doch leider nutzt ihnen dieses Wissen alleine sehr wenig! Denn der Körper hat seinen ganz eigenen Plan und folgt seinem Muster. Er schickt plötzlich Heißhungerattacken, denen die Menschen sich wehrlos ausgeliefert sehen. Das wird umso schlimmer empfunden, wenn man vorher wochen- oder gar monatelang diszipliniert war, sich am Riemen gerissen und »vernünftig« gegessen hat. Eine einzige Heißhungerattacke macht dann unter Umständen alles wieder zunichte.

Warum ist das so? Warum ist es so schwer, über lange Zeit einfach nur das zu essen, was einem guttut? Ganz einfach: Heißhunger, unkontrolliertes Essen, Frustessen sind lediglich Symptome für etwas, dessen Ursachen sehr viel tiefer liegen, als wir uns oft vorstellen können. Bei einer Befragung von mehr als 600 Betroffenen haben sich folgende fünf Ursachen für Übergewicht herauskristallisiert:

- *Nicht gesehen, in den eigenen Bedürfnissen nicht wahrgenommen werden.* Wer als Kind nicht erfährt, wie wichtig die eigenen Wahrnehmungen sind und dass diese eine Berechtigung haben, wird sich selbst immer zurückstellen. Die daraus entstehende innere Leere wird mit Nahrung aufgefüllt. Nur so kann der betreffende Mensch sich spüren.

- *Als nicht schön, nicht wertvoll eingestuft zu werden (von Eltern, Geschwistern, dem Umfeld, der Familie).* Wer als Kind (und sei es auch nur im Nebensatz) zu hören bekam: »Du warst so ein hässliches Baby« oder »In unserer Familie bist du die Kluge und deine Schwester ist die Schöne«, wessen Körperteile negative Aufmerksamkeit erfuhren (»Deine Beine sind viel zu stämmig für deinen Oberkörper«, »So einen großen Hintern hat sonst keiner bei uns in der Familie«) oder wer in Kindergarten und Schule wegen seines Körpers gar grob gehänselt wurde, hat in seinem Unterbewusstsein ein Bild von sich selbst hinterlegt, das besagt: »Ich bin nicht schön!«
- *Sich nicht abgrenzen können, nicht nein sagen können.* Wer als Kind nicht gesehen wurde, hat meist sein Leben lang ein großes Bedürfnis nach Anerkennung. Es führt oft dazu, dass die Betroffenen sich sehr schwer damit tun, sich abzugrenzen und auch mal nein zu sagen. Nicht, weil sie keine eigene Meinung hätten, sondern weil sie Angst haben, das Bild, das andere von ihnen haben, zu zerstören und in der Folge nicht mehr gemocht, wertgeschätzt zu werden. Jedes Ja, das eigentlich ein gefühltes Nein ist, schwächt die Psyche der Betroffenen weiter. Irgendwann beschließt der Körper, sich zu wehren, sich abzugrenzen. Das macht er, indem er eine »Fettrüstung« vor allem um den Bauch herum aufbaut.
- *Konditionierte Verknüpfungen mit Essen.* Wird ein Kind mit Essen getröstet oder abgespeist, weil die Eltern keine Zeit für es haben, so besteht eine hohe Wahrscheinlichkeit, dass dieses Muster sich auch im Erwachsenenalter zeigt: Alle schwierigen Momente werden dann mit Essen leichter gemacht, Langeweile wird mit Nahrung überbrückt usw.

- *Diäten oder aber Überfütterung in der Kindheit.* Wird ein Kind bereits in jungen Jahren in Bezug auf das Essen stark gemaßregelt oder überernährt, stellen sich später häufig Essstörungen ein. Ein Kind kann nicht verstehen, was eine Diät ist – erst recht nicht, wenn die Geschwister, Freunde, Nachbarskinder ganz normal essen dürfen. Es entsteht ein Mangel, der durch heimliches Essen, Heißhungerattacken befriedigt wird. Das umgekehrte Phänomen, bei dem Kinder von besorgten Eltern gewissermaßen gemästet werden, zerstört ebenso nachhaltig das natürliche Essverhalten. Kinder haben im Normalfall ein gesundes Sättigungsgefühl, das heißt, sie wissen, wann es genug ist.

Haben Sie sich bei einem oder mehreren Punkten wiedergefunden? Sie können auch noch einmal Ihre Notizen zu Ihrer Lebensgeschichte durchsehen: Finden Sie einen oder mehrere der fünf genannten Punkte auch dort wieder? Haben Sie vielleicht auch Schlüsselszenen in Ihrem Leben notiert, die etwas mit dem Thema Essen zu tun haben?

Falls ja, ist jetzt der Zeitpunkt gekommen, Ihre ganz persönliche Mesmerize-it-Therapie zu erstellen. Wir beginnen wieder mit der passenden Einstiegsfrage, und ich wechsle im Folgenden vom »Sie« zum »Du«, um das Unterbewusstsein möglichst direkt anzusprechen. Finde die Frage/n, die am besten zu dir passt/passen. Du kannst auch für dich selbst eine andere Frage formulieren, die vielleicht noch besser auf den Punkt kommt.

- Wann bist du zuletzt nicht gesehen, nicht wahrgenommen worden?
- Suche eine Situation, in der du dich unattraktiv, nicht wertvoll gefühlt hast.
- Wann konntest du das letzte Mal nicht nein sagen?
- In welcher Situation hast du dich abgewertet gefühlt?

- Wer hat dich enttäuscht, weil er deinen Einsatz nicht gesehen hat?

Begib dich im nächsten Schritt auf die Suche nach der Ursache für dein Problem oder dein Muster.
- Mach das Tor zu deinem Unterbewusstsein ganz weit auf. Du wirst in den nächsten Minuten die Ursache für dein Problem in Sachen Essen vor Augen geführt bekommen.
- Dein Unterbewusstsein öffnet sich jetzt und gibt dir Zugriff auf die Ursachen deiner Probleme und Unsicherheiten. Deine inneren Bilder, Gedanken, Filme werden immer deutlicher und klarer hervortreten.
- Suche die Ursache für dein Thema! In deinem Lebensspeicher ist alles aufgezeichnet, du musst es nur herausholen.
- Setz dich auf eine Couch, nimm die Fernbedienung deines inneren DVD-Spielers in die Hand und spule zurück zum Tag X, an dem du das Problem zum ersten Mal erlebt hast.
- Tauche ein in deinen Erinnerungsspeicher: Wann hast du das Thema zum ersten Mal erlebt, das Gefühl zum ersten Mal gefühlt? Lass dich einfach fallen und lass zu, dass dein Thema jetzt gelöst wird.

Du kannst dir dabei folgende Suggestionen geben:
- Ich erlaube mir, schlank und schön zu sein.
- Ich bin schön, attraktiv und liebenswert.
- All mein Unbehagen mit meinem Körper löst sich in Wohlgefallen auf, ich bin frei und schön.
- Mein Körper wird immer schlanker und straffer.
- Ich gestalte mein Leben nun nach meinen Wünschen.
- Ich esse nur noch, wenn ich hungrig bin.
- Tag für Tag wächst meine Lust auf Lebensmittel, die mich schlank und gesund machen.

- Ich bin voller Kraft und Energie.
- Ich werde von Tag zu Tag immer gesünder und dabei immer schlanker.
- Ich fühle mich schlank und sexy.
- Mein Stoffwechsel arbeitet von Stunde zu Stunde auf Hochtouren.

Die Werkzeuge, die ich den Klienten in meiner Praxis zur Verfügung stelle, sind ab sofort auch für dich da. Du kannst sie nutzen, um dein Wunschgewicht zu erreichen.

Hinweis: Zum Erstellen des persönlichen Mesmerize-it-Hörbuches nehmen Sie die Induktion sowie die erste und zweite Vertiefung aus Kapitel 5 auf. Dann wählen Sie aus den folgenden Seiten die Visualisierungen aus, die zu Ihnen passen, und sprechen sie ebenfalls auf.

Süßwaren-Stopp

Du fühlst dich sehr müde, dein Körper spürt sich wohlig und schwer an. Du atmest ganz ruhig und gleichmäßig, fühlst dich pudelwohl. Ab sofort versiegt dein Verlangen nach Süßwaren aller Art. Dein Interesse daran, dich gut und gesund zu ernähren, deinen Körper und deine Leistungsfähigkeit lange zu erhalten, steigt von Tag zu Tag. Du spürst einen starken Widerwillen, wenn du an Süßwaren (Schokolade, Kekse, Gummibärchen, Kuchen etc.) denkst, weil du weißt, dass sie deinen Körper schädigen und deine Leistungsfähigkeit mindern. Süßwaren sind dir ab sofort gleichgültig, dein Verlangen danach verpufft einfach. Schon der Gedanke daran, diese süßen, klebrigen, ungesunden Sachen zu dir zu nehmen, verursacht einen starken Widerwillen, der von Tag zu Tag stärker wird. Ab sofort wirst du dich gesund ernähren, wirst frisches Obst und Gemüse essen, auf eine ausgewogene Ernährung achten. Nichts kann dich von diesem Vorsatz abbringen. Immer, wenn du Süßwaren siehst, wenn du andere Menschen sie essen siehst, verstärkt sich dein Widerwille dagegen noch. Du fühlst dich von Tag zu Tag besser und wirst Süßwaren aus deinem Leben verbannen. Nichts kann dich von diesem Vorsatz abbringen. Schon der Gedanke an Süßwaren ist dir unangenehm und erzeugt sofort ein starkes Ekelgefühl. Jedes Mal, wenn dir in deinem Alltag Süßwaren begegnen, verstärken deine Abneigung und dein Widerwille sich noch mehr. Du bist froh und glücklich, dass du ab sofort auf diese ungesunden, kalorienreichen Lebensmittel locker verzichten kannst. Dadurch geht es dir von Tag zu Tag besser, du verlierst Pfund um Pfund, wirst leistungsfähiger und gewinnst die Kontrolle über dein Leben und dein Essverhalten zurück. Du bist frei!

Wenn du in Zukunft Süßwaren isst, wird dir sofort schlecht, dein Magen rebelliert, es entsteht ein Druck in deinem Hals, du musst dich fast übergeben. Dies ist nun tief und unauslöschlich in deinem Unterbewusstsein verankert, und du wirst strikt danach handeln. Du wirst deshalb ab sofort komplett auf die krankmachenden, kalorienlastigen Süßwaren verzichten.

Deine Abneigung, dein Ekel und dein Widerwille gegen diese schädigenden Lebensmittel werden nun von Tag zu Tag größer. Ab sofort isst du gesund und achtest auf deine Ernährung. Alles, was schädigend für dich und deinen Körper ist, lässt du weg. Deine Essensportionen sind klein, du kaust jeden Bissen gründlich 15-mal und mehr, bis er ganz verflüssigt ist. Erst dann schluckst du die Nahrung herunter, so dass dein Körper hervorragend vorbereitete Nahrung erhält. Du isst wenig und langsam und genießt jeden Bissen ganz bewusst. Du isst nur, wenn du hungrig bist, und achtest sehr genau darauf, was du zu dir nimmst.

Bitte sprich die folgenden sieben Sätze zehnmal laut nach. Stelle dir dabei den Inhalt der jeweiligen Aussage auch bildlich vor.

- Tag für Tag esse ich bewusster und übernehme die Kontrolle über meine Essgewohnheiten.
- Ich bevorzuge ab sofort Lebensmittel, die mir guttun, mich gesund und schlank machen.
- Mein Widerwille gegenüber Süßwaren (Schokolade, Keksen …) wächst von Tag zu Tag.
- Wenn ich Süßwaren esse, ekle ich mich, mein Magen rebelliert, mir wird fast schlecht.
- Woche für Woche verliere ich an Gewicht und nähere mich meiner Wunschfigur.
- Ich werde von Tag zu Tag gesünder, leistungsfähiger und schlanker.
- Ich bin froh und glücklich, selbst über mein Essverhalten bestimmen zu können.

Herzlichen Glückwunsch! Ab sofort gestaltest du deine Zukunft, deine Essgewohnheiten, deinen Körper nach deinen Wünschen!

In 30 Minuten frei vom Bauch

Du befindest dich in einem Zustand tiefer Ruhe und Entspannung. Während du es genießt, vollkommen ruhig und entspannt zu sein, befestige ich an deinem Arm einen Luftballon. Er ist noch ganz klein, und du füllst ihn nun mit dem Ballast, den du derzeit in dir spürst. Den gesamten Stress der letzten Tage, den unterdrückten Ärger, die dir widerfahrenen Ungerechtigkeiten, die Sorgen und Zweifel lässt du nun in diesen Ballon fließen. Er bläst sich mehr und mehr auf und steigt immer mehr nach oben. Dein Ballast ist wie ein Treibmittel, das den Ballon in die Luft schnellen lässt. Je mehr du den Ballon mit deinen negativen Befindlichkeiten füllst, umso höher steigt er auf und zieht deinen Arm immer weiter und weiter in die Höhe. Deine Kraft lässt langsam, aber sicher nach, und du lässt den Ballon einfach los, wenn du ihn nicht mehr halten kannst. Mit dem Ballon, der in Sekundenschnelle nach oben schießt, verschwindet auch dein Ballast. Spüre in dich hinein – du fühlst dich frei, locker und unbeschwert. Dein Arm fällt ganz entspannt nach unten, und du entspannst dich noch mehr. Du befindest dich in einem wunderbaren Obst- und Gemüsegarten. Der gesamte Garten bietet die leckersten Obst- und Gemüsesorten. Alles sieht so saftig, ansprechend und gesund aus. Dir läuft das Wasser im Mund zusammen beim Gedanken, von diesen leckeren, knackigen, gesunden Früchten zu essen. Du liegst in einem Liegestuhl, über dir ein strahlend blauer Himmel, die Sonne scheint und wärmt dich mit ihren Strahlen. Ein wunderbarer Spätsommertag wie aus dem Bilderbuch. Gemütlich räkelst du dich in der Sonne. Aus dem Nachbargarten hörst du das ausgelassene Lachen von Kindern, die in ihr Spiel vertieft sind. Was für ein wunderbarer Tag!

Dein Blick wandert zu deiner rechten Seite. Schräg über dir siehst du einen Apfelbaum, dessen Äste in deiner Reichweite sind. Saftige, rot glänzende, verlockende Äpfel hängen daran. Du ziehst einen Ast zu dir heran und pflückst dir den schönsten Apfel. Er ist so ebenmäßig, prall, saftig, so süß. Er duftet unwiderstehlich. Du spürst das Gewicht des Apfels in deiner Hand, polierst ihn auf deiner Kleidung, bis er noch mehr glänzt. Dann beißt du hinein, spürst den Saft in deinem Mund, kaust genüsslich. Es schmeckt so köstlich! Du kaust das Fruchtfleisch ganz sorgsam, es schmeckt so süß, dass du es gar nicht herunterschlucken möchtest. Du beißt erneut in den Apfel und leckst dir den Saft aus den Mundwinkeln. Ahhh, ist das lecker! Du genießt diesen Apfel so, als hättest du bisher noch nie einen Apfel gegessen. Auf deiner Zunge findet eine Geschmacksexplosion statt. Es ist so unglaublich köstlich! Bereits nach der Hälfte des Apfels spürst du, dass du satt bist. Du legst den Apfel beiseite, du musst ihn nicht aufessen. Nur weil es in diesem Garten Nahrung im Überfluss gibt, heißt das noch lange nicht, dass du immer essen oder aufessen musst. Du brauchst so wenig – der halbe Apfel hat dir gereicht, um satt zu sein; unglaublich! Du brauchst nur so wenig, um glücklich zu sein.

Du stehst jetzt auf und streifst durch den Garten. Unzählige Kräuter verströmen einen wundervollen Duft. Die Karotten, der Salat, die Zucchini, die Himbeeren – alles sieht so lecker, gesund und frisch aus. Du riechst an allem und bist verzaubert von dem, was die Natur geschaffen hat. Immer noch hörst du aus dem Nachbarsgarten glückliches, befreites Kinderlachen. Die Leichtigkeit überträgt sich auf dich. Du fühlst dich frei, leicht und unbeschwert. Einzig dein Gewicht, deine … *(Kilozahl einsetzen)* Kilogramm zu viel stören und hindern dich daran, dich rundum frei, leicht und unbeschwert zu fühlen. Wie schön wäre es, mit der Hilfe dieser wunderbaren, knackigen, gesunden Früchte und Gemüse die überflüssigen Pfunde einfach abzubauen! Mit deiner Idealfigur siehst du nicht nur blendend aus, sondern bist auch viel leistungsfähiger und hast wieder Freude am Schwimmen, Fahrradfahren, Joggen *(ggf. Hobbys einsetzen)*. Du spürst deinen Körper wieder, genießt deine Schlankheit, die unbändige Energie, die dich durchströmt, das motivierende Gefühl, deinen Körper endlich wieder herauszufordern. Ihn endlich wieder zu spüren und nicht nach fünf Minuten schon nach Luft zu schnappen. Was für ein wunderbares Gefühl, den Puls zu erhöhen, mithalten zu können. Du legst dich zurück auf den Liegestuhl und träumst von deinem neuen Körper mit deinem Wunschgewicht von … Kilogramm.

Plötzlich merkst du, dass dein Mund ganz trocken ist, sogar

deine Lippen fühlen sich ausgetrocknet an. Du bist mit einem Mal sehr durstig. Neben deinem Liegestuhl bemerkst du ein Glas Wasser. Reines, kaltes, erfrischendes Wasser. Schluckweise trinkst du diese köstliche Flüssigkeit, es fühlt sich so wunderbar an. Du spürst regelrecht, wie dein gesamter Körper befeuchtet wird. Dein Denkvermögen steigert sich, du wirst frischer, belebter und leistungsfähiger. Du fühlst, wie das kühle Nass durch deine Kehle rinnt und dir sofort ein Gefühl von Frische gibt. Bereits nach einem Glas Wasser spürst du, wie dir dein Magen ein Sättigungsgefühl sendet. Manchmal brauchst du tatsächlich nur ein Glas reines, frisches Wasser, um satt und zufrieden zu sein. Dieses wunderbare Wasser kannst du mit den Früchten und Kräutern deines Gartens anreichern. Ein paar Scheiben Zitrone, und schon hast du ein erfrischendes Zitronenwasser, mit ein paar Minzblättern wird aus deinem Wasser ein belebendes und geistig anregendes Getränk, mit Himbeeren machst du dein Wasser zu einer köstlichen und optisch wunderschönen Vitaminbombe.

Morgens, wenn du aufstehst, greifst du dir als Erstes ein leckeres, frisches Glas Wasser. Für dein Frühstück suchst du gezielt nach gesunden, knackigen Lebensmitteln, die dir zum Tagesstart einen Energiekick verpassen. Du brauchst nicht mehr viel davon, kleine Portionen reichen dir völlig aus. Du hast Tag für Tag mehr Freude an kleinen, gesunden Portionen, die dir und deinem Körper guttun! Du genießt die klare Luft, die Natur, die Bewegung. Du kannst es kaum erwarten, morgens die klare, frische Morgenluft einzuatmen. Jede freie Minute zieht es dich nun in die Natur; du verspürst einen großen Drang, dich zu bewegen. Du träumst von deinem nächsten Urlaub am Meer, in den Bergen, in der Stadt *(hier ggf. das Urlaubsziel einsetzen)*. Du spürst die besondere Atmosphäre dieses Ortes. Du hast ein Ziel: Bis zu deinem Urlaub willst du Kleidergröße … oder ein Gewicht von … Kilo erreicht haben. Stell dir vor, wie du im Urlaub leichtfüßig und in den Kleidern deiner Wahl sexy und selbstbewusst durch die Straßen gehst.

Keine Chips oder Süßigkeiten aller Art, keine Pizza oder fettige Wurst *(hier die ungesunden Lieblings-Lebensmittel einsetzen)* wird dich von diesem Ziel abhalten. Du ernährst dich konsequent gesund, liebst frisches Obst, knackigen Salat, leuchtendes Gemüse und eiweißhaltige Lebensmittel wie Fisch und Geflügel. Ab heute wählst du aus, hast dein Essverhalten unter Kontrolle, denn du hast ein Ziel vor Augen, ein Ziel, das du in wenigen Wochen erreicht haben wirst. Stell dir einen knackigen Salat mit schmackhaften Kirschtomaten, frischen Gurken, intensiv schmeckenden Salatkräutern vor. Du nimmst eine Gabel dieses Salates zu dir und hörst dich kauen, fühlst, wie knackig frisch sich dieser Salat in deinem Mund anfühlt. Jeder Bissen ist ein absolutes Geschmackserlebnis, auf das du nie mehr verzichten möchtest. Du kaust jeden Bissen viele Male, bevor du ihn hinunterschluckst, damit sich dein Magen die besten Inhaltstoffe nehmen kann und du bestens versorgt bist. Du fühlst dich so glücklich, so wohl, so aktiv. Du genießt dein Leben, deine gesunde Ernährung, deine Leistungsfähigkeit, deinen neuen Körper! Du genießt einfach alles! Alles fällt dir leicht, nichts kann dich stören oder von deinem Ziel abbringen.

Fettige und ungesunde Lebensmittel sind für dich Geschichte! Stell dir vor, welche Abfallprodukte in vielen Lebensmitteln stecken. Denke daran, durch wie viele Hände diese ungesunden Produkte gehen, bevor sie auf deinem Teller landen. So viele Gelegenheiten für Verschmutzung, etwa mit Keimen. Stell dir vor, wie du eine fettige Pizza vorgesetzt bekommst. Du beißt hinein, und das Fett läuft dir links und rechts die Mundwinkel hinunter. Der Teig setzt sich in deinen Zähnen fest, klumpt in deinem Magen zusammen und verstopft deinen gesamten

Darmtrakt. Nein, all das willst du nicht mehr; du legst ab sofort großen Wert auf frische, gesunde, knackige, naturbelassene Lebensmittel wie Obst, Gemüse, Salat, Geflügel und Fisch. Nie mehr möchtest du Wurst oder Mehl essen, Gummibärchen, die an deinem Gaumen festkleben und mit ihrem hohen Zuckeranteil deinem Körper schaden. Du wählst stattdessen gesunde, unbehandelte Lebensmittel aus deinem Garten, denn du hast ab heute ein Ziel, nämlich, die Figur deines Lebens zu bekommen, schlank, gesund und fit zu werden. Stell dir dein Ziel vor: Du in deiner Wunsch-Kleidergröße, in einem wunderbaren, luftigen Sommeroutfit. Relaxed, leicht, frei und wunderschön. Wenn du Hunger hast, kommt für dich nur noch etwas Gesundes und Leichtes in Frage. Du hast ein Ziel, bist konsequent, nichts und niemand kann dich vom Erreichen deines Zieles abhalten. Selbst wenn du eingeladen wirst oder dir jemand etwas Ungesundes mitbringt, bleibst du bei dir und bleibst deinen Vorsätzen treu. Du kannst lachen, mit Freunden ausgehen, dein Leben wie gewohnt weiterführen. Einzig die Auswahl deiner Lebensmittel verändert sich. Du machst das für dich, denn du bist wichtig, du bist dein Mittelpunkt; es macht dir Freude, schlank und fit zu sein. Ballast abzuwerfen, abzunehmen macht dir Spaß, du fühlst dich von Tag zu Tag leichter. In deinem neuen Körper und mit deinen neuen Gewohnheiten fühlst du dich rundum wohl.

Wiederhole die folgenden Aussagen fünfmal laut für dich und spüre in die Worte hinein:

- Ich ernähre mich von Tag zu Tag gesünder.
- Ich verzichte auf Fastfood und andere ungesunde Lebensmittel.
- Ich nehme mir Zeit für mich.
- Mein Körper ist mir wichtig, für seine Gesundheit engagiere ich mich.

- Ich achte sehr bewusst auf meine Ernährung und bin schlank, schön und fit.

Ab sofort wirst du dein Essverhalten auf dein Ziel hin ausrichten, schlank und gesund zu sein. Tag für Tag wirst du dich leichter und schöner fühlen, weil du weißt, dass du auf dem richtigen Weg bist, dein Ziel zu erreichen.

Bewegungsaktiv

Bewegung tut deiner Gesundheit gut, wirkt zahlreichen Krankheiten entgegen und kurbelt deine Selbstheilungskräfte an. Es liegt in der Natur des Menschen, sich zu bewegen – unsere Vorfahren brauchten Bewegung, um zu überleben: Nahrung zu suchen, zu kämpfen oder zu fliehen. Unser Körper ist für Bewegung gemacht und braucht seine tägliche Dosis an Aktivität. Bewegung macht Spaß und nimmt den Stress aus deinem Alltag.

Ab sofort wirst du das natürliche Bedürfnis deines Körpers nutzen, um dich immer besser zu fühlen. Du wirst Treppen steigen, anstatt den Lift zu nehmen, das Auto stehen lassen und deine Erledigungen zu Fuß machen, so oft wie möglich in die Natur gehen, um dich zu bewegen, ein Fitnessstudio aufsuchen, um dich auszupowern und deine Muskeln zu trainieren, abends zum Tanzen ausgehen, um Glückshormone zu aktivieren. Du hast große Lust, schwimmen, joggen, walken, skifahren, tanzen zu gehen. Die 656 Muskeln in deinem Körper werden trainiert. Sie geben dir Kraft und erhöhen deine Leistungsfähigkeit. Such dir deine Lieblingsaktivitäten aus und komm wieder in Bewegung. Bewegung macht dich glücklich.

Von Tag zu Tag bekommst du mehr Lust an der Bewegung. Du spürst, wie sich dein Körpergewicht verändert, deine Ausdauer zunimmt, dein Blutdruck sinkt, deine Muskelkraft und

Beweglichkeit sich steigern und deine Immunabwehr sich verbessert. Durch die tägliche Dosis Bewegung, die du ab sofort genießt, wirst du klarer, fühlst dich frischer und der tägliche Stress fällt von dir ab.

Nach deiner täglichen Bewegungseinheit durchströmen dich Glückshormone. Du spürst deinen Körper, fühlst tief in dich hinein, hast große Freude an den Veränderungen, die sich durch deine tägliche Aktivität einstellen. Mit viel Entschlossenheit und Ausdauer planst du ab sofort dein Bewegungsprogramm. Nichts kann dich davon abbringen, dich täglich ausreichend zu bewegen. Du spürst, wie deine Gesundheit von Tag zu Tag zunimmt, du vor Energie nur so strotzt und deine Motivation wächst. Dein Gedächtnis wird besser, deine Konzentrationsfähigkeit nimmt zu, deine Stimmung ist auf einem Dauerhoch.

Du hast so viel Freude und Spaß an der Bewegung, dass du sie ab sofort wie selbstverständlich in deinen Alltag einbaust und deine Leistung von Tag zu Tag weiter steigerst. Es macht dir Freude, deine Kraft sinnvoll einzusetzen und deinen Körper wieder zu spüren. Dein Lungenvolumen steigert sich, so dass du kaum noch außer Atem gerätst. Dein Stoffwechsel wird angekurbelt, so dass du nebenher Fett verlierst, deine Figur sich verändert, dein Körper sich strafft und du Muskelmasse aufbaust. Die Beweglichkeit deines Körpers, die Belastbarkeit deiner Gelenke nimmt zu. Mit Bewegung zählst du ab sofort zu den Gewinnern! Du kümmerst dich um dich selbst, und dein Körper dankt es dir.

Durch nichts in der Welt lässt du dich von deinem Vorsatz abbringen, dich ausreichend zu bewegen, denn du bist sehr froh, jetzt endlich etwas für dich und deine Gesundheit zu tun. Wenn du dein tägliches Bewegungsprogramm einmal nicht durchführen kannst, fehlt es dir regelrecht, und du sehnst dich förmlich nach der nächsten Bewegungseinheit. Dein Widerwille gegen

Faulheit und Trägheit nimmt von Tag zu Tag zu. Dich überkommt ein großer Drang, dich zu bewegen, deinen Körper in Aktion zu bringen. Dieses Bedürfnis ist nun tief und unauslöschlich in deinem Unterbewusstsein verankert, und du wirst strikt danach handeln. Bewegung ist nun ein ganz normaler Bestandteil deines Alltags, sie gehört zu deinem Leben einfach dazu. Du spürst, wie gut dir die tägliche Bewegungseinheit tut, wie sie dich entspannt und dich glücklich macht. Diese Gefühle möchtest du ab sofort täglich erleben und spüren.

Sprich bitte die folgenden Aussagen zehnmal laut nach:

- Ab sofort bewege ich mich jeden Tag mindestens 20 bis 30 Minuten.
- Ich fühle, wie gut es mir und meinem Körper tut, mich zu bewegen.
- Tag für Tag wächst mein Bedürfnis, mich aktiv zu bewegen.
- Woche für Woche sinkt mein Gewicht dauerhaft, und mein Körper wird immer straffer.
- Bewegung aktiviert meine Lebensgeister und meine Kreativität.

Ab sofort gehörst du zu den aktiven, lebendigen und kraftvollen Menschen. Viel Freude bei deinen Bewegungseinheiten!

Das magische Magenband

Gleich werde ich über den Mund ein Silikonband in deinen Körper bringen. Dieses Band werde ich um den oberen Teil deines Magens legen und festziehen. Dadurch entsteht ein kleiner »Vormagen«, der ca. 15 Milliliter fasst. Für dich ist wichtig zu wissen, dass das Band zu jeder Zeit wieder von deinem Magen entfernt werden kann.

Ich starte jetzt … und lege das Kunststoffband sanft um den

oberen Teil deines Magens … kannst du es spüren? Kitzelt es vielleicht ein bisschen? Stück für Stück ziehe ich das Band jetzt immer fester, so dass ein oberer und ein unterer Magenteil entstehen, die nur noch durch eine kleine Öffnung miteinander verbunden sind. Es kann sein, dass dich das im Bauch ein wenig kitzelt und kurz ein Gefühl des Zuges entsteht. Beides verschwindet wieder, sobald das Magenband fixiert ist. Wir haben deinen Magen nun in zwei Teile geteilt.

Der obere Teil dient dir ab sofort als Magen, fasst jedoch nur noch einen Bruchteil des eigentlichen Mageninhalts. Dadurch gelangen Speisen nun nur noch sehr langsam in den unteren Teil des Magens. Bei einer Mahlzeit kannst du daher nur wenig Nahrung aufnehmen und bist ab sofort bereits nach geringen Mengen gesättigt. Dein gesamtes Essverhalten wird sich ab sofort verändern! Du isst kleinere Portionen, achtest sehr darauf, gesunde Lebensmittel zu dir zu nehmen, jeden Bissen 15-mal und mehr zu kauen und täglich mindestens zwei Liter Wasser oder Tee zu dir zu nehmen. Große Mengen Nahrung und ungenügend zerkleinerte Lebensmittel lassen einen Druck in deinem Hals entstehen, so dass du aus freien Stücken jeden Bissen 15-mal und mehr kaust, damit die Nahrung optimal für deinen Magen vorbereitet ist.

Du bist dir bewusst, dass du ab sofort nur wenig Nahrung zu dir nimmst. Du kaust diese Nahrung gründlich, 15- bis 20-mal pro Bissen, bis sie ganz verflüssigt ist. Dann erst schluckst du sie hinunter. Du spürst genau nach, wie du den Nahrungsbrei hinunterschluckst, wie dieser in deinem Magen ankommt und dein Magen nach kurzer Zeit ein Sättigungsgefühl meldet. Sobald du dieses Sättigungsgefühl verspürst, hörst du auf zu essen. Damit du gut in dich hineinspüren kannst, nimmst du jede Mahlzeit ganz bewusst ein. Du setzt dich dazu hin, konzentrierst dich voll und ganz auf dein Essen und bist ganz im Hier und Jetzt. Du isst wenig, langsam und wirst so deine Mahlzeiten ganz bewusst genießen. Du fühlst dich schon nach wenigen Bissen gesättigt und isst nur noch, wenn du hungrig bist.

Die Sorgen, Probleme und Ärgernisse des Alltags perlen an dir ab wie Wasser. Du hast Tag für Tag mehr Freude daran, weniger als bisher zu essen, und du genießt diese kleinen Portionen! Nachdem du eine kleine Portion zu dir genommen hast, wirst du dich wunderbar satt und zufrieden fühlen, weitere Bissen wären undenkbar. Nach jedem Essen wirst du erstaunt feststellen, dass du in kürzester Zeit satt geworden bist und sich in deinem ganzen Körper ein wunderbar stolzes, zufriedenes, erfülltes Gefühl einstellt.

Ab sofort wirst du über dein Essen und deine Essgewohnheiten bestimmen und nicht mehr von einem unersättlichen Hungergefühl bestimmt werden.

Bitte wiederhole die folgenden Aussagen fünfmal laut für dich:

- Tag für Tag werden meine Portionen kleiner, ich kaue jeden Bissen 15-mal und mehr.
- Ich trinke täglich mindestens zwei Liter, damit mein Körper bestens mit Flüssigkeit versorgt ist.
- Tag für Tag wächst meine Begeisterung für Lebensmittel, die mich gesund und schlank machen.
- Ich bekomme Tag für Tag mehr Genuss durch weniger Essen.
- Woche für Woche sinkt mein Gewicht dauerhaft, ich fühle mich leicht und beschwingt.
- Tag für Tag nähere ich mich meiner Wunschfigur.

Hinweis: Für Ihr eigenes Mesmerize-it-Hörbuch sprechen Sie, nachdem Sie die für Sie passenden Texte aus diesem Abschnitt aufgenommen haben, nun die Ausleitung aus Kapitel 5 auf.

Volitionscoaching: auf die eigenen Gedanken achten

Damit Sie Ihr neues Essverhalten beibehalten oder sogar noch zu Ihren Gunsten verbessern können, ist es wichtig, dass Sie ab sofort Ihre Lebensgewohnheiten ändern. Vor allem den Umgang mit schwierigen Situationen sollten Sie genau im Blick haben. Lassen Sie nicht zu, dass Menschen oder belastende Vorkommnisse Ihren Wunsch nach einem gesünderen Essverhalten, weniger Gewicht und einer guten Figur ruinieren!

Zielfokussierung

Setzen Sie sich ganz klare Ziele, wie Sie wann in die Form Ihres Lebens kommen möchten. Was werden Sie dafür tun? Eines ist klar: Sie müssen weniger Kalorien zuführen, als Sie verbrauchen. Dies lässt sich über das Essverhalten, aber auch über Bewegung steuern. Überlegen Sie ganz genau, wie Sie Ihr Leben strukturieren möchten. Ganz wichtig: Diät kann nicht Ihr Thema sein! Meine Klienten nehmen alle ohne Diät ab und sparen sich so auch den unvermeidlichen Jojo-Effekt. Das Ziel sollte sein, zu einem gesunden Essverhalten mit kleineren Portionen sowie drei Mahlzeiten täglich zurückzukommen. Ungesunde Lebensmittel wie Eis, Schokolade, Pommes frites etc. dürfen natürlich weiterhin auf Ihrem Speiseplan stehen, allerdings nur in geringen Mengen und nur ab und an. Verbannen Sie ungesunde Lebensmittel aus Ihrem Haushalt!

Emotions- und Stimmungsmanagement

Achten Sie ganz genau auf Ihr Essverhalten. Wann stellen sich Heißhungerattacken ein, stehen diese in einem Zusammenhang mit belastenden Ereignissen? Bleiben Sie ganz bei sich und spielen Sie Situationen, die Sie stressen, gedanklich durch. Überlegen Sie dabei, was Sie tun können, damit diese Situationen in Zukunft weniger belastend für Sie sind. Könnte es helfen, dem

Hunger mit einem Glas Wasser, einem Apfel, einem Spaziergang oder einer Runde Sport entgegenzutreten? Stellen Sie sich eine Liste mit Lösungsstrategien zusammen, über die Sie verfügen können, wenn es in Ihrem Leben das nächste Mal stressig wird.

Vorausschauendes Krisen- und Lösungsmanagement

Wenn Sie sich verändern, verändert sich auch Ihr Umfeld! Nicht jeder wird mit Ihrer inneren und äußeren Veränderung klarkommen. Meine Klienten berichten relativ häufig, dass manche ihrer Freunde durchaus neidisch und eifersüchtig reagieren. Das könnte auch bei Ihnen so sein. Kein Wunder: Sie werden plötzlich attraktiver, ziehen nun die Blicke und Aufmerksamkeit auf sich, kleiden sich figurbetont und modischer. Sie werden klarer, disziplinierter und weisen Ihre Mitmenschen so indirekt auf eigene Maßlosigkeiten hin. Bereiten Sie sich daher auf alle möglichen Situationen vor. Wenn Sie beispielsweise auf eine Hochzeit eingeladen sind, können Sie Ihre Gastgeber vorher wissen lassen, dass sich Ihr Essverhalten verändert hat oder dass Sie nur bestimmte Dinge essen können. Wenn Sie mit Freunden essen gehen, so informieren Sie sie, dass Sie nur noch einen Hauptgang essen werden.

Arbeiten Sie alle möglichen Szenarien aus, die Ihrem Ziel gefährlich werden können. Auf diese Weise mindern Sie das Risiko, in einer derartigen Situation erneut die Kontrolle über Ihr Essverhalten zu verlieren.

Rauchen

Nikotin ist in allen westlichen Industrieländern neben Alkohol das am weitesten verbreitete legale Suchtmittel. Jeder vierte erwachsene Deutsche raucht, und 70 bis 80 Prozent der Raucher sind nikotinabhängig.

Dass der dauerhafte Konsum von Tabak, Drogen und/oder Alkohol die Gesundheit schädigt, muss an dieser Stelle wahrscheinlich nicht mehr eigens betont werden. Doch wenn ein Mensch abhängig von Nikotin, Drogen oder Alkohol ist, ist er rationalen Argumenten nicht mehr zugänglich und kann sein Verhalten nicht mehr durch bloße Willenskraft kontrollieren. Wie in bestimmten Fällen das Übergewicht ist auch die Abhängigkeit von Nikotin, Drogen oder Alkohol symptomatisch für etwas Tieferliegendes

Wo es jemandem gelingt, aus reiner Willenskraft ein Suchtverhalten abzustellen, lässt sich häufig eine Verlagerung der Ursprungssucht auf etwas anderes beobachten. So berichten viele ehemalige Raucher, dass sie nun statt Zigaretten jede Menge Süßigkeiten konsumieren. Dies erklärt sich daraus, dass das eigentliche, unter der Sucht liegende Problem nicht gelöst wurde.

Wie sieht es bei Ihnen in puncto Nikotin aus? Beantworten Sie die folgenden Fragen – die Auflösung finden Sie gleich im Anschluss.

Wie ist Ihr Umgang mit Nikotin?

1. Ich besuche Restaurants/Bars, ...

a) ... in denen nicht geraucht wird.

b) ... in denen das Rauchen in Nebenräumen möglich ist.

c) ... in denen das Rauchen erlaubt ist.

2. In Kombination mit Alkohol rauche ich ...
a) ... nicht.
b) ... meistens.
c) ... immer.

3. Wenn ich längere Zeit nicht rauchen kann, ...
a) ... macht mir das nichts aus.
b) ... werde ich zapplig.
c) ... dreht sich irgendwann alles nur noch um die nächste Zigarette.

4. Ich rauche...
a) ... nur in bestimmten Situationen.
b) ... seit ein paar Jahren.
c) ... seit meiner Jugend.

5. Stimulierende Genussmittel wie Kaffee, Energydrinks, Nikotin nutze ich ...
a) ... kaum oder nur in Maßen.
b) ... täglich bis zu einer bestimmten Dosis.
c) ... täglich in großen Mengen, ich achte gar nicht mehr darauf.

6. Unter Stress ...
a) ... versuche ich mich so gut wie möglich zu entspannen.
b) ... rauche ich mehr.
c) ... rauche ich leicht die doppelte Menge Zigaretten.

7. Ich konsumiere täglich ...
a) ... weniger als zehn Zigaretten.
b) ... mehr als 20 Zigaretten.
c) ... mehr als 30 Zigaretten.

8. Wie bald nach dem Aufstehen rauchen Sie Ihre erste Zigarette?

a) Erst einmal gar nicht; ich rauche erst später am Tag.

b) 30 bis 40 Minuten nach dem Aufstehen.

c) Schon fünf Minuten nach dem Aufstehen.

9. Auf welche Zigarette könnten Sie am schwersten oder gar nicht verzichten?

a) Auf alle.

b) Auf die Zigarette nach dem Essen.

c) Auf die erste Zigarette am Morgen.

10. Rauchen Sie auch, wenn Sie krank sind und es Ihnen schlecht geht?

a) Nein.

b) Ab und an.

c) Ja, natürlich.

Auswertung:

Welchen Buchstaben haben Sie am meisten gewählt?

A – Der Genießer

Sie genießen die stimulierende Wirkung des Nikotins in Maßen und wissen, wann es genug ist. Sie sind sich stets bewusst, dass Nikotin abhängig macht und der Gesundheit schadet, und achten darauf, nicht zu viel zu rauchen. Für den Fall, dass Sie sich auch die wenigen Zigaretten, die Sie konsumieren, gern abgewöhnen würden, lohnt es sich für Sie, den folgenden Abschnitt zu lesen.

B – Der Gefährdete

Bei Ihnen gibt es eine Tendenz zum Suchtverhalten. Das Nikotin hat Sie schon ziemlich fest im Griff! Es wird Zeit, dagegen anzugehen!

C – Der Süchtige

Sie sind ganz klar abhängig. Ihr Alltag ist von Ihrer Nikotinabhängigkeit, möglicherweise auch von weiteren Abhängigkeiten geprägt. Un-

ternehmen Sie rasch etwas dagegen, bevor Ihre Gesundheit und Ihr Leben noch ernsthafter beeinträchtigt werden.

Ebenso gut wie über die schädlichen Auswirkungen des Rauchens wissen wir zumeist auch darüber Bescheid, dass es gar nicht so einfach ist, damit aufzuhören. Unser Körper reagiert auf Nikotinentzug mit allerlei unangenehmen Begleiterscheinungen. Als Sie angefangen haben zu rauchen, gab es dafür wahrscheinlich einen konkreten Grund. Inzwischen pocht Ihr Körper auf diese Gewohnheit. Er braucht seine tägliche Dosis Nikotin.

Wahrscheinlich haben Sie – wie die meisten anderen Raucher – schon den einen oder anderen Entwöhnungsversuch hinter sich. Nachhaltig mit dem Rauchen aufzuhören klappt jedoch in der Regel nur, wenn man an der Ursache arbeitet. Die Rückfallquote von Rauchern, die ohne Hilfsmittel den Entzug antreten, liegt bei 97 Prozent. Auch Jahre nach dem körperlichen Entzug kann die psychische Abhängigkeit weiter bestehen.

Zu den gesundheitlichen Auswirkungen des Rauchens gehören unter anderem

- Atemwegserkrankungen,
- ein zehnfach erhöhtes Risiko, an Lungenkrebs zu erkranken,
- ein sechsfach erhöhtes Risiko für COPD (eine chronisch-obstruktive Lungenkrankheit),
- nachweisbare Schäden an allen inneren Organen,
- Herzerkrankungen,
- Depressionen,
- Gefäßerkrankungen.

Nach den Erfahrungen aus meiner Praxis gibt es vier Hauptursachen für das Rauchen. Die meisten Menschen beginnen im Teenager- oder im jungen Erwachsenenalter damit. 82 Prozent aller Raucher geben an, vor dem 18. Lebensjahr mit dem Rauchen begonnen zu haben. In dieser Lebensphase werden durch das Rauchen alterstypische Defizite und Ängste kompensiert. Aber auch später im Leben hat der Wunsch nach einer Zigarette viel mit den Themen Selbstwert und Minderwertigkeitsgefühlen zu tun.

Hier die maßgeblichen Motive, aus denen Menschen zur Zigarette greifen:

- Aus dem Wunsch heraus, dazuzugehören, Teil einer Gruppe zu sein. Raucher bilden weltweit eine Gemeinschaft, man kommt ungezwungen ins Gespräch, teilt eine Gewohnheit.
- Aus dem Bedürfnis heraus, erwachsen und cool zu sein. In jungen Jahren ist der Griff zur Zigarette ein Ausdruck der Sehnsucht nach Souveränität und Stärke.
- Aus dem Bedürfnis heraus, sich gegen die Eltern und/oder als zu eng empfundene Konventionen aufzulehnen. Durch Rauchen wird das enge Normenkorsett gesprengt, man fühlt sich kraftvoll, rebellisch und wichtig.
- Aus dem Wunsch nach Halt/Beruhigung und Sicherheit heraus. An einer Zigarette kann man sich wunderbar festhalten. Die Gewohnheit strukturiert den Tag, gibt Stabilität und Ruhe.

Schauen Sie sich die Notizen zu Ihrer Lebensgeschichte noch einmal genau an. Welche der genannten Punkte treffen auf Sie zu? Wenn Sie sie ausgemacht haben, können wir darangehen, Ihre persönliche Mesmerize-it-Therapie zu erstellen.

Ich beginne wie immer mit der Einstiegsfrage. Wie sollte sie passenderweise lauten? Die Fragen und auch die nachfolgenden Suggestionen und Visualisierungen sind in der »Ich- oder »Du«-Form formuliert, damit sie das Unterbewusstsein möglichst direkt erreichen.

- Was gibt mir das Rauchen?
- In welchen Situationen kann ich auf das Rauchen nicht verzichten?
- Warum brauche ich die Zigarette?
- Wer hat mich zum Rauchen gebracht?
- Was könnte es sein, das ich mit dem Rauchen zu kompensieren versuche?

Als Nächstes machen wir uns auf die Suche nach den Ursachen dafür, dass du rauchst:
- Öffne das Tor zu deinem Unterbewusstsein nun ganz weit. Du wirst in den nächsten Minuten die Ursache für deine Nikotinabhängigkeit vor Augen geführt bekommen.
- Dein Unterbewusstsein öffnet sich jetzt und ermöglicht dir Zugriff auf die Ursachen deiner Probleme und Unsicherheiten. Deine inneren Bilder, Gedanken, Filme werden immer deutlicher und klarer hervortreten.
- Suche die Ursache für dein Problem! In deinem individuellen Lebensspeicher ist alles aufgezeichnet, du musst es nur hervorholen.
- Setz dich auf eine Couch, nimm die Fernbedienung deines inneren DVD-Spielers und spule zurück zum Tag X, an dem du das jeweilige Problem zum ersten Mal erlebt hast.
- Tauche ein in deinen Erinnerungsspeicher: Wann hast du das Problem zum ersten Mal erlebt, das Gefühl zum ersten Mal gefühlt? Lass dich einfach fallen und lass zu, dass dein Thema jetzt gelöst wird.

Ich gebe dir nun folgende Suggestionen:
- Ich bin frei von der Sucht, von Zigaretten. Ich entscheide ab sofort, was gut für mich ist.
- Ich will gesund und leistungsfähig durch mein Leben gehen.

- Mein Verlangen nach Zigaretten (wahlweise auch: nach Drogen aller Art) ist verschwunden.
- Ich übernehme ab sofort die Kontrolle über mein Leben, meine Rauchgewohnheiten.
- Rauchen ist zerstörerisch und gehört meiner Vergangenheit an.
- Ich bin es mir wert, gesund und leistungsfähig zu sein.
- Tag für Tag werde ich leistungsfähiger, freier, unabhängiger von äußeren Umständen.
- Ich achte und schütze meinen Körper ab sofort vor der Beeinträchtigung durch Gifte.
- Meine Gesundheit und mein Körper stehen ab sofort an erster Stelle.
- Ich bin selbstbewusst, frei, kraftvoll und selbstbestimmt – ohne Abhängigkeiten.

Du hast dich entschieden, ab sofort mit dem Rauchen aufzuhören, deinem Leben und deiner Gesundheit etwas Gutes zu tun. Im nächsten Schritt kannst du die folgenden Visualisierungen als Werkzeug nutzen, um rauchfrei zu werden.

Hinweis: Zum Erstellen des persönlichen Mesmerize-it-Hörbuches nehmen Sie die Induktion sowie die erste und zweite Vertiefung aus Kapitel 5 auf. Dann wählen Sie aus den folgenden Seiten die Visualisierungen aus, die zu Ihnen passen, und sprechen sie ebenfalls auf.

Der Rauchfrei-Schalter

Du bist ganz ruhig, kraftvoll, frei und unabhängig. In dieser wunderbaren, tiefen Ruhe hast du alles, was du brauchst. Das Rauchen wird damit für dich überflüssig. Du trägst alle notwendigen Lebenskräfte in dir und kannst die Angewohnheit des

Rauchens ab sofort wieder ablegen. Jede Angewohnheit, die man angenommen hat, kann man auch ganz unkompliziert wieder ablegen! Dies schaffst du ganz einfach mit Ruhe, Gelassenheit und Ausdauer. Du hast dich entschieden, ab sofort rauchfrei zu sein, unabhängig von Zigarette, Zigarre und Pfeife zu leben, den gesunden Weg zu gehen.

Du stehst gerade an einer wichtigen Weggabelung deines Lebens. Wenn du die rechte Abzweigung wählst, den Weg, deine Gesundheit weiterhin durch das Rauchen stark zu beeinträchtigen, so wird dein Leben grau, kalt, leblos und zerstörerisch. Die linke Abzweigung hingegen steht für ein rauchfreies Leben. Dieses Leben ist bunt, warm, vielseitig, abwechslungsreich und gesund. Stell dich genau an diese Weggabelung deines Lebens. Welchen Weg möchtest du einschlagen?

Wenn du den linken Weg wählst, entscheidest du dich für ein gesundes, frisches und freies Leben. Du gibst dich ganz dem Reichtum und der Erfülltheit dieses neuen Lebens hin. Du bist frei von Problemen und Ängsten, du lauschst in dich hinein und erlebst einen Zustand, den du mit Hilfe von Nikotin noch nie erreicht hast. Du kannst diesen schönen, gesunden Zustand nun jederzeit wieder erleben, frei von Sorgen und Problemen, frei von unangenehmen, tödlichen Nebenwirkungen. Du liebst und achtest deinen Körper, deshalb tust du ab heute nur noch Dinge, die dir und deinem Körper guttun, die dich gesund erhalten. Du weißt sehr gut, dass Zigaretten nicht schmecken, dass sie deine Gesundheit ruinieren, deine Leistungsfähigkeit stark beeinträchtigen und dein Leben verkürzen.

Ich möchte, dass du zurückgehst zu dem Tag, an dem du deine erste Zigarette geraucht hast. Dazu zähle ich jetzt von drei rückwärts: Drei … zwei … eins … bist du bei deinem ersten Nikotinkonsum angelangt? Rauche noch einmal mit allen Sinnen deine erste Zigarette und spüre, was sie mit dir macht … der

Rauch in deinem Mund fühlt sich irgendwie eklig an, er raubt dir den Atem. Sobald der Rauch in deine Lunge gelangt, musst du husten, dein Körper wehrt sich vehement gegen diese Zerstörung. Dein Gleichgewichtssinn versagt, dir wird schwindlig; deine Zunge ist belegt, und du hast den ganzen Tag diesen unangenehmen Geschmack im Mund – ganz abgesehen von dem typischen Raucheratem, der daraus entsteht. Und all das soll erstrebenswert sein? Rauche bitte diese erste Zigarette nochmals und spüre dich intensiv in all diese negativen Empfindungen hinein. Sobald du den Ekel, das Gefühl des Schwindels und den Würgereiz erneut verspürst, halte das Gefühl mit Daumen und Zeigefinger der rechten Hand fest und verankere es damit. Halte es richtig fest!

Geh nun bitte erneut in die Situation und schau dir ganz genau an, was die erste Zigarette mit deinem Körper gemacht hat. Spüre, wie sich alles in deinem Körper wehrt, wie er den Rauch durch Husten und Würgen loszuwerden versucht. Wie dir schlecht wird oder du sogar Durchfall bekommst. Sobald du diese Reaktionen wahrgenommen hast, halte diese Empfindung erneut mit Daumen und Zeigefinger der rechten Hand fest.

Halte nun für eine kurze Zeit inne und gönn dir ein paar tiefe, entspannte Atemzüge.

Du hast nun an deiner rechten Hand den Rauchfrei-Schalter installiert. Immer dann, wenn dich in Zukunft die Lust nach einer Zigarette packen sollte, drückst du Daumen und Zeigefinger der rechten Hand zusammen und schaust, was passiert. Du hast jetzt das ungute Gefühl, das die erste Zigarette bei dir körperlich ausgelöst hat, fest verankert.

Gehe nun gedanklich in eine Situation, in der du dich nach einer Zigarette sehnst. Kurz bevor sie deine Lippen berührt und du sie anzündest, drücke bitte den Rauchfrei-Schalter und schau, was passiert …

Es wird dir übel, du ekelst dich vor der Zigarette, oder? Der Schalter wirkt! Du kannst ab sofort nikotinfrei leben, weil du das Wissen darum, wie diese Droge dich und deine Gesundheit zerstört, fest in dir verankert hast und jederzeit abrufen kannst.

Sprich bitte die folgenden Aussagen zehnmal laut nach:

- Ab sofort bin ich rauchfrei, weil es gut für mich und meinen Körper ist.
- Jedes Mal, wenn ich zu einer Zigarette greife, drücke ich den Rauchfrei-Schalter, und mein Bedürfnis verschwindet binnen Sekunden.
- Es ist ein wunderbares Gefühl, rauchfrei zu sein. Ich genieße jeden Tag!

Rauchstopp in 30 Minuten

Jeder Atemzug, den du tust, lässt Sauerstoff durch alle Adern fließen. Dieser Sauerstoff flutet deinen Körper mit frischer Energie. Du spürst, wie sich deine Bronchien, deine Lunge weiten und immer mehr Sauerstoff durch deinen Körper fließt. Dieser Sauerstoff reinigt deinen ganzen Körper. Du fühlst dich mit jedem Atemzug freier, fitter, beweglicher, selbstsicherer, gesünder.

In jeder freien Minute, jeder Pause überkommt dich das Bedürfnis nach frischer, klarer, reinigender Luft. Du kannst sie überall bekommen, es kostet dich nur ein paar Sekunden deiner Zeit, und du spürst, wie die klare, reine Luft durch deinen ganzen Körper fließt und dich freier und freier macht.

Du möchtest möglichst lange gesund und leistungsfähig sein, deshalb brauchst du deinen Körper frisch und knackig. Du möchtest deinem Körper ab sofort nicht mehr schaden. Du bist erwachsen, fühlst dich sicher und ganz bei dir selbst geborgen. Du weißt, wie stark du bist und dass Zigaretten und Nikotin ab sofort der Vergangenheit angehören. Du spürst, dass du getrost darauf verzichten kannst. Du spürst, wie stark du innerlich und äußerlich bist. Du fühlst diese Stärke in deinen Armen, in deinen Beinen, in deinem Rumpf, in deinem Inneren. Nichts kann dich mehr erschüttern, du bist ganz bei dir und ruhst in dir.

Rauchen ist Schwachsein, es ruiniert deine Gesundheit, schwächt deine Kondition, führt deinem Körper Gifte zu, macht ihn gebrechlich und tötet ihn auf Raten. Du hast dies erkannt, bist clever und nutzt die Hunderte von Euros, die du nicht mehr für Zigaretten ausgibst, ab sofort für dich oder tust Gutes damit. Du hast ab heute die Möglichkeit, das Richtige zu tun, auf dich zu achten, in dich hineinzuspüren, deine Gesundheit zu erhalten! Atme die klare, frische Luft ein und spüre, wie es dir von Atemzug zu Atemzug besser geht, du jede Zelle deines Körpers von Unrat befreist und stattdessen Freude, Gesundheit und Glück säst.

Denk an den Gestank der Zigaretten, diesen aufdringlichen, beißenden Geruch, der sich in deinen Haaren, deiner Haut, deinen Fingernägeln, die sich schon gelb färben, festsetzt und auch noch Stunden nach der letzten Zigarette von allen wahrnehmbar ist. Rieche mal bewusst in deine Gardinen, deine Kleidung, dein Sofa hinein – auch hier hat sich dieser unangenehme, beißende Geruch festgesetzt. Schau dir die gelb verfärbten Wände in deiner Wohnung an. Jeder, der zu dir kommt, weiß sofort, was hier los ist, kennt deine Schwäche. Willst du das wirklich? Du hast es nicht mehr nötig zu rauchen, du bist sicher, stark und selbstbewusst; alles, was dich einst belastet hat, warum du zur Zigarette gegriffen hast, ist nun verschwunden, hat keinen Einfluss mehr auf dich!

Weißt du eigentlich, was du da bislang geraucht hast, für was du so viel Geld ausgegeben hast? Für einen Berg alter Tabakblätter! Sie sind mindestens zwei bis drei Jahre alt, bevor sie verpackt werden. In den gelagerten Tabakblättern befinden sich Rattenkot, Ameisen, Spinnen, Käfer, Schaben und viele andere Parasiten. Ihre Überreste atmest du mit dem heißen Rauch in die Lunge ein, bringst sie in deinen Körper. Mit jedem Lungenzug beförderst du über 4000 krebserregende Stoffe in deinen Körper. Nikotin, Kohlenmonoxid und Teer verengen deine Blutgefäße, verschlechtern deine Kondition, verursachen Atemprobleme und Raucherhusten. Ist dir klar, wie paradox das ist? Du nimmst etwas zu dir, was dich viel Geld kostet und dich auf Dauer kaputtmacht, deine Gesundheit ruiniert. Spüre, wie sich deine Blutgefäße verengen, dein Brustkorb, der sich nicht mehr voll ausdehnen kann. Deine verklebte Lunge versucht sich durch Husten zu befreien, beim Treppensteigen bist du ruckzuck außer Atem. Spüre, wie der krebserregende Qualm durch deine Mundhöhle streicht, sich auf der Zunge, den Zähnen, der Mundschleimhaut absetzt. Dein Zahnfleisch wird anfällig für Entzündungen und zieht sich zurück. Deine Kieferknochen werden geschädigt und schrumpfen, deine Zähne verlieren ihren Halt und werden über kurz oder lang ausfallen. Der Teer lagert sich auf den Zähnen ab und färbt diese unschön ein. Der Tabakrauch lagert sich zudem auf den Schleimhäuten des unteren und oberen Atemtraktes ab, was einen unangenehmen Raucheratem zur Folge hat. Du riechst aus dem Mund, egal was du machst. Die Menschen weichen angewidert vor dir zurück.

Wofür möchtest du dich mit alledem bestrafen? Du bist ein starker, lebenslustiger, offener Mensch, der ab heute sein Leben selbst in die Hand nehmen wird. Mit dem Rauchen willst du von nun an nichts mehr zu tun haben, denn Zigaretten sind jetzt überflüssig für dich, sie lassen dich kalt. Nichts und niemand kann dich mehr überzeugen, eine Zigarette zu rauchen. Du verzichtest ab sofort auf Teer, Nikotin, Arsen, tote Insekten und die Schwere im Körper, die Zerstörung deiner Atemwege, deiner Lunge, die schnelle Hautalterung, das sich zurückziehende Zahnfleisch, deine schlechte Kondition, die Erektionsprobleme, die Vergiftung deines Körpers auf Raten. So etwas willst du nicht mehr haben! Spüre, wie alt und verbraucht sich dein Körper anfühlt. Dein Rauchverhalten ist weder sexy noch erwachsen. Jeder sieht dir die Zerstörung deines Körpers an. Niemand würde sich selbst freiwillig so zerstören. Jeder sieht, wie unzufrieden du bislang mit dir selbst warst. Warum tust du dir das an? Du hast nichts verbrochen. All das ist ab heute vorbei! Du hast dich für ein gesundes, erfülltes, selbstverantwortliches Leben entschieden.

Ab heute schwitzt du die Schadstoffe einfach aus deinem Körper heraus, normalisierst deinen Blutdruck, deinen Herzschlag, steigerst die Sauerstoffmenge in deinem Blut und damit deine Kondition, verringerst das Risiko für einen Herzinfarkt, wirst den Schleim in deiner Lunge los, kannst besser durchatmen, festigst deine Zähne, eliminierst den Mundgeruch, bist fitter, leistungsfähiger, ruhiger, gelassener und verfügst über eine unglaubliche Energie. Du wirst von Tag zu Tag jünger und gesünder aussehen.

Fang an, dich selbst zu finden, dich selbst zu akzeptieren. Spüre, wie stark, sicher und leistungsfähig du bist. Ab diesem Moment gehört das Rauchen mit all seinen negativen Begleiterscheinungen deiner Vergangenheit an. Atme es einfach mit jedem Atemzug aus … Achte darauf, wie dir die Menschen näherkommen, wie sie sich von dir als Mensch und deinem sauberen Körpergeruch angezogen fühlen. Du bist erfolgreich, lässt die Ängste hinter dir, weißt, was du kannst, musst niemandem etwas beweisen.

Du spürst die jahrelange tägliche Dosis Gift in deinem Körper, in deiner Brust, deine Lunge, deinen Beinen – möchtest du dich weiter ruinieren, deinen körperlichen Verfall weiter beschleunigen? Nein, das möchtest du nicht! Ab heute ist Schluss mit der Selbstzerstörung, mit der Zufuhr von reinem, ekelerregendem Gift, minderwertigem Abfall, der dir für viel Geld angepriesen wird und dir vorgaukelt, cool, souverän und erwachsen zu sein – in Wirklichkeit entmündigt die Abhängigkeit dich, macht dich schwach und verletzlich und am Ende krank.

Nimm gedanklich einen letzten Zug von deiner Zigarette. Spüre noch einmal, wie dieser Zug dir den Atem raubt, wie die Gifte in deine Bronchien, deine Lunge, deine Arterien gelangen, wie du dich binnen Minuten schlapp und elend fühlst, wie deine Geschmacksnerven ruiniert werden. Wenn du so weit bist, dich vom Rauchen endgültig zu verabschieden, knülle die noch verbliebene Zigarettenpackung zusammen und wirf sie so weit weg, wie du kannst. Spüre, wie sich Freiheit und Leichtigkeit in deinem Körper breitmachen. Ist es nicht wunderbar, so frei zu sein, Lösungen statt Blockaden zu leben? Zu wissen, dass du gut bist, wie du bist, dass du etwas kannst, dich wohl in deinem Körper fühlst? Spüre mit jedem Atemzug, wie wertvoll und gut du für diese Welt bist. Fühle dich wohl in deiner Haut, genieße die Vorstellung, wie gesund und regeneriert dein Körper schon in wenigen Wochen sein wird. Wie die Leistungsfähigkeit, die Energie, der gute Geschmack im Mund zurückkommen und dich zu Höchstleistungen motivieren.

Nimm dir ein Glas reines, frisches Wasser und begib dich nach draußen, atme die wundervolle klare, reine, frische Luft ein, lass sie durch deinen Körper fließen und spüle die Schadstoffe mit einem Schluck reinen Wassers aus deinem Körper hinaus. Du bestimmst ab sofort, was du willst und was du brauchst. Du brauchst niemandem mehr etwas zu beweisen: Du weißt, was du kannst, und auch, was du noch alles erreichen kannst. Alles ist schon da, ist in dir, du musst nur darauf zugreifen. Du bist sicherer als bisher, bist selbstbewusst, bist gesund. Das Leben ist wertvoll, jeder reine, klare Atemzug ohne Teer, Nikotin, Arsen ist wertvoll. Du bist so reich, so wertvoll. Du bist eine Persönlichkeit, ein selbstbewusster, selbständig denkender und handelnder Mensch. Du fühlst dich wohl in deinem Körper, fühlst dich sicher und selbstbewusst. Frei – du bist frei! Atme tief ein und spüre die frische, klare Luft, spüre den Stolz, der durch dich hindurchfließt. Du bist rauchfrei!

Mit dem gesparten Geld tust du dir und anderen Gutes, genießt dein Leben. Deine Wohnung riecht gut und ist frei von Schadstoffen. Du gehst sicher, selbstbewusst, ausgeglichen, ganz ohne Abhängigkeiten durchs Leben. Spüre es, wenn du in die Natur gehst, wenn du tief ein- und ausatmest. Du kannst dich jetzt komplett neu orientieren, du bist offen, frei, konzentriert. Tief in deinem Inneren erkennst du deinen Wert, bist ohne Ballast und stress- und rauchfrei! Du bist jetzt Nichtraucher, mit jeder Zelle deines Körpers weißt und fühlst du das. Es war ganz alleine deine Entscheidung, mit dem Rauchen aufzuhören. Egal, ob alle anderen in deinem Umfeld rauchen oder dich für deine neuen Grundsätze verspotten, du lehnst jede angebotene Zigarette ab, denn du bist frei und hast dich für deine Gesundheit, für ein starkes, lebenswertes Leben entschieden. Du bist nun nikotin-befreit und genießt ein wunderbares, unabhängiges Leben!

Der richtige Weg

Stell dir vor, du bist an einem wunderbaren Ort deiner Wahl: an einem weißen Sandstrand mit türkisblauem Wasser oder auf einem Berggipfel mit kühler, klarer Luft und phantastischer Fernsicht, auf einer erdig duftenden Waldlichtung mit Vogelgezwitscher, auf einer bunten Blumenwiese mit wunderschönen

Schmetterlingen. Die Sonne scheint und wärmt mit ihren Strahlen deinen ganzen Körper. Du fühlst dich geborgen, leicht und bist voller Bewunderung für die Szenerie, die sich vor deinen Augen abspielt. Nichts kann dich aus der Ruhe bringen, fasziniert beobachtest du die Farben, die Umgebung um dich herum, atmest die wunderbaren, vielseitigen Gerüche ein. Du stehst auf, um die Gegend genauer zu erkunden. Dabei nimmst du den Boden unter deinen Füßen ganz bewusst wahr. Du realisierst, wie du mit dem Untergrund verbunden bist, wie sich die Erde, das Wasser oder der Sand unter deinen Füßen bewegt. Mit jedem Schritt, den du gehst, fühlst du dich frei, unbeschwert, locker, selbstbewusst und ganz bei dir. Du fühlst dich unabhängig, frei von Sorgen, Belastungen und Problemen. Du atmest die frische, klare, wohltuende Luft ein. Der Sauerstoff versorgt jede Faser deines Körpers mit frischer Energie und Klarheit. Mit jedem Atemzug bekommst du mehr und mehr Energie, fühlst dich freier und freier. Du erlebst eine vollkommene innere Ruhe und Harmonie; nichts und niemand kann dich aus der Ruhe bringen. Mit jedem Atemzug wirst du gesünder, fühlst dich besser und machst dich unabhängiger von anderen Menschen und schlechten Gewohnheiten.

Du kommst nun an eine Weggabelung und entscheidest dich für die rechte Abzweigung. Dort kommen dir viele Menschen mit hängenden Schultern, faltigen Gesichtern, stinkendem Atem, gelbstichiger Haut und gelblich eingefärbten Fingernägeln entgegen. Mit jedem Schritt, den du auf diesem Weg gehst, wirst du mehr und mehr von stinkendem, grauem Qualm eingehüllt. Du hast keine Chance, ihm auszuweichen, und nimmst ihn mit jedem Atemzug in deinen Körper auf. Du spürst, wie der Qualm sich in dein Zahnfleisch, deine Schleimhäute setzt, wie er sich brennend seinen Weg durch deine Speiseröhre bahnt, die Flimmerhärchen deiner Lunge verklebt, dein Herz schneller schlagen lässt und die Blutgefäße verengt. Alle Menschen, die du um dich herum wahrnimmst, rauchen. Sie können sich kaum auf etwas anderes konzentrieren, sind vollkommen mit sich selbst, ihrer Sucht und ihrem körperlichen Verfall beschäftigt. Du bist in einer grauen, leblosen, dumpfen Welt gelandet. Du nimmst wahr, dass deine gesamte Kleidung, deine Haare, deine Haut nach Rauch stinken. Es fühlt sich an, als wenn du gleich ersticken müsstest, du sehnst dich so sehr nach reiner, klarer Luft. Du atmest noch tiefer ein in der Hoffnung, an frische, klare Luft zu gelangen, aber dies gelingt dir nicht. Das Atmen fällt dir von Minute zu Minute schwerer. Du spürst regelrecht, wie das Nikotin deine Blutgefäße zusammenzieht, so dass du immer müder und antriebsloser wirst. Du fühlst, wie das Kohlenmonoxid deine Kondition beeinträchtigt. Deine Körperspannung lässt von Minute zu Minute nach, und du sackst regelrecht in dich zusammen. Du nimmst wahr, wie der Teer sich in deiner Lunge, deinen Bronchien festsetzt und sie verstopft. Du musst husten, um den festgeklebten Teer loszuwerden. Du spürst, wie die Spannkraft deiner Haut nachlässt und diese runzlig und ohne Elastizität um deinen Körper hängt.

Es ist, als ob du 40 Zigaretten gleichzeitig rauchen müsstest. Dein Mund fühlt sich wie ein riesiger Aschenbecher an. Du bekommst einen tauben, pelzigen Geschmack in deinem Mund. Dein Zahnfleisch weicht zurück, wird schlechter durchblutet. Deine Kieferknochen schrumpfen, und so verlieren nach und nach deine Zähne ihren Halt. Deine Zunge zieht sich zusammen, sie fühlt sich an, als würde sie wie ein Schwamm zusammengepresst. Der Geschmack der Zigaretten und der Rauch sind unerträglich. Es ist das Widerlichste, was du je zu dir genommen hast. Du spürst, wie dieser Rauch in deinen Körper eindringt, hin und her gewirbelt wird, sich in jede Pore, jede Faser deines Körpers setzt. Du fühlst auch, wie sich dein Herz zusammenkrampft, weil es zu wenig Sauerstoff erhält, wie deine Blutgefäße beschädigt werden, dein Blut nicht mehr gut fließen kann, du schlapp, müde und energielos wirst. Egal, wohin du schaust, du siehst nur diesen grauen Rauch, der alles Leben in deinem Körper und im Körper der anderen Menschen zerstört. Du arbeitest dich mit letzter Kraft weiter und weiter in der Hoffnung, diesen Weg verlassen zu können, endlich wieder durchatmen zu können.

Du wirfst die Zigaretten weg, weit weg aus deinem Leben. Du willst diesen Gestank, diese Atemnot, diese gesundheitlichen Beeinträchtigungen nicht länger in deinem Leben haben. Keine Unruhe mehr, kein Festhalten an der Zigarette, keine Belastungen mehr. Deine Gesundheit, dein Wohlbefinden stehen ab jetzt an erster Stelle.

In Gedanken lässt du die Zigarettenwerbung der letzten Jahre in deinem Kopf Revue passieren. Gab es dort nicht lachende Cowboys, die gemeinsam durch die Prärie ritten, voller Lebenskraft und Energie? Menschen, die cool und hip waren, dazugehörten und jede Menge Freunde hatten? Lässige Motorradfahrer, die sich in der Pause eines Abenteuertrips eine leckere Zigarette gönnten? Feierndes Partyvolk, das das Leben genoss? Nein, das alles kannst du auf dem Weg, den du gerade gehst, nicht erkennen. Du und deine Mitstreiter sind phlegmatisch, husten um ihr Leben, sind zu sehr mit ihrer Sucht beschäftigt, um Partys veranstalten oder Freundschaften pflegen zu können. Statt in lachende, schöne und straffe Gesichter blickst du in leblose Fratzen mit grauer, faltiger Gesichtshaut – Visitenkarten eines gescheiterten Lebens. Mit einem Schlag wirst du dir bewusst, dass du diese Art Leben nicht weiterführen möchtest. Dass du wieder Lebensfreude haben möchtest, deinen Körper heilen willst, wieder frei, leistungsfähig und voller Energie sein willst. Tapfer kämpfst du dich durch den Rauchdschungel – du weißt, dass es irgendwo eine Weggabelung, die Chance auf einen Neuanfang ganz ohne Nikotin gibt. Du schleppst dich weiter und weiter; allmählich wird die Luft klarer, der Qualm schwächer. Begierig ziehst du die frische Luft in deine Lunge; du spürst, wie jeder Atemzug deinen Körper reinigt, deine Lunge, dein Herz, deine Bronchien gewissermaßen vor Glück jauchzen. Endlich frische Luft! Und wieder stehst du an einer wichtigen Weggabelung. Der Weg, der nach rechts abzweigt, führt dich erneut in eine stinkende, luftraubende Qualmwolke. Der linke hingegen erscheint sehr einladend. Viele Blumen stehen am Wegesrand, alles ist grün, leuchtende Farben erfreuen deine Augen. Es liegt nun an dir, ob du den stinkenden, lebenszerstörenden Weg weitergehst, dich weiter selbst zerstörst – oder ob du den linken Weg wählst, der bunt, lebendig, gesund, frei ist. Entscheide dich jetzt …

Herzlichen Glückwunsch! Du hast den richtigen Weg gewählt! Mit jedem Schritt, den du auf dem linken Weg gehst, fühlst du dich leichter, freier und entspannter. Mit jedem Atemzug lässt du belebenden Sauerstoff durch jede Faser deines Körpers strömen. Du fühlst dich kraftvoll, energiegeladen, frei! Endlich frei von stinkenden, zerstörerischen Zigaretten, von dem pelzigen, unangenehmen Geschmack in deinem Mund, frei von dem Druck in deiner Brust, dem unangenehmen Raucherhusten mit ekelhaftem Auswurf, frei von Atemlosigkeit und mangelnder Kondition. Mit jedem Schritt auf dem neu eingeschlagenen Weg bewunderst du die Farben, die schöne, vielseitige Natur, riechst die unterschiedlichen Düfte deiner Umgebung. Du wirst innerlich ruhiger, gelassener, bist ganz bei dir und hast entschieden, ab sofort nur noch Dinge zu tun, die dir und deinem Körper zuträglich sind. Du wirst deinen Körper ab sofort vor Nikotin und anderen schädigenden Substanzen schützen. Mit dieser Entscheidung bekommst du eine hohe Lebensqualität, innere Harmonie und die Gewissheit, dich und deinen Körper optimal zu versorgen. Dein Verlangen nach Zigaretten ist von einer Minute zur anderen verschwunden. Lass den wunderbaren Sauerstoff durch deinen ganzen Körper fließen. Durchflute jede Faser, jede Zelle deines Körpers mit dieser heilenden Substanz. Tag für Tag regeneriert sich dein Körper mehr und mehr. Dein Blutdruck und dein Herzschlag normalisieren sich, die Lunge befreit sich von Schleim und anderen Überbleibseln des Tabakkonsums, deine Blutgefäße erholen sich, deine Durchblutung normalisiert sich. Mit jedem Atemzug wirst du gesünder, fitter, leistungsfähiger, fröhlicher und beweglicher. Dein Verlangen nach stinkenden, schädlichen Zigaretten ist ein für alle Mal verschwunden. Du genießt deinen frischen Atem, deine wohlriechenden Haare und Kleider. Du bist Nichtraucher, bist konsequent abstinent und ekelst dich vor dem Rauch und dem Gestank der Zigarette. Rauchen gehört ab sofort einem früheren Leben an. Nichts und niemand kann dich dazu bringen, diesen neuen Weg je wieder zu verlassen. Egal, in welcher Situation – mit Freunden beim Aperitif, nach einem leckeren Essen, zum Kaffee –, es gibt keine Zigarette mehr für dich! Rauchen ist von nun an etwas Unangenehmes für dich. Nichts und niemand kann dich dazu bewegen, je wieder eine Zigarette in deinen Mund zu stecken. Dein neu eingeschlagener Weg führt dich in ein Paradies aus Gesundheit, Freude, Gelassenheit, Selbstbestimmtheit. Deine Sinneswahrnehmung ist geschärft, du nimmst viele Nuancen unterschiedlichster Düfte wahr, deine Geschmacksknospen explodieren regelrecht, wenn du frisches, gesundes, knackiges Obst und Gemüse zu dir nimmst. Deinem Körper steht mehr Sauerstoff zur Verfügung, du hast mehr Kraft, bist leistungsfähiger, kannst dich besser konzentrieren, fühlst dich freier, fitter, beweglicher. Gegen nichts auf der Welt möchtest du dieses wunderbare neue Lebensgefühl eintauschen!

Dein Verlangen nach einer Zigarette ist gleich null, der bloße Gedanke daran versetzt dich zurück auf den vernebelten, verhusteten, kaputten, kraftlosen Weg. Du genießt ab sofort die Zusammenarbeit mit deinem Körper, genießt die Ruhe, die Harmonie, die Selbstbestimmtheit, mit der du ab sofort durch dein Leben gehst. Nichts und niemand hat dich unter Kontrolle. Du entscheidest ab sofort, was deinem Körper wirklich guttut, was dich noch lange gesund und leistungsfähig erhalten wird. Spüre diese neue Einstellung bis in deine Zehenspitzen. Spüre diese unbändige innere Kraft, die dich von Kopf bis Fuß durchströmt. Du bist rauchfrei – ein für alle Mal rauchfrei! Nichts und niemand kann dich aus dieser Ruhe, aus dieser Gewissheit bringen. Du bist ein positiver Mensch, der noch möglichst lange im Vollbesitz seiner Kräfte und seiner Gesundheit sein möchte. Du bist frei, unendlich frei! Deine Lust auf Zigaretten ist endgültig abgehakt, schon der Gestank einer Zigarette stößt dich ab, dieses unangenehme Kratzen im Hals … du bist abstinent; nichts und niemand kann dich dazu bringen, je wieder eine Zigarette in die Finger zu nehmen. Du bevorzugst klare, reine Luft und klares, wohlschmeckendes Wasser, das deine Zellen nährt und deinen Körper von allen Schadstoffen befreit.

Du bist rauchfrei, frei von Belastungen, frei von Stress – alles fällt von dir ab.

Hinweis: Für Ihr eigenes Mesmerize-it-Hörbuch sprechen Sie, nachdem Sie die für Sie passenden Texte aus diesem Abschnitt aufgenommen haben, nun die Ausleitung aus Kapitel 5 auf.

Volitionscoaching: auf die eigenen Gedanken achten

Sie sind jetzt Nichtraucher und wollen dies auch für den Rest Ihres Lebens bleiben! Nun ist es wichtig, sich Strategien zu überlegen, wie Sie das Risiko eines Rückfalls minimieren können.

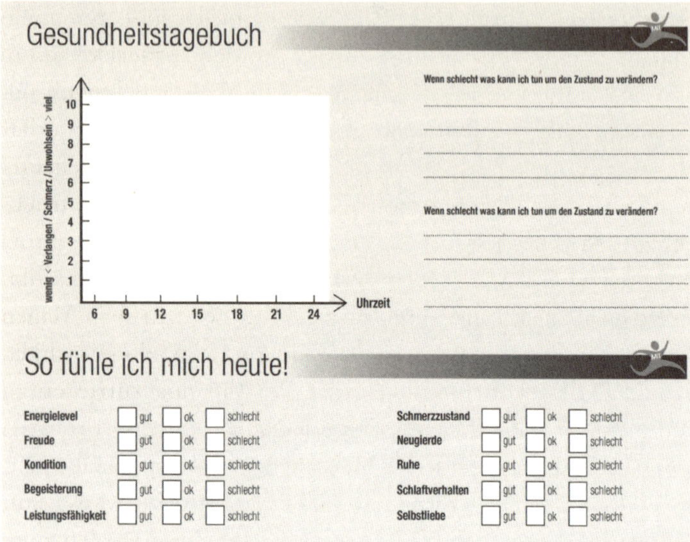

Machen Sie sich Tag für Tag bewusst, wie Sie der Selbstzerstörung und den tödlichen Gefahren des Rauchens entkommen sind. Der Tabakgenuss nutzt einzig und allein Tabakproduzenten und dem Staat. Sie sind die Gewinner dieses Spiels. Auch Ärzte und Pharmakonzerne profitieren von Ihrer Sucht. Der Verlierer sind, pardon: *waren* eindeutig Sie!

Zielfokussierung

Welche Ziele setzen Sie sich, jetzt, wo Sie rauchfrei sind? Vielleicht wollen Sie sportlich etwas erreichen, Ihre Joggingstrecke verlängern, an einem Marathonlauf teilnehmen? Oder Sie möchten mehr Zeit in der Natur verbringen? Wieder ganz gesund werden? Sich ab sofort einmal pro Woche etwas Gutes tun? Definieren Sie Ihre Ziele, wie Sie es in Kapitel 4 gelernt haben, ganz genau.

Was habe ich heute erreicht, was mich stolz macht?

Wie konnte ich heute Hand in Hand mit meinen Körper arbeiten?

Welche Fortschritte erziele ich?

Wie verändert sich mein Denken und mein Körper?

Highlight des Tages?

Das möchte ich morgen erreichen:

Emotions- und Stimmungsmanagement

Nehmen Sie ganz bewusst die Veränderungen Ihres Körpers, Ihrer Befindlichkeit wahr. Schreiben Sie eine Art Gefühls- und Gesundheitstagebuch. Beurteilen Sie Ihren Zustand anhand von Kriterien wie körperliche Befindlichkeit, Schmerzen, Atemlosigkeit, Kondition, Zustand der Haut, Energie, Leistungsfähigkeit, Gewicht (Muskel-, Wasser-, Fettanteil), Schlafverhalten, Nervosität/innere Ruhe, Geschmacksnerven, Riechfähigkeit, Stolz. Tun Sie dies zwei- bis dreimal pro Woche und schauen Sie sich genau an, was sich in Ihnen verändert. Wenn Sie Ihre Fortschritte schriftlich dokumentieren, können Sie sie sich wortwörtlich vor Augen halten – dies minimiert die Rückfall-Gefahr. Denn wer will schon freiwillig zurück in die Welt der Selbstzerstörung?

Vorausschauendes Krisen- und Lösungsmanagement

Sie sind nun rauchfrei! Dies verändert Ihren Alltag. Rauchpausen, die Sie mit anderen Menschen verbracht haben, fallen vor allem in den ersten Wochen komplett weg: Setzen Sie sich nicht freiwillig der täglichen Gefahr eines Rückfalls aus. Nach zwei bis drei Monaten wird es problemlos möglich sein, neben den rauchenden Freunden und Kollegen zu stehen, ohne das Bedürfnis nach einer Zigarette zu haben. Doch dies will gut überlegt sein, denn auch Passivrauchen stellt ein Gesundheitsrisiko dar. Der sogenannte Nebenstromrauch beinhaltet hochgiftige Substanzen wie Blausäure, Ammoniak, das Nervengift Nikotin und das Atemgift Kohlenmonoxid. Nutzen Sie also Ihre Pausen lieber, um frische, saubere Luft einzuatmen, im Idealfall verknüpft mit einem schönen Spaziergang im Wald oder Park. Nutzen Sie die Zeit, die Sie früher mit Rauchen verbracht haben, um ein Glas kaltes, erfrischendes Wasser zu trinken. Ihr Körper wird es zu schätzen wissen, denn es hilft ihm dabei, die Schadstoff-Rückstände schneller loszuwerden. Treffen Sie die Kollegen doch in Zukunft einfach auf einen Kaffee oder einen Tee und nutzen Sie diese gemeinsame Zeit bewusst.

Informieren Sie alle Freunde, Kollegen und Bekannten, dass Sie nun Nichtraucher sind. Lassen Sie sie wissen, dass Ihre Entscheidung unumstößlich ist und dass Sie nun ein gesundes, rauchfreies Leben führen möchten. Bitten Sie darum, dass man diese Entscheidung respektiert, ernst nimmt und Sie vor allem in den ersten Wochen nicht in Versuchung bringt. Vermeiden Sie es jedoch, andere zu »missionieren«. Jeder muss aus eigener Kraft zu dem Entschluss gelangen, mit dem Rauchen aufzuhören. Seien Sie einfach Vorbild und erzählen Sie Ihren Freunden und Kollegen von Ihren körperlichen Fortschritten, dann wird der eine oder andere sicher nachziehen. (Natürlich können Sie auch gerne die Mesmerize-it-Methode empfehlen …)

Überforderung, Burnout, Depression

Die Grenzen zwischen einer Überforderung, einem Burnout und einer Depression sind fließend. Mit einer leichten Überforderung, einem Gefühl des Drucks und des Unwohlseins, einer körperlichen und/oder seelischen Grenzüberschreitung beginnt alles. Vertieft sich dieser Zustand, kann er zu einem Burnout oder einer Depression werden.

Nach Expertenschätzungen leiden in Deutschland rund vier Millionen Menschen unter einer Depression. Neben den »offiziell« diagnostizierten Fällen dürfte es eine hohe Dunkelziffer geben, denn seelische Erkrankungen sind nach wie vor sozial stigmatisiert, so dass etliche Betroffene keine ärztliche Hilfe suchen, sondern versuchen, ihre Erkrankung selbst in den Griff zu bekommen. Zahlreiche Menschen glauben auch, an ihrer Depression oder ihrem Burnout selbst schuld zu sein. Dem ist in aller Deutlichkeit entgegenzuhalten: Nein, so ist es nicht. Genau wie bei jeder anderen Erkrankung gibt es auch bei Burnout und Depression zahlreiche krankmachende Faktoren, auf die die Betroffenen keinen Einfluss haben. Depressionen und Burnout sind kein Zeichen von Schwäche oder Versagen; niemand, der darunter leidet, sollte sich minderwertig fühlen. Und: Je früher Symptome und Risikofaktoren erkannt werden und professionelle Hilfe aufgesucht wird, desto besser kann der Burnout, die Depression behandelt werden.

Apropos Risikofaktoren: Lassen Sie uns zumindest einen davon doch einmal genauer in den Blick nehmen: die Stressresistenz. Auf den folgenden Seiten können Sie herausfinden, wie es um Ihren Umgang mit Stress bestellt ist. Lassen Sie sich durch negative Gedanken schnell herunterziehen, leiden Sie körperlich, oder können Sie Stress auch mal abschütteln wie einen Wassertropfen?

Wie stressresistent sind Sie?

Bitte kreuzen Sie bei den folgenden Aussagen diejenige Antwort an, die am besten zu Ihnen passt. Seien Sie dabei ehrlich mit sich selbst.

1. In der Hochsaison im Geschäft/Büro …

a) … leide ich sehr, bin fix und fertig und sehne die ruhigere Zeit herbei.

b) … schaffe ich mir ab und an Ruheoasen.

c) … laufe ich zu meiner Hochform auf.

2. Ich merke, dass ich am Anschlag bin, wenn …

a) … mein Körper streikt, ich dauernd erkältet bin, mit Spannungskopfschmerzen, Magen-Darm-Problemen oder Schlafstörungen reagiere.

b) … ich mich müde und erschöpft fühle.

c) … ich einen verstärkten Wunsch nach Ruhe verspüre.

3. In einer ruhigen Minute …

a) … kümmere ich mich um alles, was liegengeblieben ist.

b) … nehme ich mir etwas Zeit für mich.

c) … entspanne ich mich und denke nur an mich.

4. Neue Herausforderungen im Leben …

a) … gehe ich ängstlich und vorsichtig an.

b) … hinterfrage ich daraufhin, ob ich das leisten kann.

c) … gehe ich voller Freude und Neugierde an.

5. Die Erwartungen anderer Menschen …

a) … nehme ich sehr ernst und versuche sie zu erfüllen.

b) … schaue ich mir daraufhin an, ob sie erfüllbar sind.

c) … lasse ich an mir abprallen, ich folge meinem eigenen inneren Kompass.

6. Negatives Feedback ...
a) ... kränkt und verletzt mich.
b) ... schwächt mich nur so lange, bis ich es verarbeitet habe.
c) ... schaue ich mir aus einer gesunden Distanz heraus an.

7. Wenn ich viele Dinge gleichzeitig machen muss, ...
a) ... verzettele ich mich und werde nervös.
b) ... brauche ich Zeit, um mich innerlich zu ordnen.
c) ... erledige ich alles, ohne groß in Panik zu verfallen.

8. Urlaubsvorbereitungen für mich und meine Familie ...
a) ... stressen mich, weil ich nichts vergessen darf.
b) ... erledige ich nach To-do-Listen.
c) ... erledige ich aus dem Bauch heraus.

9. Wenn ich an meine Grenzen komme, ...
a) ... werde ich meist krank.
b) ... versuche ich, etwas zur Ruhe zu kommen.
c) ... erde ich mich und mobilisiere alle Energien, um alles Anstehende zu meistern.

10. Außergewöhnliche geistige und körperliche Belastungen ...
a) ... lassen mich an meine Grenzen kommen.
b) ... lähmen mich mitunter.
c) ... lassen mich lernen und haben mich zu der Persönlichkeit gemacht, die ich heute bin.

Auswertung

Zählen Sie die Punkte der jeweiligen Buchstaben zusammen. Alle A-Antworten bekommen je einen Punkt, alle B-Antworten zwei Punkte und alle C-Antworten drei Punkte. Auf wie viele Punkte kommen Sie insgesamt?

30–23 Punkte:

Herzlichen Glückwunsch! Sie gehören zu den Stressresistenten. Unter Stress laufen Sie zu Ihrer Hochform auf! Sie wissen ganz genau, was Sie an sich heranlassen können und wo Sie ablehnen müssen, um sich selbst zu schützen. Und Sie pflegen eine gute Work-Life-Balance, die es Ihnen ermöglicht, aus sich heraus Energien zu generieren und zu mobilisieren. Sie sind ein gutes Vorbild für Ihr Umfeld. Die nächsten Seiten können Sie problemlos überblättern.

22–15 Punkte:

Sie haben schon die ersten Schritte auf dem Weg zu einer guten Stressresistenz gemacht. Nun gilt es, noch ein Quentchen mehr in sich hineinzuspüren. Gönnen Sie sich bewusst Aus- und Verwöhnzeiten, bei denen Sie es sich einfach nur gutgehen lassen und Ihre innere Stimme zu Wort kommen darf. Auf diese Weise laden Sie Ihren Energie-Akku nach.

14 und weniger Punkte:

Sie müssen gut mit Ihren Energiereserven haushalten. Sind Sie aus der Balance, bringt Sie jede Veränderung, jede kleinste Abweichung vom Alltag aus dem Tritt. Dies kann dann auch durchaus körperliche Beschwerden wie Schlafprobleme oder Magen-Darm-Beschwerden zur Folge haben.

Beginnen Sie damit, auf sich zu achten, tun Sie einmal pro Woche etwas nur für sich! Tanken Sie auf bei einer Massage, beim ausgiebigen Sonntagsfrühstück im Bett, dem langen Spaziergang oder wonach auch immer Ihnen der Sinn steht. Verschaffen Sie Ihrer inneren Stimme wieder Gehör. Nutzen Sie die Mesmerize-it-Technik, um bei sich bleiben zu können.

Depressionen zählen in Deutschland zu den am meisten verbreiteten Krankheiten. Laut der Weltgesundheitsorganisation WHO sind mindestens fünf Prozent der deutschen Bevölkerung im Alter von 18 bis 65 Jahren betroffen. Auch der Burnout nimmt von Jahr zu Jahr zu. Man geht hier von ca. 4,2 Prozent Betroffenen in der deutschen Bevölkerung aus.

Bei beiden Erkrankungen besteht ein sehr hoher Leidensdruck. Die Lebensqualität der Betroffenen ist deutlich reduziert. Kennzeichnend ist oft ein Gefühl der Hilf- und Hoffnungslosigkeit, das so weit gehen kann, dass die Betroffenen nur noch den Wunsch verspüren zu sterben. Die wissenschaftliche Erforschung beider Krankheiten hat ergeben, dass Burnout und Depression nicht nur eine einzige Ursache haben, sondern durch das Zusammenwirken mehrerer Faktoren ausgelöst werden. Manche dieser Faktoren sind biologischer Natur, etwa wenn das Zusammenspiel bestimmter Botenstoffe im Gehirn gestört ist oder schon ein Elternteil an einer Depression litt. Andere Faktoren sind psychosozialer Art, etwa eine besonders belastende Lebenssituation. Menschen weisen darüber hinaus eine individuell verschiedene Vulnerabilität (Empfindlichkeit, Anfälligkeit) für die Erkrankung auf. Und sie gehen unterschiedlich mit Belastungen um. Individuell verschieden ausgeprägt ist auch die Neigung, sich in schwierige oder riskante Lebenssituationen zu begeben.

Was die psychologische Seite der Erkrankung angeht, so besteht in der Wissenschaft weitgehende Einigkeit darüber, dass es meist einen Auslöser für einen Zusammenbruch gibt: chronische Belastungen am Arbeitsplatz beispielsweise, eine schwierige Partnerschaft, belastende Lebensereignisse, ein traumatisches Erlebnis. Verschiedene psychologische Modelle versuchen die Entstehung einer Depression oder eines Burnouts zu erklären. Die »Verstärker-Verlust-Theorie« nach Peter Lewinsohn sieht das Wegfallen positiver, belohnender Konsequenzen des eigenen Verhaltens (z. B. durch Jobverlust oder Krankheit) als Ursache einer Depression. Martin Seligman erklärt die Erkrankung mit dem Konzept der »gelernten Hilflosigkeit«: Ein Mensch macht eine negative Erfahrung, gegen die er nichts tun kann. Er »lernt« durch diese Erfahrung, machtlos zu sein, und hat nicht mehr die Erwartung, bestimmte Situationen positiv beeinflussen zu können. Das kognitive Modell von Aaron T. Beck wiederum betrachtet negative Denkschemata als Ursache der Depression. Im Denken der Betroffenen gibt es logische Fehler wie z. B. Übertreibungen oder selektive Wahrnehmung. Daraus entwickeln sich bestimmte Grundannahmen, z. B. »Ich bin nicht erwünscht, ich werde nicht gesehen, alles Schlechte passiert mir«. Solche Überzeugungen steuern dann die Art und Weise, wie jemand sich selbst sieht und Erlebnisse bewertet. Nach Beck sieht ein an einer Depression erkrankter Mensch sich selbst, seine Zukunft, seine Umwelt in einem negativen Licht. Sein Bild von sich selbst und der Welt wird zu einem Zerrbild der Realität. Psychoanalytisch basierte Theorien sehen die Ursachen von Burnout und Depression vor allem in der Kindheit der Betroffenen, etwa in belastenden, problematischen Beziehungen zu Bezugspersonen.

Die Erfahrungen aus meiner Praxis bestätigen Elemente all dieser Ansätze. Beispielsweise erkenne ich in Seligmans Auffassung einer negativen Erfahrung, der man machtlos gegenübersteht, das ISE (Initial Sensitising Event) der Hypnosetheorie wieder. Sie erinnern sich sicher an die Ausführungen aus Kapitel 1.

Nach meiner Auffassung gibt es fünf emotionale Wunden, die uns als Kindern zugefügt werden können und die der Schlüssel für spätere Krankheiten wie Depression und Burnout sind:

1. *Verlustängste:* Wer in der Kindheit gelernt hat, dass man sich auf Erwachsene nicht verlassen kann, wer sich selbst überlassen, hilflos war, Ängste durchstehen musste, wird diese im Erwachsenenleben mit Überanpassung, Klammern, großem

Leistungsdruck kompensieren – alles Faktoren, die die Entstehung eines Burnouts oder einer Depression begünstigen.

2. *Ablehnung seitens der Eltern/Familie:* Das zurückgewiesene Kind erlebt viele schmerzhafte Situationen und bekommt das Gefühl, nicht wertvoll, nichts Besonderes zu sein. Im Erwachsenenleben versucht es dieses Defizit zu beheben, indem es doppelt so viel leistet wie andere – bis zur Erschöpfung.
3. *Permanente Demütigung und Kritik:* Wer dies in seiner Kindheit erlebt, entwickelt die Tendenz, sich selbst in hohem Maße über Leistung zu definieren. Solche Menschen versuchen meist, es allen recht zu machen, die Erwartungen anderer tadellos zu erfüllen. Sie tragen einen starken inneren Kritiker mit sich herum, der alles abwertet, was sie tun. Auch dies begünstigt das Entstehen von Burnout und Depression.
4. *Verrat und enttäuschtes Vertrauen* in der Kindheit führen dazu, dass der erwachsene Mensch ein grundsätzliches Misstrauen anderen gegenüber entwickelt. Daraus entstehen perfektionistische, kontrollierende Persönlichkeiten, die alles Getane mehrfach überprüfen und anderen Menschen stets mit einer negativen Erwartungshaltung entgegentreten. Auf Dauer kann dies zu einer Überbelastung führen.
5. *Ungerechtigkeit:* Wer in seiner Kindheit immer wieder erleben musste, wie andere ohne äußeren Grund bevorzugt wurden, wird Gefühle eigener Nutzlosigkeit und Dummheit entwickeln. Auch dies kann im Erwachsenenleben zu Perfektionismus und permanenter Überforderung durch eigene Ansprüche führen; es kann aber auch begünstigen, dass man sich dem Leben gegenüber als grundsätzlich macht- und hilflos empfindet.

Eine oder mehrere dieser fünf Kindheits-Verletzungen führen also dazu, dass ein Mensch sich entweder ständig selbst zu viel abverlangt und sich dadurch an den Rand der Erschöpfung bringt, oder dazu, dass er vom Leben ohnehin nichts Positives erwartet und in ständiger ängstlicher Anspannung verharrt. Äußere Erfahrungen, die die in der Kindheit gemachten Grunderfahrungen wiederholen (SSEs), führen dann zu einem Zusammenbruch: Der Betreffende erkrankt an Burnout oder Depression und kann sein bisheriges Leben nicht mehr weiterführen.

Wenn Sie nun an Ihr eigenes Leben denken und auch Ihre Aufzeichnung dazu aus Kapitel 2 noch einmal zur Hand nehmen: Erkennen Sie sich in einer oder mehreren der beschriebenen Konstellationen möglicherweise wieder? Sehen Sie sich die folgenden Einstiegsfragen an: Welche davon passt zu Ihnen? Natürlich können Sie auch selbst eine Frage formulieren, die noch besser passt. Ich wechsle bei den Fragen vom »Sie« zum »Du«, um Ihr Unterbewusstsein möglichst direkt anzusprechen.

- Was lässt mich an mir selbst zweifeln?
- In welchen Situationen verliere ich das Vertrauen in mich selbst?
- Warum spüre ich mich selbst nicht?
- In welchen Situationen höre ich meine innere Stimme nicht mehr?

Im nächsten Schritt kannst du dich jetzt auf die Suche nach den Ursachen deiner Muster begeben.

- Mach das Tor zu deinem Unterbewusstsein ganz weit auf. Du wirst in den nächsten Minuten die Ursache für deine wiederkehrenden Gefühle von Erschöpfung und Überforderung, für deine Depression oder Burnout-Erkrankung vor Augen geführt bekommen.
- Dein Unterbewusstsein öffnet sich jetzt und verschafft dir Zugriff auf die Ursachen deiner Probleme und Unsicherhei-

ten. Deine inneren Bilder, Gedanken, Filme werden immer deutlicher und klarer hervortreten.

- Suche die Ursache für dein Thema! In deinem Lebensspeicher ist alles aufgezeichnet, du musst es nur herausholen.
- Setze dich auf eine Couch, nimm die Fernbedienung deines inneren DVD-Spielers in die Hand und spule zurück zum Tag X, an dem du dein Problem zum ersten Mal erlebt hast.
- Tauche ein in deinen Erinnerungsspeicher: Wann hast du das Thema zum ersten Mal erlebt, das Gefühl zum ersten Mal gefühlt? Lass dich einfach fallen und lass es zu, dass dein Thema jetzt gelöst wird.

Du kannst dir dabei folgende Suggestionen geben:

- Ich bin ruhig und gelassen.
- Ich entscheide, was mich stresst und was ich an mich herankommen lasse.
- Ich bin unabhängig von anderen und höre auf meine Gefühle.
- Ich leiste das, was ich leisten kann.
- Stress und die Erwartungen anderer Menschen prallen an mir ab.
- Ich bin wertvoll und leiste in dieser Welt einen wunderbaren Beitrag.
- Ich höre auf meine innere Stimme und nehme das, was sie mir sagt, ernst.
- Allen Herausforderungen begegne ich mit Ruhe und Gelassenheit.
- Die Macht über mein Leben habe einzig und alleine ich.
- Ich begegne meinem Alltag voller Ruhe, innerer Sicherheit und Gelassenheit.

Die folgenden Visualisierungen kannst du als Werkzeug nutzen, um ruhig, stressresistent und gelassen zu werden.

Hinweis: Zum Erstellen des persönlichen Mesmerize-it-Hörbuches nehmen Sie die Induktion sowie die erste und zweite Vertiefung aus Kapitel 5 auf. Dann wählen Sie aus den folgenden Seiten die Visualisierungen aus, die zu Ihnen passen, und sprechen sie ebenfalls auf.

Falsche Etiketten

Zur Vorbereitung: Nimm dir Zettel und Stift und notiere deine zehn besten Eigenschaften – zehn Stärken, die dich auszeichnen. Es fällt dir schwer, deine Stärken zu benennen? Dann frage Menschen, die dir nahestehen und auf die du dich verlassen kannst, welche positiven Eigenschaften sie an dir sehen.

Entspanne dich nun mit jedem Atemzug mehr und mehr. In dieser tiefen Entspannung wird dir immer deutlicher klar, dass du dir selbst das Etikett der Überforderung, der Depression, des Burnouts angehängt hast. Du hast dich selbst als überfordert, nicht gut genug, nicht leistungsfähig genug, als depressiv, als schlecht, als minderwertig eingestuft. Dein eigenes Wertesystem hat dich dazu gebracht, schlecht von dir zu denken, dich selbst durch diese Etikettierung abzuwerten. Jedes Mal, wenn du über deine vermeintliche Schwäche im Leben nachdenkst, manifestierst du von neuem den Gedanken daran, dass mit dir etwas nicht stimmt. Du überträgst deine negative Meinung über dich selbst auf deinen ganzen Körper. Du bist das, was du zu sein glaubst! Du denkst, du seist zu nichts fähig, seist depressiv und lustlos – und genau diese Attribute lebst du dann auch. Du hast in der Vergangenheit das Etikett, nichts wert zu sein, nicht leistungsfähig zu sein, erhalten, jetzt wird es Zeit, dieses falsche Etikett abzureißen und eine neue Bewertung deiner Persönlichkeit zu finden. Dir ist klar, dass du in deiner Vergangenheit alles getan hast, um deinem Image, diesem Etikett gerecht zu werden.

Nun wird es Zeit für ein neues Etikett. Aus der depressiven, gestressten Person machst du jetzt eine leistungsfähige, stolze, selbstbewusste Persönlichkeit – ja, eine, die durchaus ihre Grenzen, aber eben auch unzählige wunderbare Seiten hat.

Stell dich vor einen Zauberspiegel. Dieser Spiegel holt nun deine schönen, besonderen Seiten hervor. Er zeigt dich strahlend, voller Energie, voller besonderer Fähigkeiten, einzigartig. Schau mal rein und versuche dich sattzusehen an dieser Sonnenseite deines Wesens. Sieh dich selbst voller Stolz, voller Selbstvertrauen, voller Kraft und innerer Ressourcen. Schau dich an und sieh die wunderbare Person, die gut ist, wie sie ist, die leistungsfähig ist, die anderen etwas mitgeben kann, die liebenswert ist, die geliebt und gemocht wird. Dir wird immer klarer, dass das negative Selbstbild, das du hast, auf der Basis bestimmter Erfahrungen in deinem Leben, die du vielleicht schon als Kind gemacht hast, von dir selbst geschaffen wurde. Und wenn man etwas selbst geschaffen hat, dann kann man es auch wieder ändern. Du hast jetzt die Chance, den alten Spiegel, der dich schwach, gestresst, leistungsunfähig gezeigt hat, zu zertrümmern. Mach den alten Spiegel kaputt; er zeigte eine verzerrte Wahrnehmung deiner selbst, die durch andere Menschen geprägt wurde, die nicht einmal im Entferntesten ahnten, was wirklich in dir steckt. Diese Menschen haben dir Dinge mitgegeben, die gar nichts mit dir zu tun hatten. Sie haben ihre eigenen Ängste, Sorgen, Nöte, Unsicherheiten, Erwartungen auf dich übertragen und dir das Gefühl gegeben, dass du nicht richtig bist, dass mit dir etwas nicht stimmt. Es wird Zeit, dass du all diese negativen Dinge, die in dich hineininterpretiert wurden, hinter dir lässt. Diese Wertungen – »Du bist zu langsam«, »Du bist zu dumm«, »Das schaffst du nicht«, »Du bist zu klein«, »Das ist zu schwer für dich«, »Warum kannst du nicht sein wie …« *(ergänze hier gerne von dir selbst erlebte Äußerungen)* –

lässt du an dir abprallen. Sie haben nichts mit dir zu tun, sie entstammen den Wertungen anderer Menschen. Es wird Zeit, deine eigenen Wertungen über dich aufzustellen.

Hast du den alten Spiegel mit dem verzerrten Bild von dir zerstört? Dieser Spiegel wird ab heute aus deinem Leben verschwinden. Pack die Reste von ihm in einen Müllsack und lass ihn von der Müllabfuhr abtransportieren. Nun hast du Raum für Neues geschaffen! Dein neues Ich darf sich jetzt voll und ganz ausbreiten.

Stell den Zauberspiegel, der dich so zeigt, wie du wirklich bist, in die Mitte deines Raumes. Schau hinein und entdecke, welch wunderbare Persönlichkeit du bist, die sich vor nichts und niemandem verstecken muss. Beginne die Traurigkeit, die negativen Gedanken wie Regentropfen von deinem Körper zu schütteln. Schüttle sie einfach ab! Spüre, wie eine große Last von dir abfällt, wie Tausende Steine aus deinem gedanklichen Rucksack fallen; schau zu, wie dein Herz seine Graufärbung verliert und immer leuchtender und roter wird. Fühle, wie es ganz warm in dir wird, du Freundschaft mit deinem Inneren schließt, wie dein Körper sich vor Freude und Leichtigkeit bewegt. Lass eine tiefe Entschlossenheit in dir entstehen, eine Lockerheit, eine Freiheit, ein Gefühl von »Alles ist möglich«.

Lass die ganze Belastung, all den Stress, alles, was dir im Leben Negatives widerfahren ist, aus deinem Körper wegfließen, so wie das Wasser, das flussabwärts fließt, immer weiter und weiter weg von dir … Es fließt von Sekunde zu Sekunde immer weiter weg, du spürst von Minute zu Minute, dass diese alten Belastungen nichts mehr mit dir im Hier und im Heute zu tun haben. Du wirst freier und freier von deinen alten Beurteilungen über dich selbst. Eine innere Ruhe, Gelassenheit und Freude überkommen dich. Du hast dich noch nie so frei, so glücklich, so losgelöst gefühlt.

Du setzt dir nun ein einziges neues Ziel: das Ziel, zufrieden mit dir und deinen Leistungen zu sein, egal, was passiert, egal, in welcher Situation. Ab heute ist es wichtig, dich selbst liebevoll und wertschätzend zu behandeln. Dich selbst als etwas Besonderes, als ein Geschenk Gottes anzusehen.

Dein Ziel, das du selbst definiert hast, ist ein Versprechen, das du dir selbst gegeben hast. Lass zu, dass du dieses Versprechen einhältst und annimmst als deine absolute Wahrheit. Es ist ein Fakt, dass du ab sofort liebevoll und zufrieden mit dir umgehst! Glaube es! Akzeptiere es als deine Wahrheit. Nimm es an als deine neue Lebensphilosophie.

Sprich dir nun deine neue Lebensphilosophie zehnmal laut vor und spüre in dich hinein, wie du von Satz zu Satz stärker, belastbarer, geerdeter, mehr bei dir bist. Sprich zehnmal laut:

Meine Entschlossenheit, liebevoll und zufrieden mit mir selbst zu sein, wird sich nie mehr ändern!

Du verteilst nun zehn neue Etiketten, die dein Denken über dich selbst ab sofort prägen. Dazu nimmst du die Liste deiner Stärken zur Hand, die du zur Vorbereitung dieser Visualisierung erstellt hast.

Sage dir nun beispielsweise:

- Mein erstes neues Etikett ist meine Kreativität. Ich kann aus dem Nichts neue Ideen entwickeln.
- Mein zweites neues Etikett ist meine lösungsorientierte Denkweise, die mich in herausfordernden Situationen schon nach kurzer Zeit zu einer guten Lösung bringt.
- Mein drittes neues Etikett ist meine Schlagfertigkeit, die mich immer wieder rettet und andere Menschen zum Schmunzeln oder Lachen bringt.

- Mein viertes Etikett ist meine Neugierde, mein Interesse an anderen Menschen.

Usw. Würdige jede der zehn Stärken, die du zusammengetragen hast.

Nun stellst du dich wieder vor deinen Zauberspiegel. Nimm wahr, wie du von innen heraus leuchtest. Nimm deine neuen Etiketten wahr, zehn an der Zahl. Diese zehn Etiketten gehen von nun an in dein Denken über und beeinflussen dich nachhaltig. Du weigerst dich, dich zukünftig als schwach, depressiv, überfordert wahrzunehmen, stattdessen bist du entschlossen, glücklich, frei, erfolgreich und leistungsfähig.

Du bist das, was du selbst zu sein glaubst. Du hast Vertrauen in dich und deine Fähigkeiten. Und was du über dich denkst, wird zu deiner Wahrheit.

Sprich dir den folgenden Satz zehnmal vor. Sprich ihn von Mal zu Mal lauter. Lege jedes Mal mehr Emotion in die Aussage; spüre, wie die Worte dir in Fleisch und Blut übergehen:

- Ich bin entschlossen, frei, zufrieden, erfolgreich und erlaube mir, so zu sein, wie ich bin!

Der Ballastfrei-Schalter

Beame dich in Gedanken an einen wunderbaren Ort deiner Wahl. Stelle dir diesen Ort bildlich vor. Was kannst du sehen, riechen, fühlen? Stelle dir jede Einzelheit dieses Ortes bildlich vor … etwa den strahlend blauen Himmel mit wunderschönen weißen Schäfchenwolken; die Sonne, die mit ihren Strahlen dein Gesicht und deinen Körper wärmt; den Wind, der sanft deine Wangen streichelt und durch dein Haar weht. Den saftigen, erdigen Geruch von Gras und Blumen. Das Zwitschern der Vögel, die um dich herumschwirren. Wie sieht dein Wunsch-Ort aus? Staune über die Szenerie, die sich vor dir ausbreitet, genieße sie und tauche völlig in sie ein. Lass dich erfüllen von all den schönen Eindrücken und fühle die Leichtigkeit, die Lockerheit, das Glücksgefühl in deinem Körper. Du bist voll und ganz im Hier und im Jetzt, du genießt diese belebende und inspirierende Situation. Fühle, wie dein Herz zu hüpfen beginnt, wie sich Freude und Leichtigkeit in dir ausbreiten. Fühle, wie die Sonne dich wärmt und diese Wärme sich in deinem Körper ausbreitet. Diese wohlige Wärme, die dich einlullt und dir ein Gefühl tiefer Geborgenheit gibt. Du spürst diese Wärme von deinen Haarwurzeln bis zu deinen Fußspitzen. Das Zwitschern der Vögel ist wie Balsam in deinen Ohren, du entspannst dich immer mehr. Du vergisst Raum und Zeit und genießt einfach nur das Hier und Jetzt.

Ich stelle dir nun einen riesigen Container zur Verfügung. Er hat ein immenses Fassungsvermögen und wartet nur darauf, deinen inneren Ballast, deine Verletzungen, deine Enttäuschungen, deine negativen Erfahrungen aufzunehmen. All das Belastende, das du seit so vielen Jahren mit dir herumschleppst – lass es los und wirf es in diesen wunderbaren Container, der danach direkt in die Verbrennungsanlage kommt und vernichtet wird. Lass jede Verletzung, sei sie menschlicher oder körperlicher Natur, aus deinem Körper fließen, wirf die Überreste in deinen Container, lass alles aus dir herausfließen. Fühle, wie mit jeder Verletzung, die du abwirfst, der Ballast in deinem Körper geringer wird, wie du dich freier und freier fühlst, wie du wieder tief in deinen Bauch hinein atmen kannst. Scanne dein Inneres und durchforste deinen Körper daraufhin, ob du alle Enttäuschungen, Verletzungen, negativen Erfahrungen aus dir verbannt hast. Lass alles los, was dich über die Jahre und Jahrzehnte belastet hat; nur dann kannst du wirklich frei, selbstbewusst und leistungsfähig in die Zukunft starten. Wühle dich, wie in einem eingestaubten Keller, durch alle Kartons, durch alle Regale und wirf alles raus, was dich behindert, was du nicht mehr benötigst, was dich blockiert. Entledige dich all dessen, was dir überflüssig erscheint. Wirf alles in deinen Container. Schau zu, wie er sich mehr und mehr füllt und du dich im Gegenzug immer leichter und beschwingter fühlst. Schmeiß alles raus, was du schon immer loswerden wolltest – den Groll, den Ärger, die unterdrückte Wut, all die Ungerechtigkeiten, die dir im Laufe deines Lebens widerfahren sind. Heute ist der Tag, an dem du dein Leben komplett umkrempelst, es auf den Kopf stellst, einen Neustart wagst. Alles, was dich über Jahre beschwert und belastet hat, entfernst du heute aus deinem Unterbewusstsein, aus deinem Körper. Dein Inneres ist nun sauber, du hast all den verstaubten Ballast in den großen Müllcontainer geschafft.

Im nächsten Schritt kümmerst du dich noch liebevoll um deine inneren Narben, die durch unzählige Verletzungen in deinem Körper, vor allem rund um dein Herz entstanden sind. Ich stelle dir eine magische Narbencreme zur Verfügung, die du liebevoll auf die Narben auftragen und einmassieren kannst. Mit jeder Streicheleinheit, die du dir gönnst, wird sich das Narbengewebe wie von selbst regenerieren und reparieren. Die Narben werden glatter oder verschwinden ganz. Du spürst, wie die inneren Schmerzen, die Verletzungen mit jeder Streicheleinheit besser werden und schließlich ganz vergehen. Du bist geheilt, alles, was früher passiert ist, wird dich im Hier, Jetzt und Heute nicht mehr belasten. Du bist frei, unendlich frei!

Ab heute schreibst du dein Lebensbuch neu. Du programmierst dich ab heute neu. Zweifel, Ängste, Unbehagen, Verletzungen tauschst du aus gegen Optimismus, Offenheit, Erfolg und Entschlossenheit. Du beginnst dich mehr zu lieben, dich selbst zu schätzen, dir bewusst zu machen, was für ein wundervoller, guter, weiser und intelligenter Mensch du bist. Du wirst endlich voller Freude und Optimismus dein Leben angehen, die

Dinge in dein Leben holen, die dir Freude machen und dich unendlich bereichern.

Du wirst dein Leben ab sofort feiern, jeden Moment aktiv genießen, lachen, lieben, tanzen, die Welt umarmen – einfach glücklich und zufrieden sein, weil du dich dafür mit allen Sinnen entschieden hast. Du drückst jetzt den Reset-Knopf, und all deine positiven Wünsche, Ziele, Träume werden nun in deinem Kopf, in deinem Herzen, in deinem Leben wirksam. Du erlaubst dir, glücklich, frei, leicht und unbeschwert zu sein. Dein Inneres ist aufgeräumt, glänzt und blitzt. Dein Unterbewusstsein steht bereit, um dich in diesem neuen Lebensabschnitt zu unterstützen, deine Wege zu ebnen. Deine neue Lebenseinstellung und Lebensart sind nun tief in deinem Unterbewusstsein verankert und verstärken sich von Tag zu Tag mehr und mehr.

Genieße nun einen Moment der Stille und fühle, wie sich diese innere Freude, diese Lebensfreude in deinem ganzen Körper ausbreitet und du es kaum erwarten kannst, loszulegen. Du ziehst mit einem magischen Magneten nun schöne und bereichernde Menschen und Situationen an. Ab sofort wirst du dein Leben in vollen Zügen genießen. Du wirst täglich lachen, tanzen, singen, interessante und wohlwollende Menschen in dein Leben ziehen, in dir selbst ruhen und voller Optimismus sein. Stell dir einen solchen Tag bildlich vor: wie du fröhlich aufstehst, den Tag willkommen heißt, auf spannende und an dir interessierte Menschen triffst; wie der Tag so abläuft, wie du es dir vorstellst, und wie du dich am Abend erfüllt und bereichert fühlst. Male dir einen solchen Tag nun in den buntesten Farben aus und spüre diese unbändige Freude und Leichtigkeit in dir.

Mach nun eine kurze Pause, in der du ein paar tiefe, entspannte Atemzüge nimmst.

Du spürst diese wundervolle Ruhe, diese Gelassenheit. In dieser wunderbaren Ruhe hat sich jedes Wort tief und unauslöschlich in dein Unterbewusstsein eingeprägt, und du wirst ab sofort immer danach handeln. Dein Leben ist nun frei von Ballast und startet heute neu!

Hinweis: Für Ihr eigenes Mesmerize-it-Hörbuch sprechen Sie, nachdem Sie die für Sie passenden Texte aus diesem Abschnitt aufgenommen haben, nun die Ausleitung aus Kapitel 5 auf.

Volitionscoaching: auf die eigenen Gedanken achten

Damit Sie eine erneute Überforderung vermeiden und in Zukunft besser bei sich selbst bleiben können, brauchen Sie eine gesunde Work-Life-Balance. Dafür lohnt es sich, immer mal wieder danach zu schauen, ob Ihr Leben gleichmäßig auf seine drei tragenden Säulen verteilt ist.

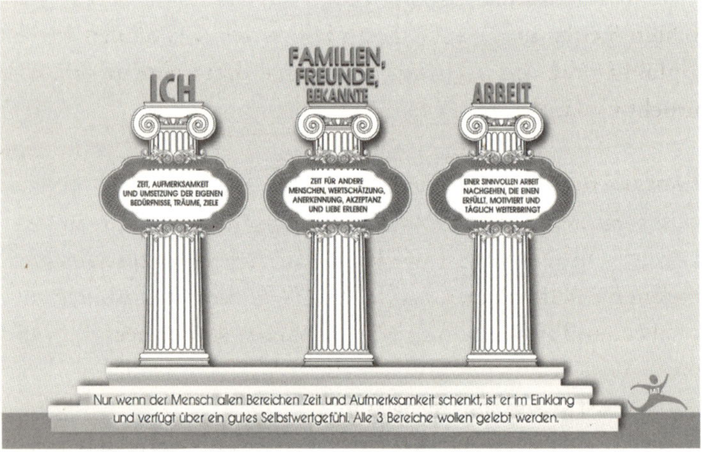

- Die erste Säule, die sogenannte »Ich-Säule«, umfasst Ihre persönlichen Wünsche, Träume, Bedürfnisse. Achten Sie darauf, sie möglichst weitgehend in die Realität zu bringen. Hören Sie auf das, was Ihr Körper Ihnen sagt. Gönnen Sie ihm

Ruhepausen und sich selbst schöne, belebende, bereichernde Momente – nicht erst dann, wenn Ihr Körper sich mit Beschwerden meldet. Ein gesunder Wechsel von An- und Entspannung stärkt die Säule Ihres Ich.

- Die zweite Säule bilden Familie/Partner und Freunde. Hier geht es darum, von anderen wertgeschätzt und geliebt zu werden, akzeptiertes Mitglied einer Gemeinschaft zu sein, sich austauschen und mitteilen zu können. Vertrauen, Akzeptanz und Wertschätzung zu erleben bringt Kraft in Ihr Leben.
- Die dritte Säule ist die Arbeit, die Sie tun. Im Idealfall können Sie dabei Ihre Stärken, Wünsche und Träume umsetzen. Arbeit kann Sinn stiften und erweitert unsere Kompetenzen und die Ausbildung unserer Identität. Sie ist notwendiger Gegenpol zu Ruhe und Freizeit.

Achten Sie darauf, dass in Ihrem Leben alle drei Säulen gleich tragfähig und belastet sind. Keine der drei sollte überbeansprucht werden!

Zielfokussierung

Sollten Sie dennoch merken, dass sich Selbstkritik und ein Gefühl der Überforderung wieder in Ihr Leben einzuschleichen beginnen, sehen Sie nach, an welcher Stelle Sie Ungleichgewichte haben, und stellen Sie die nötige Balance wieder her.

Emotions- und Stimmungsmanagement

Werden Sie sich darüber klar, wer oder was Sie stresst, indem Sie eine Stressorenliste anfertigen. Notieren Sie, wer oder was Sie aus der Ruhe bringt und was in diesen Momenten in Ihrem Inneren abläuft. Sind es Gefühle, die Ihnen wohlbekannt sind? Rühren aktuelle Stresssituationen womöglich an ein Problem, eine Verletzung aus Ihrer Vergangenheit?

Geben Sie sich Freiräume für Ruhezeiten, Freizeitaktivitäten, Urlaube ohne Belastung, Zeit mit der Familie und Freunden. Planen Sie diese Pausen bewusst ein und überlassen Sie sie nicht dem Zufall. Sie riskieren sonst, dass sich die Arbeit an die erste Stelle schiebt … und ratzfatz ist wieder eine Woche ohne nennenswerte Erholungszeiten vorbei.

Tun Sie regelmäßig Dinge, die Ihrer Lebensfreude zuträglich sind, ohne Effizienz- und Leistungsdruck. Lernen Sie, sich abzugrenzen, nein zu sagen. Sobald Sie erkennen, dass Anforderungen Ihres Chefs oder Partners, Ihrer Freunde nicht einlösbar sind, sagen Sie dies. Nein zu sagen bringt Entlastung und hilft, potenziell belastenden Situationen bereits zu Anfang die Brisanz zu nehmen. Sie werden sehen, das Leben kann wieder schön, freudevoll und bereichernd sein!

Schlafprobleme

Wer sich nachts schon einmal schlaflos hin und her gewälzt hat, kann ungefähr nachvollziehen, was sechs Prozent aller Deutschen jede Nacht durchmachen. Immer wieder quälende Gedanken im Kopf, innere Unruhe, nervöses Herumrutschen, bis der Morgen graut und es endlich Zeit zum Aufstehen ist. Den Tag über ist man gerädert, antriebslos, schlapp, unkonzentriert und steht völlig neben sich. Der daraus entstehende wirtschaftliche Schaden geht in die Millionen, vom gesundheitlichen Schaden einmal ganz abgesehen.

Wie ist es um Ihren Schlaf bestellt? Haben Sie ab und an eine schlechte Nacht oder muss man schon von einer Schlafstörung sprechen? Mit Hilfe des folgenden Tests finden Sie es heraus.

Wie ist Ihre Schlafqualität?

Beantworten Sie die folgenden Fragen mit Ja oder Nein. Antworten Sie dabei möglichst aus dem Bauch heraus, ohne lang nachzudenken.

1. **Morgens habe ich regelmäßig das Gefühl, nicht tief genug und ausreichend geschlafen zu haben.** *Ja/Nein.*
2. **Normalerweise benötige ich 30 Minuten und länger, um in den Schlaf zu kommen.** *Ja/Nein.*
3. **Ich schlafe weniger als 6 Stunden pro Nacht.** *Ja/Nein.*
4. **Ich wache nachts zigmal auf und bin unruhig und zappelig.** *Ja/Nein.*
5. **Meine Konzentrationsfähigkeit und Leistungsbereitschaft sind stark eingeschränkt.** *Ja/Nein.*
6. **Häufig bin ich nervös und unausgeglichen.** *Ja/Nein.*
7. **Tagsüber überkommt mich häufig das Bedürfnis zu schlafen.** *Ja/Nein.*
8. **Ich schlafe mehr als drei Nächte pro Woche schlecht.** *Ja/Nein.*
9. **Oft schlafe ich in der Bahn, beim Fernsehschauen, in Ruhesituationen einfach ein.** *Ja/Nein.*
10. **Auch wenn ich eine gute Nacht hatte, fühle ich mich müde und gerädert.** *Ja/Nein.*
11. **Man sagt mir nach, dass ich nachts schnarche und Atemaussetzer habe.** *Ja/Nein.*
12. **Häufig wache ich mit Kopfschmerzen auf.** *Ja/Nein.*
13. **Während der Nacht überkommt mich eine innere Unruhe, alle Glieder zappeln und möchten sich bewegen.** *Ja/Nein.*
14. **Meine Schlafstörung ist im Zusammenhang mit einer Krankheit oder Unpässlichkeit eingetreten.** *Ja/Nein.*
15. **Ich bin oft ängstlich, gehemmt und schüchtern.** *Ja/Nein.*
16. **Ich schlafe immer schlecht, wenn ich unter Stress stehe oder größere Probleme zu lösen habe.** *Ja/Nein.*
17. **Auch im Urlaub oder an den Wochenenden belasten mich Schlafprobleme.** *Ja/Nein.*

18. Wenn ich nicht schlafen kann, denke ich mit Schrecken an den nächsten Tag und wie ich ihn meistern soll. *Ja/Nein.*
19. Ich schlafe auch dann schlecht, wenn es mir gutgeht und ich mich befreit und entspannt fühle. *Ja/Nein.*
20. Meine innere Uhr stimmt nicht mit den üblichen Schlafzeiten überein. *Ja/Nein.*
21. Ich knirsche im Schlaf mit den Zähnen, spreche oder wälze mich mehr als normal herum. *Ja/Nein.*
22. Ich schlafwandle. *Ja/Nein.*
23. Meine Träume sind sehr intensiv, ich habe viele Albträume. *Ja/Nein.*
24. Ich schreie nachts häufig, kann mich morgens aber an nichts erinnern. *Ja/Nein.*
25. Ich mache mir bereits tagsüber Gedanken und Sorgen, wie ich wohl die kommende Nacht schlafen werde. *Ja/Nein.*

Auswertung

Zählen Sie nun Ihre Ja-Antworten zusammen. Wie viele sind es geworden?

25–15 Ja-Antworten

Sie haben massive Schlafstörungen und sollten sich neben der Hypnose dringend in ärztliche Behandlung begeben! Daneben kann die Mesmerize-it-Methode Sie wunderbar dabei unterstützen, in die Ruhe zu kommen und die belastenden Gedanken loszulassen.

14–5 Ja-Antworten

Überprüfen Sie genauer, ob Ihre Schlafstörungen eher gelegentlicher Natur sind (weniger als zweimal wöchentlich) oder doch häufiger vorkommen. Führen Sie dazu ein Schlaftagebuch, in dem Sie festhalten, wann Sie schlecht schlafen, was Sie um den Schlaf bringt, welche Gedanken Sie umtreiben, welche körperlichen Reaktionen daraus resultieren und wie lange sich in etwa die Schlaflosigkeit zeigt.

4–0 Ja-Antworten

Herzlichen Glückwunsch! Ihr Schlafverhalten ist absolut im grünen Be-

reich. Sie müssen sich keinerlei Sorgen machen – die ein oder andere schlaflose Nacht ist normal, und der Organismus steckt sie problemlos weg. Die folgenden Seiten können Sie getrost überblättern.

Jeder Mensch muss ausreichend schlafen, ansonsten drohen gesundheitliche Beeinträchtigungen. Wir brauchen den Schlaf beispielsweise zur Regulation des Stoffwechsels, um tagsüber Gelerntes im Gedächtnis zu verankern und zur Stärkung des Immunsystems.

Im Schnitt schläft jeder dritte Deutsche laut einer Forsa-Umfrage der Knappschaft-Krankenkasse weniger als sieben Stunden pro Nacht. Ca. sechs Prozent aller Deutschen haben gravierende Schlafprobleme und müssen medizinisch behandelt werden. Schlafstörungen haben damit den Charakter einer Volkskrankheit und sind weiter verbreitet als beispielsweise Diabetes-Erkrankungen.

Von einer Schlafstörung spricht man, wenn ein Mensch mehr als einen Monat lang in drei oder mehr Nächten pro Woche keinen erholsamen, durchgehenden Schlaf finden konnte. Wer davon betroffen ist, fühlt sich zunächst müde und erschöpft, ist schlecht gelaunt oder erlebt intensive Stimmungsschwankungen sowie Leistungs- und Konzentrationseinbußen. Auch in ihren sozialen Aktivitäten sind die Betroffenen eingeschränkt. Auf längere Sicht hat Schlafmangel gravierende gesundheitliche Folgen, wie etwa ein geschwächtes Immunsystem und ein erhöhtes Risiko für Herz-Kreislauf-Erkrankungen, Übergewicht, Depressionen oder Diabetes.

Viele Betroffene versuchen, ihr Schlafproblem mit Medikamenten oder Alkohol in den Griff zu bekommen, und schädigen dadurch ihren Körper zusätzlich. Als Ursachen der Schlafprobleme werden die Zunahme von beruflichem und privatem Stress, Bewegungsmangel sowie ein zu hoher Alkohol-, Nikotin- und Koffeinkonsum angesehen. Daneben können auch Krankheiten, Schmerzen oder permanenter Lärm die Ursache der Schlafstörungen sein. Besonders häufig sind Menschen betroffen, die regelmäßig nachts arbeiten müssen. Als ideales Schlafpensum eines Erwachsenen gelten sieben bis neun Stunden Schlaf pro Nacht.

In meiner Praxis haben sich die folgenden vier Ursachen als zentral für das Auftreten von Schlafstörungen herauskristallisiert:

- *Stress und Unsicherheiten im Leben* (Job/Partnerschaft/Freundeskreis/Familie). Dies ist ganz besonders belastend für Menschen, die sich durch ihre innere »Programmierung« als schwach oder schlecht empfinden.
- *»Funktionieren« und etwas leisten müssen.* Wer in seiner Kindheit bereits durchgehend verplant war, hat erfahrungsgemäß große Probleme, zu Ruhe und Gelassenheit zu finden. Schlaf wird von solchen Menschen häufig als verschwendete Zeit, als Faulheit eingeschätzt. Es gibt auch die gesellschaftliche Tendenz, Menschen, die wenig schlafen, als besonders leistungsfähig anzusehen.
- *Unterdrückte eigene Bedürfnisse.* Menschen, die nicht nach ihren Wünschen, ihren Bedürfnissen schauen, ihre eigene Meinung zurückhalten und sich ständig anderen unterordnen, werden häufig von Schlafproblemen geplagt, weil sich ihr Inneres immer mehr gegen den Selbst-Missbrauch wehrt.
- *Reizüberflutung im Alltag.* Das menschliche Gehirn kann nur eine begrenzte Anzahl Sinnesreize aufnehmen und verarbeiten. Wir leben jedoch in einer Zeit permanenter Überreizung, etwa durch neue Medien oder immerwährende Erreichbarkeit. Unser Gehirn hat es angesichts dessen schwer, zur Ruhe zu kommen.

Bitte nehmen Sie die Notizen, die Sie sich zu Ihrer Lebensgeschichte gemacht haben, zur Hand. Erkennen Sie sich in manchen der genannten Punkte wieder? Wir können dann im nächsten Schritt Ihre persönliche Mesmerize-it-Therapie erstellen. Dazu brauchen wir zunächst Einstiegsfragen, die möglichst genau zu Ihnen passen. Damit diese Fragen – ebenso wie die folgenden Suggestionen und Visualisierungen – Ihr Unterbewusstes möglichst direkt erreichen, wechsle ich an dieser Stelle vom »Sie« zum »Du«. Wie also könnte die Einstiegsfrage zu deinem Schlafproblem lauten? Hier ein paar Ideen …

- Was belastet dich in deinem Alltag so sehr, dass du nicht schlafen kannst?
- Wie fühlt sich dein Kopf, dein Körper an, wenn du nicht einschlafen kannst?
- Welche Gedanken gehen dir durch den Kopf, wenn du nicht zur Ruhe kommen kannst?
- Wann treten die Schlafstörungen auf?
- Gibt es Zusammenhänge zwischen regelmäßig wiederkehrenden äußeren Umständen (Periode, Vollmond etc.) und den Schlafproblemem?

Im nächsten Schritt machen wir uns auf die Suche nach den Ursachen deines Problems:

- Mach das Tor zu deinem Unterbewusstsein ganz weit auf. Du wirst in den nächsten Minuten die Ursache für deine Schlafprobleme vor Augen geführt bekommen.
- Dein Unterbewusstsein öffnet sich jetzt und ermöglicht dir Zugriff auf die Ursachen deiner Probleme und Unsicherheiten. Deine inneren Bilder, Gedanken, Filme werden immer deutlicher und klarer hervortreten.
- Suche die Ursache für dein Thema! In deinem Lebensspeicher ist alles aufgezeichnet, du musst es nur herausholen.

- Setze dich auf eine Couch, nimm die Fernbedienung deines inneren DVD-Spielers in die Hand und spule zurück zum Tag X, an dem du dein Problem zum ersten Mal erlebt hast.
- Tauche ein in deinen Erinnerungsspeicher: Wann hast du das Thema zum ersten Mal erlebt, das Gefühl zum ersten Mal gefühlt? Lass dich einfach fallen und lass zu, dass dein Thema jetzt gelöst wird.

Ich gebe dir nun folgende Suggestionen zu deinem Thema:

- Ich bin voller Ruhe und Gelassenheit.
- Mein ganzer Körper und mein Geist entspannen sich von Minute zu Minute mehr.
- Alle Dinge des Tages lasse ich jetzt hinter mir und tauche ein in den heilenden, entspannenden Schlaf.
- Ich konzentriere mich auf die schönen Dinge des Tages und begebe mich mit diesen positiven Gedanken in den Schlaf.
- Ich bin innerlich wie äußerlich ruhig und kann es kaum erwarten, in einen tiefen, schönen Schlaf einzutauchen.
- Ich erlaube mir nun, den Tag loszulassen und mich zu entspannen.
- Frei und freudig tauche ich nun ein in die erholsame Welt des Schlafes.
- Nach einem lebendigen Tag erlaube ich mir, in eine geruhsame Nacht einzutauchen.
- Ich liebe es, zu schlafen, Energie und Kraft für einen weiteren spannenden Tag zu tanken.
- Schlafen ist etwas Wundervolles, es gehört zu mir und meinem Alltag.

Im Folgenden stelle ich dir Visualisierungen für ein erfolgreiches Einschlafen zur Verfügung.

Hinweis: Zum Erstellen des persönlichen Mesmerize-it-Hörbuches nehmen Sie die Induktion sowie die erste und zweite Vertiefung aus Kapitel 5 auf. Dann wählen Sie aus den folgenden Seiten die Visualisierungen aus, die zu Ihnen passen, und sprechen sie ebenfalls auf.

Das Entspannungsritual

Du bist ganz ruhig und entspannt, hast die Augen geschlossen, deine Arme und Beine sind ganz locker, wie bei einer Stoffpuppe.

Deine Gedanken kommen nun ganz zur Ruhe, du legst sie beiseite. Morgen wirst du dich wieder darum kümmern, Lösungen für deine Probleme zu finden. Jetzt ist es an der Zeit, dass sich dein Körper und dein Geist entspannen, dass du in den Schlaf findest, der dir Kraft, Energie und Regeneration schenkt, damit du morgen wieder kraftvoll und leistungsfähig in den Tag starten kannst.

Nichts kann dich stören, du bist ruhig, vollkommen gelöst und lässt dich einfach fallen … Atme ganz ruhig ein und aus und lass eine wunderbare Ruhe in deinen Körper einkehren. Du bist völlig ruhig, entspannt und fühlst dich wunderbar gelassen. Lass die wunderbare Ruhe sich in deinem Körper ausbreiten, lass deine Gedanken los und mache deinen Geist frei. Ein wunderbares Gefühl von Harmonie und Ruhe breitet sich in deinem Körper aus. Dieses Gefühl nimmt ab jetzt von Tag zu Tag zu, so dass du jeden Abend, wenn du zu Bett gehst, dieses wunderbare Gefühl spürst und sofort einschläfst.

Nun konzentrierst du dich auf deine Beine. Spüre ganz deutlich, wie deine Beine immer müder und müder werden. Jeder einzelne Muskel in deinen Beinen wird müder und müder. Deine Beine werden nun müder, entspannter und immer schwerer. Sie sind jetzt unglaublich müde und schwer – lass es einfach zu und genieße den müden, schweren Zustand deiner Beine, die sich jetzt ausruhen dürfen.

Nun werden auch deine Arme immer müder und ziehen deinen ganzen Körper tief in die Matratze. Immer mehr Müdigkeit fließt in deine Arme und lässt diese immer müder und schwerer werden. Du möchtest nun nichts mehr an deinem Körper bewegen und lässt dich immer mehr in dieses wunderbare Gefühl der absoluten Müdigkeit und Schwere hineinfallen.

Ich zähle nun auf zehn, und bei jeder Zahl, die ich sage, sinkst du tiefer und immer tiefer, lässt es zu, dich voll und ganz dem Moment zu überlassen. Eine tiefe innere Ruhe, Harmonie, Geborgenheit und Frieden überkommen dich.

Nichts kann deine Ruhe stören, du konzentrierst dich voll und ganz auf meine Stimme, welche dich nun immer tiefer sinken lässt. In diesem Ruhezustand öffnet sich das Tor zu deinem Unterbewusstsein ganz weit, du kannst dich fallen lassen und den Schlaf willkommen heißen. Jedes Wort, das ich jetzt sage, fällt auf fruchtbaren Boden und wird sich unauslöschlich in dein Unterbewusstsein eingraben.

Jeden Abend, wenn du zu Bett gehst, wirst du dieses wunderbare Gefühl der Ruhe, der Harmonie, des inneren Friedens verspüren und sofort einschlafen. Du schläfst sofort ein, schläfst tief und fest und erwachst jeden Morgen frisch, entspannt, leistungsfähig und voller Tatendrang. Du fühlst dich von Tag zu Tag besser, dein Schlaf wird tiefer, erholsamer, du wirst heiterer, gelassener und fröhlicher, weil du weißt, dass du dein Schlafverhalten nun selbst in der Hand hast.

Du schläfst nun tief und fest ein, schläfst durch und wachst erst morgen früh frisch, entspannt und erholt auf.

Sage dir nun selbst: »Ich schlafe tief und fest« … so lange, bis du eingeschlafen bist …

Der Spaziergang im Lavendelfeld

Vielleicht hast du ein Säckchen mit Lavendelblüten zur Hand, das du für diese Visualisierung bereithalten kannst?

In einem Zustand tiefer Ruhe und Entspannung reist du gedanklich in die Provence. Es ist Juni, die Luft ist schön warm, die Sonnenstrahlen wärmen dich äußerlich und innerlich. Du lässt deinen Blick über die wunderbare Landschaft schweifen und entdeckst eine blau-violett eingefärbte Prärie – blühende Lavendelfelder. Die Blüten bewegen sich im Wind sanft hin und her. Du gehst näher an die Felder heran, und mit jedem Schritt nimmst du den betörenden, beruhigenden Duft des Lavendels mehr und mehr wahr. Dieser intensive, schöne, sinnliche Duft zieht dich magisch zu diesen Feldern hin. Du atmest ihn mit allen Sinnen ein, lässt ihn durch die Nase gleiten, durch die Bronchien und Lunge spazieren und transportierst ihn dann zu deinem Gehirn. Jedes Einatmen macht dich ruhiger, gelassener. Du bist betört von der Schönheit dieser Felder. Die wunderschönen blau-violetten Blüten beruhigen deine Augen und deinen Geist. Alles, was dich an diesem Tag negativ berührt oder belastet hat, klärt sich. Du empfindest jetzt nur noch eine tiefe innere Ruhe. Du streifst sanft über die Blüten des Lavendels und bringst beide Hände zu deiner Nase. Fasziniert von dem wunderschönen, beruhigenden Duft schließt du die Augen und gibst dich voll und ganz dieser intensiven Sinneswahrnehmung hin. Deine Hände duften zauberhaft, und du spürst, wie sich Stress und Anspannung in deinem Körper einfach auflösen und du dich von Minute zu Minute freier fühlst. Du gehst nun in dem Feld, in dem du stehst, ein paar Schritte – egal, wohin du schaust, überall siehst du das sanfte Grün der Lavendelblätter, gepaart mit dem Blau-Violett der Blüten. Der strahlend blaue Himmel bildet einen wunderbaren Kontrast dazu. Du gehst weiter; so weit das Auge reicht, siehst du Millionen von Lavendelpflanzen, deren Anblick dich innerlich wie äußerlich ruhig und gelassen werden lässt. Jeder Atemzug, den du tust, lässt diesen Duft tiefer in deinen Körper eindringen und bringt dir vollkommene Ruhe, Klarheit und Gelassenheit. Du spürst, wie die Anspannung des Tages sich nach und nach löst.

Du hast nun das Bedürfnis, dich einfach rücklings in dieses Feld fallen zu lassen. Es wird dich sanft, zärtlich und weich auffangen. Während du dich einfach fallen lässt, lässt du allen Ballast, alles, was dich noch umtreibt, deine Gedanken beherrscht, einfach los. Alles ist wie weggeblasen, du fühlst dich einfach nur locker, leicht, unbeschwert und unendlich entspannt. Links und rechts von dir, unter dir schmiegen sich diese wunderbaren Pflanzen an deinen Körper; es fühlt sich an, als wenn du auf einem Daunenbett gelandet wärst. Du schließt nun deine Augen und atmest den wohligen, angenehmen, beruhigenden Duft der Lavendelblüten ein. Ganz tief saugst du ihn in deine Atemwege, in deine Lunge, deine Bronchien, in deinen Bauch. Du fühlst, wie der Atem tief in deinem Unterbauch ankommt und dort einen Moment lang verweilt und wie er dann mit einem Rauschen deinen Körper wieder verlässt. Jeder tiefe Atemzug, den du tust, entspannt dich mehr und mehr. Diese Entspannung überträgt sich nun auf deinen ganzen Körper. Jegliche Körperspannung ist aus deinem Körper verschwunden. Du fühlst dich leicht, locker, wie eine Stoffpuppe, deren Beine und Arme einfach so am Körper herunterbaumeln. Alles fühlt sich ganz leicht, entspannt und frei an. Du liegst auf deinem Rücken, weich gebettet, fühlst dich geborgen und gut aufgehoben. Der Wind lässt die Lavendelpflanzen sich sanft hin und her bewegen, es ist, als ob sie deinen Körper sanft streicheln. Die Geräusche des Windes und der Natur entspannen dich noch mehr, so dass du mehr und mehr wegdriftest aus dem Hier und Jetzt. Du lässt alles los, gibst dich vollkommen dem Schlaf hin, der dich nun sanft überkommt. Du lässt jetzt deinen Körper sich regenerieren und entspannst dich durch und durch. Nun ist die Zeit gekommen, die dir Kraft und unbändige Energie für den nächsten Tag geben wird. Du gibst dich diesem wunderbaren, geborgenen, warmen Gefühl hin und erwachst am nächsten Morgen voller Energie, voller Freude und Neugierde auf den Tag.

Der Waldspaziergang

Stell dir vor, dass du auf einem weichen, komfortablen Bett liegst. Dieses Bett ist sehr angenehm und bequem. Die Matratze schmiegt sich sanft an deinen Körper. Du deckst dich mit einer warmen, federleichten und gleichzeitig kuschligen Decke zu, wickelst diese um deinen ganzen Körper und fühlst dich einfach nur wohl. Nach und nach suchst du dir eine Stellung, in der du dich rundum wohl, sicher und geborgen fühlst. Jetzt ist deine Zeit gekommen, nichts und niemand kann dich stören, kann dich aus deinem Wohlfühlmodus bringen.

Du genießt diese Minuten für dich, diese Wohlfühlzeit gönnst du dir nun täglich vor dem Schlafengehen; es ist deine Zeit, zu dir zu kommen, den Tag abzuschließen, Stress, lästige Gedanken, Unangenehmes einfach loszulassen. Du lässt dich noch tiefer in deine Matratze sinken und gehst gedanklich auf eine Sinnesreise der besonderen Art.

Du schlägst die Augen auf und findest dich in einem wunderbaren Wald wieder. Unzählige Bäume spenden an einem warmen, sonnigen Tag Schatten und lassen die Sonnenstrahlen geheimnisvoll durch die Baumwipfel blitzen. Rund um dich herum ist alles in die schönsten, verschiedensten Grüntöne getaucht; der erdige Geruch und die vielen ätherischen Duftstoffe beruhigen deine Sinne, die staubarme und sauerstoffreiche Luft lässt dich tief durchatmen. Jeder Schritt, den du auf dem weichen, federnden Untergrund machst, lässt dich abschalten und zugleich auftanken. Dein Kopf wird freier und freier. Alles, was dich bis vor ein paar Sekunden beschäftigte, ist einfach weg, verschwunden. Dein Puls beruhigt sich, der ganze Stress fällt von dir und deinem Körper ab, dein Blutdruck sinkt, du wirst ruhiger und gelassener.

Die Sonne blitzt durch die Bäume und wärmt dir liebevoll dein Gesicht und deinen entspannten Körper. Es ist, als ob sie dich sanft streicheln und berühren würde. Du fühlst nur Ruhe und Harmonie, nichts und niemand kann dich jetzt aus der Ruhe bringen. Du gehst ganz langsam deinen Weg, beobachtest zwischen den Bäumen hindurch die Vögel bei ihren Flugabenteuern, die Eichhörnchen, wie sie behende nach Beute suchen und diese in ihren Bau verfrachten, die Schmetterlinge, die sanft durch die Luft schweben. Du hörst den Grillen bei ihrem Gesang zu. Du beobachtest die Sonne, die sich nun langsam verabschiedet. Alles ist in ein warmes, goldenes Licht getaucht. Du spürst den weichen Humusboden unter deinen Füßen, der unter jedem deiner Schritte nachgibt. Und mit jedem Schritt, den du gehst, wirst du ruhiger, gelassener, entspannter, losgelöster.

Du kommst zu einer Waldlichtung; mitten im Baumdickicht erstreckt sich nun vor dir eine weite, saftige grüne Blumenwiese. Dich überkommt das Bedürfnis, dich hinzulegen und der Sonne bei ihrem Verabschiedungsritual zuzuschauen. Du legst dich ins weiche Gras und genießt den Anblick der sich immer tiefer senkenden Sonne. Die Farben werden immer dunkler und wärmer … du entspannst voller Genuss deinen ganzen Körper. Du lässt dich immer tiefer sinken – wie die Sonne wirst auch du deinen Tag beschließen und dich nun zur Ruhe begeben. Deine Beine werden wunderbar schwer, deine Arme folgen diesem angenehmen Gefühl. Mit jedem Atemzug, den du tust, gleitest du immer tiefer und tiefer in die wunderbare Entspannung.

Dein Nacken wird ganz weich und entspannt sich, dein Kopf wird schwerer, alle Gedanken fließen aus ihm hinaus; du spürst, wie deine Augen immer schwerer und schwerer werden. Plötzlich überkommt dich eine große Müdigkeit, es ist, als wenn du tagelang nicht mehr geschlafen hättest. Du möchtest mit jeder Faser deines Körpers einfach nur schlafen, möchtest dich diesem wunderbaren, lockeren Gefühl hingeben. Spüre, wie du immer tiefer und tiefer in den wunderbaren, entspannenden Schlaf gleitest. Es ist so bequem, du fühlst eine tiefe Ruhe und Geborgenheit in dir und lässt dich vollkommen fallen. Du gönnst dir jetzt eine gehörige Portion Schlaf – entspannenden, aufbauenden, tiefen Schlaf. Du fühlst dich rundum wohl, lässt dich immer tiefer und tiefer sinken, spürst diese wunderbare Ruhe in dir, gleitest in einen wunderschönen Schlaf. Du fällst in einen wunderbar tiefen, angenehmen Schlaf, tiefer denn je; du kannst jetzt einfach einschlafen, dich fallen lassen, durchschlafen, ausschlafen … Du schläfst tief und fest, träumst von wunderbaren Ereignissen und lässt dich komplett fallen.

Hinweis: Für Ihr eigenes Mesmerize-it-Hörbuch sprechen Sie, nachdem Sie die für Sie passenden Texte aus diesem Abschnitt aufgenommen haben, nun die Ausleitung aus Kapitel 5 auf.

Volitionscoaching: auf die eigenen Gedanken achten

Sie haben jetzt die Fähigkeit zur vollkommenen Entspannung tief in Ihrem Unterbewusstsein verankert. Was können Sie noch tun, um Ihr neues Schlafverhalten zu festigen und sich vor Rückfällen in Ihre früheren Schlafprobleme zu schützen?

- Benutzen Sie Ihr Handy, Ihr Tablet nur noch außerhalb Ihres Schlafzimmers.
- Meiden Sie unmittelbar vor dem Schlafengehen belastende Nachrichtensendungen und allzu aufregende Filme oder Bü-

cher. Ihr Unterbewusstsein reagiert auf die Dinge, die Sie kurz vor dem Zubettgehen aufnehmen.

- Halten Sie Ihren Schlafraum kühl. 16 bis 19 °C sind die optimale Schlaftemperatur.
- Investieren Sie in ein gutes Bett und qualitativ hochwertige Betttextilien. Schwitzen, Frieren, unebene Liegeflächen, durchgelegene Matratzen sind nicht schlafförderlich.
- Nehmen Sie sich abends ausreichend Zeit, um abzuschalten. Erledigen Sie ab 19:00/20:00 Uhr keine beruflichen Aufgaben mehr, gönnen Sie sich und Ihrem Partner/Ihrer Familie freie Zeit.
- Essen Sie möglichst früh zu Abend. Mit vollem Bauch lässt es sich nicht so gut einschlafen, und das Eintreten des Tiefschlafes verzögert sich.
- Reduzieren Sie Übergewicht. Zu viele Kilos sind die häufigsten Ursachen von Schnarchen und Atemaussetzern.
- Führen Sie ein Glückstagebuch und erinnern Sie sich kurz vor dem Schlafengehen an die Dinge, die Sie am jeweiligen Tag glücklich gemacht haben.
- Gehen Sie möglichst vor 24:00 Uhr zu Bett.
- Gewöhnen Sie sich feste Schlafenszeiten an, die Sie fünfmal pro Woche einhalten sollten, um in eine Routine zu gelangen.
- Schalten Sie alle Bildschirmgeräte aus – sie mindern die Produktion des Schlafhormons Melatonin.
- Trinken Sie vor dem Schlafengehen heiße Milch, einen Tee oder eine heiße Brühe. Die Wärme der Getränke zieht das Blut aus dem Kopf und lässt Sie auf diese Weise schneller einschlafen.
- Verzichten Sie abends auf Alkohol, Koffein und Nikotin; das lässt Sie schneller einschlafen und tiefer schlafen.
- Gehen Sie nicht hungrig zu Bett.

Zielfokussierung

Welche Ziele setzen Sie sich im Zusammenhang der Behebung Ihres Schlafproblems? Vielleicht möchten Sie sich mehr bewegen, gesünder essen, auf einen Ausgleich zur Arbeit achten, am Wochenende keine Mails mehr beantworten … Definieren Sie Ihre Ziele, wie Sie es mit der Mesmerize-it-Formel (vgl. Kapitel 4) gelernt haben, ganz genau und setzen Sie sie Schritt für Schritt um. Sie werden sehen: Sobald Sie sich den Druck etwas genommen haben, läuft es wie von selbst!

Nutzen Sie jede gut durchgeschlafene Nacht zur eigenen Motivation und führen Sie sich vor Augen, dass es geht, dass Sie sich fallen lassen können, loslassen können. Sie können es!

Emotions- und Stimmungsmanagement

Lassen Sie sich von nichts und niemandem herunterziehen; lassen Sie nicht zu, dass andere Sie stressen und ihren eigenen Druck auf Sie übertragen. Es ist Ihr Leben, und wenn Sie (aus welchem Grund auch immer) eine Zeitlang Ihre gewohnten Aufgaben nicht wahrnehmen könnten, müssten die anderen Menschen auch ohne Sie klarkommen. Nichts und niemand darf wichtiger sein als Sie selbst! Wenn Sie sich für andere verausgaben, alles und noch mehr geben, kommen Sie nicht nur an Ihre Belastungsgrenzen, nein, Ihr Körper wird sich durch schlechten oder zu wenig Schlaf auch immer weiter schädigen. Spüren Sie also aufmerksam in sich hinein, erkennen Sie frühzeitig, wenn Sie etwas beunruhigt, etwas stresst oder Ihnen gar Angst macht. Sprechen Sie diese Dinge offen und ehrlich an und suchen Sie mit Ihrem Partner, Ihrem Chef nach einer adäquaten Lösung, die für alle Seiten passt!

Vorausschauendes Krisen- und Lösungsmanagement

Achten Sie auf sich selbst. Es liegt in Ihrer Hand, Ihr neugewonnenes verbessertes Schlafverhalten auch in Zukunft beizubehalten. Wenn belastende Situationen eintreten, auf die Sie keinen unmittelbaren Einfluss haben, sollten Sie ganz besonders darauf achten, die oben genannten Anregungen zur Schlafhygiene umzusetzen.

Ängste und Phobien

Angst ist ein natürlicher Überlebensinstinkt und für die Entwicklung des Menschen unerlässlich. In Gefahrensituationen hilft unsere Angst uns dabei, uns angemessen zu verhalten und in Sicherheit zu bringen. Unser Gehirn und unser Körper mobilisieren Energien, die wir benötigen, um uns zu schützen. Körperliche Reaktionen wie etwa ein beschleunigter Puls, eine raschere Atmung, eine erhöhte Muskelspannung waren für unsere Vorfahren essentiell, um fliehen oder kämpfen zu können.

Heute müssen zumindest die meisten von uns sich nicht mehr vor bewaffneten Feinden oder dem sprichwörtlichen Säbelzahntiger fürchten. Es sind andere Dinge, die uns Angst machen, und leider haben die Ängste unserer modernen Gesellschaften die Tendenz, sich zu verselbständigen und immer mehr auszuweiten – unter Umständen so weit, dass sie unser tägliches Leben in gravierender Weise beeinträchtigen.

Der folgende Test hilft Ihnen dabei, herauszufinden, ob Ihre Angst in einem gesunden und normalen Bereich liegt oder ob sie in Ihrem Leben evtl. schon zu viel Raum einnimmt. Kreuzen Sie bei jeder Aussage den für Sie passenden Buchstaben an. Tun Sie dies ohne langes Nachdenken und beschönigen Sie nichts – es geht darum, ein realistisches Bild Ihrer Angst zu bekommen.

Welche Rolle spielt Angst in Ihrem Leben?

1. In dunklen Räumen ...
a) ... fühle ich mich sicher. Ich könnte ja, wenn notwendig, meine Taschenlampe etc. nutzen.
b) ... ist mir etwas unwohl.
c) ... bekomme ich große Angst.

2. Wenn mir Blut abgenommen wird, ...
a) ... stecke ich das gut weg. Ich weiß ja, dass es seinen Sinn hat.
b) ... sackt mir der Kreislauf kurz weg.
c) ... bin ich unruhig und kann schon Tage vorher nicht mehr gut schlafen.

3. Spinnen und andere Insekten ...
a) ... kann ich ohne Probleme beobachten und berühren.
b) ... finde ich eklig und muss sie nicht unbedingt auf meiner Haut spüren.
c) ... kann ich überhaupt nicht in meiner Nähe ertragen. Jemand muss sie wegtun oder ich muss den Standort wechseln.

4. Auf einem hohen Berg ...
a) ... fühle ich mich rundum wohl und genieße die Weitsicht.
b) ... bewege ich mich ganz vorsichtig, immer mit Bedacht.
c) ... wird mir schwindlig. Ich kann unmöglich nach vorne, geschweige denn hinunterschauen.

5. Wenn ich spontan vor einer Gruppe Menschen reden soll, ...
a) ... tue ich es einfach, ohne mir groß Gedanken zu machen.
b) ... bin ich zu Beginn nervös, was dann aber rasch verfliegt.
c) ... stockt mir der Atem. Ich werde rot und bekomme keinen Ton heraus.

6. Wenn ich einen Fehler gemacht habe, ...
a) ... bekenne ich mich offen dazu und versuche Schadensbegrenzung zu betreiben.
b) ... versuche ich ihn zu vertuschen.
c) ... streite ich ihn vehement ab aus Angst, dass die anderen mich verurteilen oder mein Ansehen leidet.

7. Neues auszuprobieren ...
a) ... reizt mich sehr, ich liebe es, neue Erfahrungen zu machen.
b) ... stresst mich schon im Vorfeld, mit guter Vorbereitung geht es dann aber.
c) ... setzt mich schachmatt, ich setze lieber auf Altbewährtes.

8. Der technische Fortschritt ...
a) ... begeistert mich. Ich liebe es, neue technische Möglichkeiten zu entdecken und auszuprobieren.
b) ... macht mich ein bisschen unsicher. Mit etwas Übung komme ich dann aber mit den neuen Möglichkeiten und Geräten gut klar.
c) ... ist zu schnell für mich. Ich komme nicht mehr hinterher und habe keine Lust, mich ständig auf etwas Neues einzustellen.

9. Wenn ein großer, freilaufender Hund auf mich zukommt, ...
a) ... bleibe ich ruhig und begrüße ihn freundlich. Ich mag Hunde.
b) .... werde ich nervös. Wer lässt denn so einen großen Hund einfach frei herumlaufen?
c) ... bekomme ich Angst und versuche dem Tier auszuweichen.

10. An einem Ort mit vielen Menschen ...
a) ... fühle ich mich sicher und gut aufgehoben.
b) ... muss ich eher am Rand stehen, um im Notfall wegzukommen.
c) ... bekomme ich Platzangst. Ich kann Menschenansammlungen nicht ertragen.

Auflösung:

Welchen Buchstaben haben Sie am meisten angekreuzt?

A?

Dann gehören Sie zu den mutigen Menschen unter uns! Sie gehen mit offenen und neugierigen Augen durchs Leben und stellen sich Ihren Ängsten. Mit jeder Angst, die Sie erfolgreich bewältigen, werden Sie stärker.

B?

Sie haben eine vorsichtige Grundtendenz, hinterfragen erst einmal alles Neue, nähern sich sachte an, und wenn Sie es für gut befinden, gehen Sie in die Vollen. Das ist eine durchaus gesunde Lebenseinstellung.

C?

Sie sind ein sehr ängstlicher Mensch, der sich durch seine Angst steuern lässt. Ihr Leben ist dadurch eingeschränkt. Das ist schade, denn Sie könnten so viel mehr erleben, wenn Sie der Angst weniger Raum geben würden. Mit Hilfe der Mesmerize-it-Technik wird es Ihnen gelingen, angstfreier und entspannter zu leben.

Wie wir mit unserer Angst umgehen, ist individuell verschieden und von unterschiedlichen Faktoren abhängig. Jeder Mensch bringt eine für ihn typische Angstdisposition schon von Geburt an mit, die sich jedoch durch äußere Erfahrungen und Lernprozesse erheblich verändern lässt.

Das Transaktionale Stressmodell des Psychologen Richard Lazarus ist sehr gut geeignet, um zu zeigen, dass Angst etwas sehr Persönliches ist. Es zeigt, was in den unterschiedlichen Stufen der Bewertung einer belastenden Situation geschieht. Im Unterschied zu früheren Theorien betont Lazarus, dass beim Empfinden von Stress subjektive Bewertungen eine sehr gewichtige Rolle spielen. Lazarus unterscheidet dabei drei Stufen:

- *Erste Stufe: die primäre Bewertung:* Eine Situation tritt auf und wird vom jeweiligen Menschen als positiv, irrelevant oder gefährlich bewertet. Sie kann als Herausforderung eingestuft werden, die bewältigbar erscheint, als Bedrohung, die einen großen Schaden anrichten kann, oder als Verlust, wenn der Schaden bereits eingetreten ist.

- *Auf der zweiten Stufe erfolgt die sekundäre Bewertung:* Dabei wird überprüft, ob die Situation mit den verfügbaren Ressourcen bewältigt werden kann. Werden die zur Verfügung stehenden Mittel als nicht ausreichend bewertet, so wird eine Stress- oder Angstreaktion angestoßen. Daraufhin wird die betreffende Person eine individuell passende Bewältigungsstrategie entwickeln. Mögliche Arten des Umgangs mit Angst oder einer Bedrohung sind beispielsweise Flucht, Aggression oder Verleugnung der Situation. Je nachdem, ob die Strategie sich als erfolgreich erweist oder nicht, lernt der betreffende Mensch im Laufe seines Lebens bestimmte Bewältigungsstrategien.
- *Auf der dritten Stufe erfolgt eine Neubewertung der Bewältigungsstrategie:* Die Strategie wird im Rückblick auf die Situation auf den Prüfstand gestellt. Hat sie funktioniert? Dann wird ein erneutes Auftreten der betreffenden Situation vermutlich als weniger bedrohlich erlebt als beim ersten Mal. War die Strategie jedoch nicht erfolgreich, kann es passieren, dass eine Situation, die in der primären Bewertung als nicht sehr bedrohlich bewertet wurde, bei ihrem nächsten Auftreten als große Bedrohung eingestuft wird.

Welche Möglichkeiten haben Menschen nach dem Modell von Lazarus, mit bedrohlichen Situationen umzugehen?

Sie können

1. sogenanntes »problemorientiertes Coping« betreiben. Es bezieht sich auf das Verhalten: Man tut etwas Bestimmtes oder man unterlässt etwas Bestimmtes, um mit der bedrohlichen

Situation möglichst gut zurechtzukommen. Zum problemorientierten Coping gehört auch, dass man sich Informationen beschafft, um mit einer Situation besser umgehen zu können.
2. »emotionsorientiertes Coping« betreiben. Dabei stehen, wie der Name schon sagt, die Gefühle, das innere Erleben, im Vordergrund. Bei emotionsorientiertem Coping versuchen wir in der bedrohlichen Situation in erster Linie, unsere innere Erregung abzubauen und uns zu beruhigen.
3. »bewertungsorientiertes Coping« betreiben. Dabei konzentrieren wir uns darauf, wie wir die Situation bewerten. Wir könnten eine schwierige Situation beispielsweise besser bewältigen, indem wir sie nicht einfach als Belastung und als Problem, sondern als Herausforderung betrachten.

Im Test zu Beginn dieses Abschnitts konnten Sie herausfinden, ob Sie eher dem Typus der Mutigen angehören oder eher vorsichtig bzw. ängstlich sind. Falls Letzteres zutrifft: Wie intensiv machen Ihre Ängste sich denn bemerkbar? Ist es eher so, dass Sie in bestimmten Situationen zwar ängstlich reagieren, sich dann aber wieder fangen, oder ist Ihr Alltagsleben durch Ihre Ängste spürbar beeinträchtigt?

Lesen Sie sich die folgenden Fragen durch und schauen Sie, was dabei mit Ihnen und Ihrem Körper passiert:

Wenn Sie an Spinnen denken, läuft es Ihnen kalt den Buckel herunter? Der Bohrer des Zahnarztes lässt Sie bereits im Vorfeld mit den Zähnen klappern? Die Vorstellung, in ein Flugzeug zu steigen, macht Ihnen wacklige Knie? Der bloße Gedanke daran, Ihren Job zu verlieren, lässt Sie die Luft anhalten? Wenn Sie diese Fragen mit Ja beantworten, haben Sie Tendenzen zu einer Phobie.

Es gibt vier typische Erkennungszeichen einer Phobie:

- Eine übermäßige/irrationale Furcht, die andere Menschen in der gleichen Situation nicht verspüren.
- Sie erleben immer die gleiche Angst, wenn Sie mit dem Auslöser der phobischen Reaktion konfrontiert sind.
- Sie erkennen, dass Ihre Angst unverhältnismäßig und irrational ist, kommen aber dennoch nicht dagegen an.
- Sie gehen den Auslösern der Angst aus dem Weg und vermeiden alles, was eine phobische Reaktion verursachen könnte.

Eine Phobie ist damit also eine übersteigerte Form der Angst, die sich auf ganz bestimmte Dinge oder Situationen bezieht und die in ihrer Stärke nicht angemessen und vom Betroffenen nicht zu beeinflussen oder zu bewältigen ist. Phobien verschwinden meist nicht von heute auf morgen. Sie führen dazu, dass die Betroffenen die angsterzeugenden Dinge und Situationen komplett vermeiden und immer wieder ängstlich darüber nachdenken, was passieren könnte, wenn die betreffende Situation trotz aller Sicherheitsvorkehrungen dennoch eintritt. Es liegt auf der Hand, dass diese Erwartungsangst, ebenso wie das Vermeidungsverhalten, das Leben der Betroffenen stark beeinträchtigt. Phobien gehen oft Hand in Hand mit Panikattacken und bedürfen einer professionellen Therapie.

Wie kommt es zum Auftreten einer Phobie? Bei der Suche nach den Ursachen gibt es drei Ansätze:

1. Lerntheoretischer Ansatz

Dieser Ansatz geht davon aus, dass der betroffene Mensch die Angst aus einer ehemals neutral erlebten Situation heraus entwickelt. So kann beispielsweise jemand, der viele Jahre lang durchaus gern geflogen ist, nach einem unangenehmen Flug mit vielen Turbulenzen Flugangst entwickeln. Der lerntheoretische Ansatz geht auch davon aus, dass wir Phobien von unseren Bezugspersonen übernehmen.

2. Neurobiologischer Ansatz

Die Grundannahme dieses Ansatzes ist, dass Menschen mit Phobien ein labileres autonomes Nervensystem besitzen und empfindlicher als andere auf Reize reagieren.

3. Tiefenpsychologischer Ansatz

Hier wird davon ausgegangen, dass sich eine Phobie aufgrund von ungelösten Konflikten im Inneren eines Menschen entwickelt. Beispielsweise, wenn ein Mensch etwas Bestimmtes gerne tun möchte, sein Umfeld ihm dies aber nicht gestattet bzw. der Meinung ist, er oder sie könne dies nicht. In der Folge traut der Betreffende sich ein bestimmtes Verhalten dann selbst nicht mehr zu.

In meiner Praxis bekomme ich vor allem die folgenden vier Ursachen für ausgeprägte Ängste und Phobien zu sehen:

- Sich selbst nicht ausprobieren dürfen,
- starke Leistungsorientierung der Bezugspersonen,
- erlebte Demütigungen von Seiten der Eltern/Geschwister oder übervorsichtige »Helikopter-Eltern«,
- traumatische Erlebnisse; Vorfälle, die starke körperliche oder seelische Schmerzen verursacht haben.

Bevor Sie in die Mesmerize-it-Therapie einsteigen, wäre es wichtig, dass Sie Ihre Aufzeichnungen aus Ihrer Lebensgeschichte nochmals zur Hand nehmen. Erkennen Sie Parallelen zwischen Ihrer Geschichte und dem, was hier über die Ursachen von Phobien und Ängsten gesagt wurde? Bitte lesen Sie sich die folgenden Einstiegsfragen durch, bei denen ich vom »Sie« zum »Du« wechsle, um Ihr Unterbewusstsein möglichst direkt und effektiv anzusprechen.

- Wann ist die Angst/Phobie bei dir das erste Mal aufgetreten?
- Wann ist deine Phobie das erste Mal zu einem Problem für

dich persönlich geworden? Wann hast du realisiert, dass sie dein Leben beeinflusst?

- Was war deine schlimmste phobische Erfahrung, wann die letzte?
- Hat jemand in deinem näherem Umfeld diese Ängste/Phobien auch?
- Wie soll es dir gehen, welches Leben möchtest du leben, wenn die Phobie verschwunden ist?
- Was belastet dich in deinem Alltag so sehr, dass du solche Ängste verspürst?

Natürlich können sich aus dieser Fragenliste für dich weitere Einstiegsfragen ergeben, die du dann ebenfalls möglichst genau für dich beantworten solltest.

Falls du unter verschiedenen Ängsten leidest, solltest du dir an dieser Stelle auch überlegen, welche drei davon dich am meisten plagen und welche du zuerst angehen möchtest. Du wirst die Antwort auf diese Frage für die spätere Visualisierung benötigen.

Im nächsten Schritt machen wir uns dann auf die Suche nach den Ursachen deiner Ängste oder deiner Phobie:

- Mach das Tor zu deinem Unterbewusstsein ganz weit auf. Du wirst in den nächsten Minuten die Ursache für deine Ängste oder deine Phobie vor Augen geführt bekommen.
- Dein Unterbewusstsein öffnet sich jetzt und ermöglicht dir Zugriff auf die Ursachen deiner Ängste. Deine inneren Bilder, Gedanken, Filme werden immer deutlicher und klarer hervortreten.
- Suche die Ursache für dein Thema! In deinem Lebensspeicher ist alles aufgezeichnet, du musst es nur herausholen.
- Setze dich auf eine Couch, nimm die Fernbedienung deines inneren DVD-Spielers in die Hand und spule zurück zum

Tag X, an dem du deine Angst oder deine Phobie zum ersten Mal erlebt hast.
- Tauche ein in deinen Erinnerungsspeicher: Wann hast du die Angst zum ersten Mal erlebt, die damit verbundenen Gefühle zum ersten Mal gefühlt? Lass dich einfach fallen und lass zu, dass dein Thema jetzt gelöst wird.

Du kannst dir die folgenden Suggestionen zu deinem Thema geben:
- Ich schaffe das, ich ruhe in mir selbst.
- Ich bin klar und habe die Dinge im Griff.
- Ich glaube an mich und weiß, dass ich es kann.
- Ruhig und gelassen gehe ich in diese neue Erfahrung.
- Ich darf Fehler machen und daraus lernen.
- Freudig und neugierig gehe ich in diese neue Situation.
- Ich bin gut so, wie ich bin, und mache die Dinge in meinem Tempo.
- Nichts und niemand auf dieser Welt kann mich stoppen
- Meine Bedürfnisse sind wichtig, ich nehme sie ernst.
- Nichts und niemand kann mich davon abhalten, neue Erfahrungen zu sammeln.

Mit Hilfe der folgenden Visualisierungen kannst du daran arbeiten, deine Ängste aufzulösen

Hinweis: Zum Erstellen des persönlichen Mesmerize-it-Hörbuches nehmen Sie die Induktion sowie die erste und zweite Vertiefung aus Kapitel 5 auf. Dann wählen Sie aus den folgenden Seiten die Visualisierungen aus, die zu Ihnen passen, und sprechen sie ebenfalls auf.

Der eigene Garten

Mach es dir auf dem Sofa oder auf deinem Bett bequem. Fühle dich eingeladen zu einer Reise in ein Land, in dem alles möglich ist, in dem Mut, Zuversicht, Freude und Neugier regieren, in dem alles schön, bunt und klar ist. Atme voller Vorfreude auf diese Reise ein und aus … klare, lichte, freudige Luft … Atme noch ein paarmal ein und sehr langsam aus … Achte darauf, dass du tief in deinen Unterbauch einatmest und geräuschvoll ausatmest. Während du atmest, weitet sich deine Brust, dein Herz wird leicht und frei, aller Ballast, alles, was dich beschäftigt, fällt von dir ab. Die Luft ist erfrischend, rein und leicht.

Wir sind angekommen in deinem Zuhause, deiner Wohnung, deinem Haus … Es ist das Haus/die Wohnung, die du dir ausgesucht hast. Hier fühlst du dich sicher, geborgen und tankst auf. Schau dir die Räume ganz genau an … Geh durch jeden Raum und stelle dir die Frage, was du an diesem Raum am meisten liebst, welche schönen Erlebnisse du in diesem Raum hattest, welche wunderbaren Menschen diese Räume besuchten. Starte mit deiner Küche, gehe dann zu deinem Badezimmer, in dein Wohnzimmer, Schlafzimmer, Büro. *(Hier das jeweils persönlich Passende ergänzen. Zwischen den Räumen sollte eine Pause von jeweils etwa zehn Sekunden sein.)*

Jeder deiner Räume schenkt dir so viel Wärme, Geborgenheit und Sicherheit. Spüre in dich hinein und fühle dich geerdet, stabil und leistungsfähig. Du ruhst in dir, fühlst dich rundum wohl in deiner Haut, könntest jauchzen vor Glück.

Du gehst nun zur Terrassentür und öffnest sie. Du erblickst einen wunderschönen, bunten, wohlriechenden Garten. Dieser wunderbare Garten ist deiner … glücklich schaust du ihn dir an; auch er vermittelt dir Ruhe, Stabilität, Sicherheit, Gewohnheit. Die Luft ist mild und klar. Das Licht der Mittagssonne liegt wie Goldstaub auf den Blättern der Bäume und auf den bunten Blumen. Du hast diesen Garten geplant, hast jede Pflanze an genau die richtige Stelle gesetzt, er ist dein Werk! Alles, was du geplant hast, hat hier seine Umsetzung gefunden. Der Duft der unzähligen reifen Früchte weht dir entgegen. Du atmest tief ein und füllst deine Lunge mit klarer, frischer Luft. Es ist wunderbar hier, so klar, so sicher, so rein …

Du hast nun die Chance, diesen wunderbaren Garten deines Lebens zu erweitern. Mit jeder Erfahrung, die du im Leben machst, wird sich dein Garten des Lebens erweitern. Jede Erfahrung, ob positiv oder negativ, erweitert deinen Garten, macht ihn fruchtbarer, schöner, lebendiger und vielseitiger.

Rund um deinen Garten steht ein Zaun – ihn versetzen wir jetzt mit jeder weiteren Erfahrung, die du machst.

Stell dich nun deinen drei größten Ängsten. *(Im Folgenden biete ich passende Visualisierungen für die am häufigsten auftretenden Ängste an.)*

Vortragsangst

Du wirst vor vielen Menschen sprechen … stelle in deinem Garten Stühle, Bänke und Tische auf, damit alle Menschen, denen du Wichtiges zu erzählen hast, dir gut zuhören und dich sehen können. Bereite dich sorgsam auf deinen großen Auftritt vor. Zieh deine Lieblingskleider an, tu all die Dinge, bei denen du dich innerlich ruhig und schön fühlst. Nun geh in deinen Garten, den Garten, in dem du dich wohl, sicher und geborgen fühlst. Bevor du anfängst zu sprechen, atme ganz tief und ruhig in deinen Bauch ein und atme ganz langsam aus … Nun schaust du deinen Zuschauern fest in die Augen und startest mit deinem Vortrag. Du fühlst dich in deinem Garten sicher und geborgen; es gibt nichts, was dir passieren könnte. Die Menschen hängen an deinen Lippen, sie hören dir gerne und interessiert zu. Du wirst von Minute zu Minute immer lockerer und lockerer und fühlst, wie die alte Angst, etwas falsch zu machen, den Erwartungen nicht zu genügen, einfach von dir abfällt. Der Garten wird plötzlich ein ganzes Stück größer. Du fühlst dich mit jedem weiteren Wort, das du sagst, freier und freier; du weißt, dir kann nun nichts mehr passieren! Als du mit deiner Rede fertig bist, gibt es begeisterten Applaus, im anschließenden Gespräch erklären dir deine Zuhörer, dass sie dir gerne noch länger zugehört hätten. Voller Freude gehst du deinen neuen, erweiterten Garten ab, den du eigenhändig mit deiner großartigen Leistung vergrößert hast.

Spinnenphobie

Du liegst in deinem Garten und lässt die Seele baumeln. Die Sonne scheint dir auf den Bauch, und du genießt das Hier und Jetzt. Du bist vollkommen gelöst und bei dir selbst. Dir geht es richtig gut. Plötzlich merkst du, wie etwas an deinem Bein kribbelt. Ganz ruhig streifst du dein Hosenbein nach oben und überprüfst, um was für ein Tier es sich handelt. Du siehst eine Spinne, die sich auf dein Bein verirrt hat. Ganz gegen deine sonstige Gewohnheit beobachtest du fasziniert dieses kleine Wesen, das sich elegant auf deinem Bein bewegt. Es ist so klein. Und doch spielt es eine so wichtige Rolle in der Natur. Spinnen fressen Insekten und erleichtern damit auch uns das Leben.

Du bist fasziniert von dieser kleinen Spinne und leitest sie vorsichtig von deinem Bein auf einen Grashalm. Du bist dabei völlig ruhig und gelassen; was sollte dir dieses kleine Geschöpf auch antun. Die Spinne hat viel mehr Furcht vor dir als du vor ihr.

Du beobachtest sie noch eine Weile, bis sich dein Blick in deinem wunderbaren Garten verliert. Du spürst, wie das ruhige Umsetzen der klitzekleinen, faszinierenden Spinne etwas in deinem Inneren verändert hat. Du hast die Grenzen deines Gartens erweitert. Der Garten ist plötzlich ein ganzes Stück größer. Du fühlst dich mit jedem Atemzug freier und freier; du weißt, dir kann nun in Sachen Spinnen nichts mehr passieren. Voller Freude gehst du deinen neuen, erweiterten Garten ab, den du eigenhändig mit deiner großartigen Leistung vergrößert hast.

Hunde-/Tierphobie

Du sitzt in deinem wunderbaren Garten, und plötzlich kommt ein herrenloser Hund *(hier kann auch ein anderes Tier eingesetzt werden)* herbeigerannt. Normalerweise würdest du in dieser Situation hektisch und laut reagieren, oder du würdest versuchen, wegzulaufen. Doch nicht in deinem Garten, denn hier bist du sicher und geborgen. Du bleibst ruhig und gelassen in deinem Stuhl sitzen und schaust, was als Nächstes passiert. Der Hund läuft direkt auf dich zu; bereits von weitem erkennst du, dass er mit dem Schwanz wedelt, sich also freut, dich zu sehen. Du lässt ihn zu dir kommen, lässt ihn an dir schnuppern und heißt ihn in deinem Garten willkommen. Es ist ein sehr freundlicher Hund, der sich von dir nur ein paar Streicheleinheiten abholen möchte. Du lässt ihn in aller Ruhe deine Hand beschnuppern und streichelst ihn sanft am Kopf, kraulst ihm die Ohren und verwöhnst ihn ein bisschen. Er legt sich zu deiner Seite und leckt dir sanft deine Füße. Du bist überrascht über diese Wendung. Was dir mit diesem Hund passiert, ist so ganz anders als deine bisherigen Hunde-Erlebnisse. Du begreifst, dass dies an der freundlichen Haltung liegt, die du dem Hund gegenüber eingenommen hast. Du bringst den Hund nun an die Grenze deines Gartens und übergibst ihn seinem Herrchen, das bereits nach ihm sucht. Zum Abschied tätschelst du noch einmal den Kopf des Hundes, und während du dies tust, merkst du, wie dein Garten größer und immer größer wird. Du hast gerade etwas Entscheidendes in deinem Leben verändert; du bist über dich hinausgewachsen, hast deine früheren Erfahrungen überwunden und bist innerlich gewachsen.

Dein Garten ist ein ganzes Stück größer geworden. Du fühlst dich mit jedem weiteren Schritt, den du gehst, freier und freier; du weißt, dir kann nun bei unerwarteten Begegnungen mit Hunden nichts mehr passieren! Voller Freude gehst du deinen neuen, erweiterten Garten ab, den du eigenhändig mit deiner großartigen Leistung vergrößert hast.

Höhenangst

Du hast es dir in deinem Garten gemütlich gemacht und kuschelst dich ganz entspannt in deinen Liegestuhl. Als du an einem deiner wunderbaren Obstbäume nach oben blickst, siehst du einen wunderschönen Apfel. Ohne groß nachzudenken, schnappst du dir eine Leiter, lehnst sie so an den Baum, dass du einen sicheren Stand hast, und kletterst ganz leichtfüßig auf diesen hohen Baum. Du spürst, wie die Sicherheit und Geborgenheit deines Gartens dich von Stufe zu Stufe begleiten. Du fühlst dich frei und voller Vertrauen; du wirst diesen wunderbaren Apfel ernten und ihn sogar noch im Baumwipfel sitzend aufessen. Nichts und niemand kann dich davon abhalten. Ohne zu zögern, steigst du Stufe um Stufe nach oben. Du traust dich sogar, nach unten zu schauen, und bist erstaunt, wie ruhig und gelassen du dabei bleibst. Entspannt steigst du auf deiner Leiter weiter nach oben, höher und höher, diesem wunderbaren Apfel entgegen. Nur noch wenige Leiterstufen trennen dich von ihm. Noch einmal hältst du inne und betrachtest deinen Garten von oben. Du siehst, wie schön er ist, und mit einem Mal kommt er dir größer vor als bisher. Es macht dich stolz und glücklich, den wunderbaren Garten zu sehen, den du geschaffen hast.

Du hast noch zwei Leiterstufen vor dir, meisterst sie souverän und greifst nach dem wunderschönen Apfel. Du reibst ihn kurz an deinem T-Shirt, setzt dich in die Baumkrone und beißt genüsslich hinein. Mmmmh, schmeckt dieser Apfel gut! Du sitzt im höchsten Baum deines Gartens und genießt eine sensationelle Fernsicht. Du bist ganz gelassen, hast alles unter Kontrolle und isst genüsslich den wohl schmackhaftesten Apfel deines Lebens. Du fühlst, wie dich Stolz durchflutet: Du hast es geschafft, deine lästige Höhenangst einfach abzulegen. Die Sicherheit und Geborgenheit deines Gartens haben dir dabei geholfen. Während du noch im Baum sitzt, siehst du, wie mit dieser Aktion dein Radius erweitert wurde. Dein Garten ist tatsächlich größer geworden. Seine Zäune haben sich auf magische Weise verschoben, so dass du nun mehr Entfaltungsspielraum hast. Du darfst nun endlich sein, wie du willst, darfst alles machen, ganz ohne Einschränkungen …

Ganz entspannt kletterst du wieder von deinem Baum und kommst voller Ruhe und Gelassenheit auf dem Boden an. Du hast den höchsten Baum deines Gartens bestiegen! Was soll dir jetzt noch Schlimmes passieren?

Dein Garten wird mit jeder entspannten Höhen-Erfahrung, die du von nun an machst, immer größer, weiter und schöner! Du genießt den Anblick dieser Weite, dieser Schönheit, und fuhlst die Kraft, die dich durchströmt. Du hast dich noch nie sicherer, geborgener, mehr bei dir gefühlt. Du bist voller Energie und Tatendrang – es wird Zeit, die Welt zu erobern, deinen Garten Tag für Tag zu erweitern, um irgendwann in der gesamten Welt zu Hause zu sein.

Ausbruch aus dem Gedankengefängnis

Wusstest du, dass ein Mensch pro Tag 60 000–70 000 Gedanken denkt? Für diese Gedanken sind wir selbst verantwortlich – wir haben es in der Hand, wie wir denken, und damit auch, ob wir uns in unseren Gedanken wie in einem Käfig gefangen fühlen.

Ich möchte dich dabei unterstützen, aus deinem Gedankengefängnis auszubrechen, alles Alte hinter dir zu lassen, voller Neugierde und Vorfreude in eine optimistische Zukunft zu starten. Stell dir dazu die Gedanken, die dich gefangen halten, zunächst einmal bildlich vor. Und dann sprenge die Gedankenketten, die dich fesseln. Nutze alle Werkzeuge, die dir einfallen – Kettensäge, Meißel, Bunsenbrenner –, um die Mauern deines Gefängnisses aufzubrechen. Lass diese engen Räume hinter dir – es wird Zeit, nach vorne zu schauen, loszulassen, sich zu öffnen für neue Wege, neue Gefühle, neue Lebensentwürfe …

Um deine inneren Räume luftig und durchlässig zu machen, reiß jetzt mit der Abrissbirne alle noch vorhandenen Mauern ein. Du hast ein Ziel und einen klaren Weg, die Mauern sind für dich überflüssig. Hole dir nun deine größte Angst, deine Phobie vor Augen. Definiere sie in einem Bild, das symbolisch für deine Angst steht. Arbeite nun mit Buntstiften oder mit Sprühfarben an diesem Bild, schau, wie es von Minute zu Minute fröhlicher, lebendiger, weniger bedrohlich wird. Male es in den buntesten Farben, die deine Farbpalette hergibt, und spüre, wie die Gefahr, die von diesem Bild ausgeht, immer kleiner und kleiner wird … Mit jedem Farbklecks fühlst du dich freier und unbeschwerter, die Angst weicht einfach von dir.

Du siehst nun, wie dieses Bild von Sekunde zu Sekunde kleiner wird … aus dem ursprünglichen Wandgemälde wird ein klitzekleines Bild, kleiner als eine Briefmarke. Es ist nur noch so groß wie deine Daumenkuppe. Du legst es auf deinen Daumen und schaust zu, wie es noch weiter schrumpft. Diese ursprünglich so große Gefahr schrumpft weiter auf Konfettigröße, so dass du nur noch ein buntes Geklecksel erkennen kannst. Ein lustiger, bunter Konfettischnipsel, der nun vom Wind erfasst wird und einfach davonflattert … er fliegt einfach davon und ist schon nach wenigen Momenten nicht mehr sichtbar.

Stell dir nun ein Leben ohne deine Angst, ohne deine Phobie vor. Wie fühlst du dich? Führe jetzt in Gedanken genau die Tätigkeit durch, die dir bislang negative Gefühle verursacht hat. Spiele sie zwei- bis dreimal gedanklich in deinem Kopf durch. Wie fühlt sich das an? Was hat sich verändert? Beobachte deinen Körper; achte darauf, mit welchen Gefühlen du diese Tätigkeit durchführst, und werde immer ruhiger und ruhiger, je öfter du dies tust. Mach es nochmal und spüre, wie alle belastenden Gefühle wie Schwitzen, schnelles Atmen, enge Brust, Atemnot verschwunden sind. Fühle stattdessen, wie du frei atmen kannst, wie dein Körper ruhig und gelassen bleibt, du ganz in deiner Mitte ruhst und dich sogar darauf freust, die einst gefürchtete Aktivität zum nächsten Mal durchzuführen.

Geh noch einmal in diese Situation … es fühlt sich nun unendlich frei an, stolz, leicht, unbekümmert … das, was dich einst so sehr plagte, ist einfach verschwunden … wie weggeblasen.

Du hast jetzt, hier und heute dein Gedankengefängnis verlassen, du bist nun auf dem Weg der Eroberung, der Freude, des Ausprobierens. Du bist nicht länger Opfer deiner Vergangenheit, sondern hast ab heute das Ruder selbst in der Hand.

Hinweis: Für Ihr eigenes Mesmerize-it-Hörbuch sprechen Sie, nachdem Sie die für Sie passenden Texte aus diesem Abschnitt aufgenommen haben, nun die Ausleitung aus Kapitel 5 auf.

Volitionscoaching: auf die eigenen Gedanken achten

Sie haben jetzt realisiert, dass Ihre Ängste Überbleibsel aus Ihrer Vergangenheit sind, die Sie getrost hinter sich lassen können. Sie haben ein Recht darauf, sich von längst Vergangenem nicht länger blockieren zu lassen und neu zu beginnen.

Zielfokussierung

Welche Ziele setzen Sie sich im Zusammenhang mit Ihren Ängsten, Ihrer Phobie? Definieren Sie diese mit der Mesmerize-it-Formel so, wie Sie es in Kapitel 4 gelernt haben, und arbeiten Sie täglich mit diesen Zielen und den passenden Suggestionen.

Emotions- und Stimmungsmanagement

Gehen Sie ruhig an Ihre Grenzen, überprüfen Sie Ihre Ängste, werden Sie vom Vermeider zum Draufgänger. Lassen Sie sich keine Chance entgehen, Ihre persönlichen Befindlichkeiten wahrzunehmen; schauen Sie, wie es um Ihre Ängste steht und inwieweit sie noch vorhanden sind. Sie können dazu Ihr Angstgefühl auf einer Skala von eins bis zehn bewerten.

Für mich persönlich habe ich die Regel eingeführt, einmal pro Monat etwas zum ersten Mal zu wagen. Das fasziniert mich, flößt mir aber immer wieder auch ganz schön Respekt oder sogar Angst ein. Ich mache mir diese »ersten Male« zur Aufgabe, um zu überprüfen, wo ich stehe, und um meinen Horizont stetig zu erweitern. Beispielsweise habe ich auch den Vorsatz, alles, was es auf der Welt an Essbarem gibt, zu probieren … ausspucken kann ich es ja im Notfall immer noch.

Sie werden sehen: Wenn die Angst erst einmal ausgeräumt ist, lebt es sich weit angenehmer und offener.

Vorausschauendes Krisen- und Lösungsmanagement

Natürlich kann kein Mensch völlig ohne Ängste leben. Das hat ja auch seinen Sinn; schließlich will niemand sich in Situationen begeben, die objektiv nicht zu bewältigen sind. Allen anderen Angstsituationen allerdings kann getrost der Garaus gemacht werden. Lassen Sie sich von Rückschlägen nicht aufhalten. Es ist durchaus möglich, dass beispielsweise die Höhenangst manchmal ganz verschwunden ist, und dann plötzlich ist sie wieder leicht zu spüren. Das soll Sie nicht entmutigen. Generell gilt: Je häufiger Sie etwas tun, umso weniger Angst werden Sie dabei haben. Integrieren Sie das, was Ihnen Angst bereitet, in Ihren Alltag und minimieren Sie auf diese Weise Ihre Ängste. Sie bekommen dann einen riesigen Gewinn an Lebensqualität gratis dazu.

Zum Abschluss dieses Kapitels noch ein paar Worte zu Misserfolgen. Die Mesmerize-it-Methode anzuwenden bedeutet nicht, dass in Ihrem Leben von einer Minute zur anderen nie mehr Blockaden oder andere Rückfälle in alte Verhaltensmuster vorkommen werden. Misserfolge, negative Erfahrungen und auch Rückfälle sind ein ganz normaler Bestandteil des Lebens. Niemand ist dagegen gefeit. Verurteilen Sie sich also nicht dafür. Wichtig ist lediglich, dass Sie möglichst rasch *bemerken*, dass Sie in eine alte Gewohnheit zurückgefallen sind, und dass Sie nicht vergessen, dass Sie diese Rückfälle *bremsen* können. Wenden Sie die Techniken, die Sie bis hierher kennengelernt haben, einfach an, um Ihre alte »Programmierung« noch einmal zu löschen.

Besonders gut geht dies, wenn Sie sich Ihr eigenes, ganz persönliches Mesmerize-it-Hörbuch erstellen und es bei Rückfällen fünf bis sieben Tage lang jeweils ein- bis zweimal täglich nutzen. Betrachten Sie diese Rückfälle als Herausforderungen, nicht als Ihr Versagen. Sie bekommen gewissermaßen Prüfungsaufgaben geschickt, um nachsehen zu können, wie weit sich Ihr neues »Programm« bereits gefestigt hat. Wenn Sie es so sehen, sind Rückfälle eigentlich gar nichts Schlimmes mehr, oder? Wäre doch gelacht, wenn Sie sich davon unterkriegen ließen! Sie arbeiten in aller Ruhe weiter daran, sich Ihre neuen »Programme« so einzurichten, wie Sie sie brauchen … so lange, bis Sie Ihren Wunschzustand erreicht haben. Es funktioniert – ich habe alles

für Sie im Vorfeld geprüft, ausprobiert und nachweisbare Erfolge erzielt.

Also: Was Sie erreichen möchten, können Sie auch erreichen. Lassen Sie sich von niemandem etwas anderes erzählen, es geht schließlich um Ihr Leben, Ihre Träume! Damit Sie Ihre Fortschritte sehen und sich selbst positiv stimmen können, möchte ich Ihnen noch mein persönliches Glücks-Wohlfühltagebuch mit auf den Weg geben. Sie können es unter www.mesmerize-it.ch gratis herunterladen.

Ja, liebe Leserin, lieber Leser – damit sind wir am Ende unserer gemeinsamen Reise angelangt. Ich danke Ihnen sehr herzlich für Ihr Vertrauen und dafür, dass ich Ihre Reisebegleiterin sein durfte. Ich bin sicher, dass es Ihnen unterwegs gelungen ist, die Prägungen und Verhaltensmuster zu erkennen, die Sie in Ihrem Leben einschränken. Vielleicht haben Sie Mesmerize it auch während der Lektüre schon praktisch ausprobiert und sind

Diesen Menschen habe ich heute geholfen: ______

Das habe ich heute geschafft, worauf bin ich stolz? ______

Was war das Thema des Tages? ______

Was war mein Highlight des Tages? ______

Was hat mich heute glücklich und froh gemacht? ______

Habe ich heute Komplimente bekommen? Gegeben? ______
Wofür hätte ich welche verdient? ______

3 Dinge, die ich morgen angehen möchte? ______

der Auflösung Ihrer Muster so schon ein ganzes Stück näher gekommen.

Bleiben Sie dran! Solange Sie die drei Hauptgesetze der Mesmerize-it-Technik beherzigen, kann Ihnen nichts Schlimmes passieren. Hier zur Erinnerung nochmals die drei Gesetze:

Erstes Gesetz: **Jede bildhafte Vorstellung, die Sie berührt, die in Ihnen positive Gefühle freisetzt, wird das Bestreben haben, sich zu verwirklichen, Realität zu werden. Unsere inneren Bilder haben einen unbändigen Willen, in die Realität gebracht zu werden. Lassen Sie sie einfach entstehen und sich verwirklichen!**
Zweites Gesetz: **Wenn der Willen und unsere Gewohnheit, unser Glaube unterschiedlicher Meinung sind, unterliegt immer der Willen. Das heißt, alle Ihre Wünsche und Ziele müssen mit dem Unterbewusstsein abgestimmt sein. Wo dies der Fall ist, steht ihrer Verwirklichung nichts mehr im Weg.**

Drittes Gesetz: **Jede Anstrengung ohne innere Bilder, ohne Zusammenarbeit mit Ihrem Unterbewusstsein, wird nicht nur erfolglos bleiben, sondern sie wird sogar das Gegenteil Ihres ursprünglich angestrebten Ziels bewirken.**

Visualisieren Sie also Ihre Ziele aus Ihrem positiven Gefühl, Ihrem Berührt-Sein heraus; verbinden Sie sich dann mit Ihrem Unterbewusstsein, finden Sie die Ursache Ihres Problems … und dann steht einer Änderung Ihres Lebens nichts mehr im Wege.

Ich wünsche Ihnen wunderbare neue Wendungen in Ihrem Leben! Bitte denken Sie daran: Kein Mensch ist dazu verdammt, aufgrund seiner bisherigen Erfahrungen oder seiner Herkunft ein Leben lang zu leiden oder sein Potenzial nicht auszuschöpfen. Also: Legen Sie sich keine Fesseln mehr an. Lassen Sie es krachen, und sollten Sie wider Erwarten an das eine oder andere Ihrer Themen nicht herankommen, so wenden Sie sich gerne an mich oder einen meiner Mesmerize-it-Kollegen. Wir unterstützen Sie gerne! Sollte die Mesmerize-it-Technik Ihr berufliches Interesse geweckt haben, sind Sie herzlich eingeladen, sich zum Mesmerize-it-Therapeuten ausbilden zu lassen.

Auf der Seite www.mesmerize-it.ch finden Sie weitere Informationen, Downloads und Neuigkeiten rund um das Mesmerize-it-Team.

Alles Liebe und Gute für Sie!

Herzlich
Ihre Tatjana Strobel

Anhang

Mesmerize-it-Glossar

Abreaktion: ein heftiger Gefühlsausbruch während der Trance. Der Hypnotisand durchlebt vergangene Situationen noch einmal, dabei kann es zu einem Wiederaufleben früherer Traumata kommen. Die therapeutische Suggestion in dieser Situation lautet: »Die Bilder und Gefühle verschwinden, du wirst ganz ruhig …«

Abwesenheit: Im Zustand der Trance ist der Hypnotisand von der realen Welt, von seiner Umgebung abgekoppelt.

Altersregression: die Rückkehr in einen früheren Lebensabschnitt, eine andere Ära, ein anderes Leben, jeweils im Zustand der Trance.

Ausleitung: die schrittweise Auflösung des Trancezustandes.

Hypnotische Amnesie: In der Trance kann der Hypnotisand alle rationalen Erkenntnisse von seinem Bewusstsein fernhalten.

Posthypnotische Amnesie: Das Unterbewusstsein schützt den Hypnotisanden vor allzu schmerzhaften und/oder belastenden Erkenntnissen aus der Hypnose. Die posthypnotische Amnesie kann vom Hypnosetherapeuten auch bewusst hervorgerufen werden.

Armschwebe: Der Hypnotisand kann ohne bewusste Anstrengung die Arme oder Beine hochheben (»Dein Arm wird immer leichter und leichter …«).

Bewusstsein: der Teil unserer Psyche, in dem rational-analytische Denkprozesse und/oder Willensentscheidungen verarbeitet werden.

Boinkin: Klopfen auf die Stirn, um den Hypnotisanden abzulenken, zu konzentrieren oder seine Aufmerksamkeit zu erhöhen.

Compounding: Wiederholung und Vertiefung von Suggestionen.

DDT (Direct Drive Technique): Der Kunde wiederholt die Suggestionen 10-, 20-, 30-mal, um sie im Unterbewusstsein zu verankern. Die Technik lässt sich um eine emotionale Komponente erweitern: Dann bezieht der Hypnotisand nahe Menschen gedanklich in die Suggestion ein und erzählt ihnen seine neue Lebensphilosophie.

DFT (Dr. Flower Technique): eine Induktion, bei der der Therapeut laut von 1 bis 21 zählt. Bei jeder ungeraden Zahl muss der Hypnotisand die Augen schließen, bei jeder geraden Zahl öffnen.

Faszination: Der Hypnotisand wird mit Hilfe eines glänzenden Objekts, das im 45-Grad-Winkel oberhalb seiner Augen gehalten wird, in Trance gebracht. Die Suggestion dazu: »Deine Augen werden schwerer und schwerer ...«

Fixierung: Der Hypnotisand wird durch die Konzentration auf einen Punkt oder Gegenstand in die hypnotische Trance gebracht.

FSE (Final Sensitising Event): der letzte Tropfen, der das Fass zum Überlaufen bringt, also ein bestimmtes Ereignis, das eine Verletzung, Kränkung, Missachtung wiederholt und bei einem Menschen zum Zusammenbruch oder zum akuten Ausbruch eines bis dahin latenten Problems führt.

Fraktionierung: Vertiefung des hypnotischen Zustands durch Wiederholungen. Beispielsweise bittet der Therapeut den Klienten, dreimal die Augen zu öffnen und wieder zu schließen.

Halluzination: Der Therapeut lässt mit Hilfe von Suggestionen im Kopf des Kunden etwas entstehen, das in Wirklichkeit gar nicht da ist.

Heterohypnose: hypnotischer Zustand, der von einem anderen Menschen hervorgerufen wird.

Hypersuggestibilität: erhöhte Aufmerksamkeit und Wirkkraft von Suggestionen/Empfehlungen in der Hypnose.

hypnoid: ein mentaler Zustand, der eine Vorstufe der Hypnose darstellt (etwa bei der Meditation, beim autogenen Training).

Hypnologie: das Studium der Hypnose.

Hypnose: die Umgehung des kritischen Bewusstseins zur Etablierung von neuem Denken und Handeln.

Hypnosesiegel: ein Siegel, das ein Hypnotiseur setzen kann, damit der Hypnotisand von niemand anderem mehr hypnotisiert werden kann. Ein sehr unethisches Vorgehen!

Hypnosevertrag: das Einverständnis des Klienten, hypnotisiert zu werden.

Ideomotor: eine unbewusste Bewegung des Körpers, hervorgerufen durch eine Idee oder Suggestion.

Induktion: Einführung in die Trance, Voraussetzung für eine gelingende Hypnosetherapie.

ISE (Initial Sensitising Event): das Ereignis, bei dem bestimmte Gefühle oder Glaubenssätze des Klienten erstmals aufgetreten sind.

Katalepsie: Die Muskeln des Klienten können in der Hypnose entweder sehr starr oder unendlich entspannt sein. Bei der sogenannten kataleptischen Brücke liegt der Hypnotisand über zwei Stühlen.

Kater: Schwindelgefühl, »Neben-sich-Stehen«, hervorgerufen durch eine nicht fachgerechte Auflösung der Hypnose.

Ketten-/Schuhbandinduktion: eine weitere Technik, um die hypnotische Trance herbeizuführen. Die linke Hand des Klienten hält die Kette oder das Schuhband mit 10–15 Knoten. Der Kunde geht Kettenglied für Kettenglied oder Knoten für Knoten mit der rechten Hand ab und zählt dabei herunter. Die dazugehörige Suggestion: »Deine Augen werden immer schwerer …«

Lautlose Induktion: Eine Hand wird im 45-Grad-Winkel oberhalb der Augen des Klienten gehalten. Die Hand kommt näher, die Finger bewegen sich. Die Augen des Klienten folgen diesen Bewegungen und werden immer schwerer.

Lethargie: Entspannungs-/Ruhezustand des Klienten während der Hypnose.

Obsession: Zwänge, Kontrollängste; eine Handlung, die unendlich oft wiederholt wird.

Pharsing: die Tendenz des Unterbewusstseins, negative Worte auszublenden: »kein«, »nicht« usw. Deshalb sollten für die Suggestionen immer positive Formulierungen verwendet werden. Statt: »Ich esse ab sofort kein Fastfood mehr«, besser: »Ab sofort esse ich Lebensmittel, die gesund und frisch sind.«

Phobie: Ängste, die schleichend kommen und immer stärker werden, später dann auch die Angst vor der Angst.

prähypnotische Suggestion: eine Suggestion, die man sich vor der Hypnose mit auf den Weg gibt und die dann im Trancezustand greift.

psychosomatisch: körperliche Symptome werden hervorgerufen durch psychische Vorgänge, beispielsweise negative Denkmuster.

Pyramiding: der Einsatz von verschiedenen Induktions-/Vertiefungsmethoden.

Rapport: Vertrauensverhältnis, Arbeitsbeziehung zwischen dem Hypnosetherapeuten und dem Klienten.

Regress to cause (R2C): die Suche nach dem auslösenden Ereignis.

Ereignisregression: In der hypnotischen Trance wird der Klient zunächst in ein schönes Erlebnis zurückversetzt, bevor man zum Auslöser von Traumata kommt.

Flurregression: die Imagination eines langen Flurs mit vielen Türen. Hinter jeder Tür verbirgt sich ein Lebensjahr, ein einschneidendes biographisches Erlebnis, ein Lebensübergang (z. B. Kindergarteneinstieg, Schulbeginn, erste Liebe …).

Gefühlsregression: über ein Gefühl den Auslöser suchen. Die Frage/Aufforderung des Therapeuten an den Klienten lautet: »Geh zu einer Situation, in der du dieses Gefühl schon einmal hattest.«

Resistenz: Widerstand des Bewusstseins beim Klienten, hervorgerufen durch Ängste, Bedenken, Zweifel gegenüber der Hypnose und/oder dem Therapeuten.

Selbsthypnose: Man versetzt sich selbst in den Zustand der hypnotischen Trance. Genau genommen ist jede Hypnose letztlich eine Selbsthypnose, weil ohne die Einwilligung des Klienten keine hypnotische Trance herbeigeführt werden kann.

Somnambulismus: der Idealzustand der hypnotischen Trance, in dem die besten, schnellsten Resultate erzielt werden können.

Sterbebett-/Stuhltherapie: Ein verstorbener (naher) Mensch, der dem Kunden etwas angetan hat, wird in der Hypnose imaginativ auf das Sterbebett gelegt/auf einen Stuhl gesetzt, um Rituale des Verzeihens durchzuführen.

Stiftinduktion: Der Hypnosetherapeut hält einen Stift 10–20 Sekunden lang im 45-Grad-Winkel oberhalb der Augen des Klienten. Der Klient fixiert den Stift, und wenn dieser fällt, schließt er die Augen

SSE (Subsequent Sensitising Event): Ereignisse, die dem ISE (Initial Sensitising Event, s. o.) folgen und die beim ISE empfundene Emotion oder einen Glaubenssatz verstärken.

Suggestibilität: Empfänglichkeit des Kunden für Suggestionen/Hypnose.

Unbewusstes: der Teil der Psyche, der dem Bewusstsein nicht zugänglich ist. In der Umgangssprache wird der unscharf definierte Begriff meist synonym mit »Unterbewusstes« oder »Unterbewusstsein« gebraucht.

Unterbewusstsein: der dem rational-analytischen Denken nicht zugängliche Teil des Bewusstseins. Theorien über unbewusste psychische Vorgänge gab es bereits in der Antike. Der Begriff des Unterbewusstseins ist in den verschiedenen tiefenpsychologischen Schulen unterschiedlich definiert. Nach dem Verständnis der Hypnosetherapie ist hier der Sitz des wahren Ichs, ebenso der von Gewohnheiten und Gefühlen.

Vertiefung/Deepener: Worte und Techniken, die den Trancezustand stabilisieren und vertiefen.

Wachhypnose: das Herbeiführen von hypnotischen Effekten im eigentlichen Wachzustand unter Umgehung des kritischen Verstandes, beispielsweise in der Werbung oder durch Menschen, denen wir viel Kompetenz zugestehen (z. B. Ärzte).